Juliane Giesbert / Christina Lücking /
Christina Reichenbach

Gestaltung, Förderung und Diagnostik von Lernprozessen im Grundschulbereich

Ein Arbeitsbuch für pädagogische
und / oder therapeutische Fachkräfte

Juliane Giesbert / Christina Lücking / Christina Reichenbach

Gestaltung, Förderung und Diagnostik von Lernprozessen im Grundschulbereich

Ein Arbeitsbuch für pädagogische und / oder therapeutische Fachkräfte

verlag modernes lernen - Dortmund

Unser Buchprogramm im Internet
www.verlag-modernes-lernen.de

© 2008 by SolArgent Media AG, Basel

Veröffentlicht in der Edition:
verlag modernes lernen · Schleefstraße 14 · D-44287 Dortmund

Gesamtherstellung: Löer Druck GmbH, Dortmund
Illustrationen: Daniela Krause

Bestell-Nr. 1234   ISBN 978-3-8080-0625-2

Inhalt

1. Einleitung

Die Idee, ein Buch zum Thema „Gestaltung von Lernprozessen" zu schreiben, ist **nicht** aus dem Motiv heraus entstanden, aufzuzeigen, wie das Lernen für Kinder im Kontext Schule möglichst kurz und effektiv gestaltet sein sollte, damit diese die entsprechenden Lerninhalte sicher beherrschen.

Auch wenn es ungewöhnlich erscheinen mag ein Buch mit Worten zu eröffnen, was dieses Buch NICHT möchte, so spiegelt diese Abgrenzung – vorangetrieben durch zahlreich erschienene Artikel in Populär- und Fachzeitschriften sowie Diskussionen zum Thema „Schule und Lernen" als Reaktionen auf die veröffentlichten PISA Ergebnisse – die Entstehung unserer Idee zu diesem Buch wieder.

Unser Anliegen besteht darin, den Fokus auf ein Verständnis von Lernen im Kontext Schule zu richten, welches neben dem Erwerb von Wissen und Können in Form von Fertigkeiten und Fähigkeiten vor allem die Umsetzung bildungspolitischer Ziele verfolgt. Demnach stehen für uns hier Lernprozesse im Vordergrund, die auf der Basis von Wissen und Können zu grundlegenden Verständnissen bzw. Erkenntnissen von diesen, ihren Einbindungen in kulturelle Bezüge und Kontexte sowie der eigenen weiteren Persönlichkeitsentwicklung führen.

Es ist uns ein Anliegen, Möglichkeiten der Gestaltung, Förderung und Diagnostik von Lernprozessen sowohl theoretisch zu beleuchten als auch praktisch konkret aufzuzeigen. Hierbei geht es uns um die Berücksichtigung der persönlichen Verantwortung aller am Lernprozess beteiligten Personen, so dass Kinder Lerninhalte kennen lernen, erfahren und vor allem begreifen und verstehen.

Da dieses Verständnis von Lernen dem der Bildungsvereinbarungen und Rahmenrichtlinien der einzelnen Bundesländer entspricht, haben wir uns in diesem Buch konkret darauf bezogen.

Den Praxisaufgaben in diesem Buch liegt dieses Lernverständnis zugrunde. Sie sind speziell für die Unterrichtsfächer Deutsch, Mathematik, Sachunterricht und Sport in der Grundschule von uns entwickelt worden. Sie nehmen konkret Bezug auf die in den Rahmenrichtlinien des Landes NRW benannten Inhaltsbereiche und Aufgabenschwerpunkte der einzelnen Fächer.

Wir hoffen, all denen, die mit Kindern im Grundschulalter arbeiten, Anregungen für die Praxis geben zu können, so dass der Lernprozess für alle Beteiligten Freude und zahlreiche neue Erkenntnisse bringt.

Da wir selbst in der Praxis arbeiten und/oder stets den Bezug zur Praxis beibehalten haben, war es für uns, wichtig mittels zahlreicher Fotos, Grafiken und Vorlagen die Umsetzungsmöglichkeiten für die Praxis zu veranschaulichen. An dieser Stelle möchten wir insbesondere Frau Daniela Krause danken, die durch ihre sehr bereichernden Illustrationen sowohl theoretische als auch praktische

Inhalte veranschaulicht hat. Weiterhin danken wir allen Kindern für ihre Unterstützung als Fotomodelle.

Zu dem danken wir den Menschen, die uns bei der Erstellung und Anfertigung des Buches stets unterstützt haben, insbesondere denjenigen, die unsere Rohfassungen inhaltlich und kritisch Korrektur gelesen haben.

Dortmund, August 2007

Juliane Giesbert & Christina Lücking &
Christina Reichenbach

2. Wissen – Können – Bildung

Wir möchten im Folgenden eine Unterscheidung der Begrifflichkeiten **Wissen, Können und Bildung** vornehmen. Diese Unterscheidung stellt den zentralen Ausgangspunkt für das Aufzeigen der jeweiligen Relevanz für die Gestaltung, Förderung und Diagnostik schulischen Lernens dar. Welche Bedeutung die Unterscheidung von Wissen, Können und Bildung für den schulischen Kontext hat, wird abschließend in diesem Kapitel dargelegt.

2.1 Wissen

Das Wort **Wissen** stammt aus dem altdeutschen Sprachgebrauch und geht aus dem Verb „wissan" hervor. Es bedeutet so viel wie „gesehen haben" und bezieht sich dabei auf eine begründete bzw. behaltene/gemerkte bzw. gespeicherte Information eines Menschen.

Informationen können zunächst nebeneinander stehen; erst eine Verarbeitung der Informationen führt zu Wissen (vgl. Burke 2003, 76). Demnach basiert Wissen auf einer „Kenntnis von Informationen, welche derart aufeinander bezogen sind, dass sie nachvollziehbar [und] in sich stimmig sind" (Reichenbach/Lücking 2007).

Die Informationen, die ein Mensch erhält, stammen aus der Interaktion mit anderen Menschen, aus der Umwelt (zum Beispiel Medien) und/oder sind durch eigene Erfahrungen entstanden.

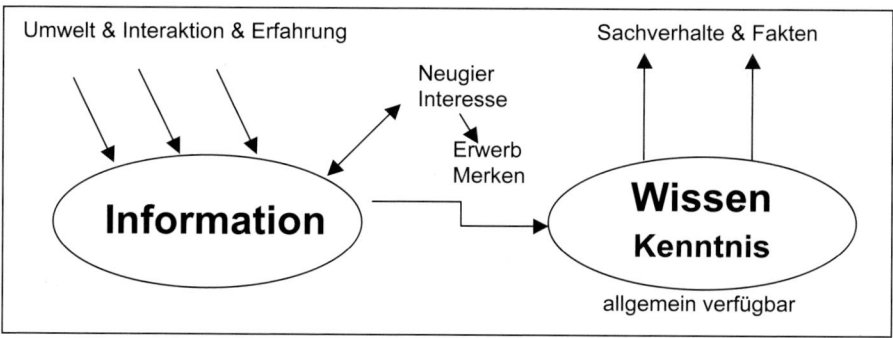

Nicht jede neue Information prägt sich ein Mensch ein. Zum Erwerb bzw. Merken der neuen Informationen bedarf es Interesse, Neugier oder eines bestimmten Ziels. Wenn der Mensch neugierig ist, kann er sich neue Informationen über Sachverhalte und/oder Fakten einprägen (vgl. Kapitel 3), so dass diese anschließend zu seinem Wissen bzw. seiner Kenntnis gehören. Die erworbenen Wissenseinheiten, welche nebeneinander stehen, sind dann für den Menschen zunächst einmal allgemein verfügbar[1]. Nach Liessmann ist Wissen ein schneller Erwerb von Informationen, die auch wieder leicht zu vergessen sind (2006).

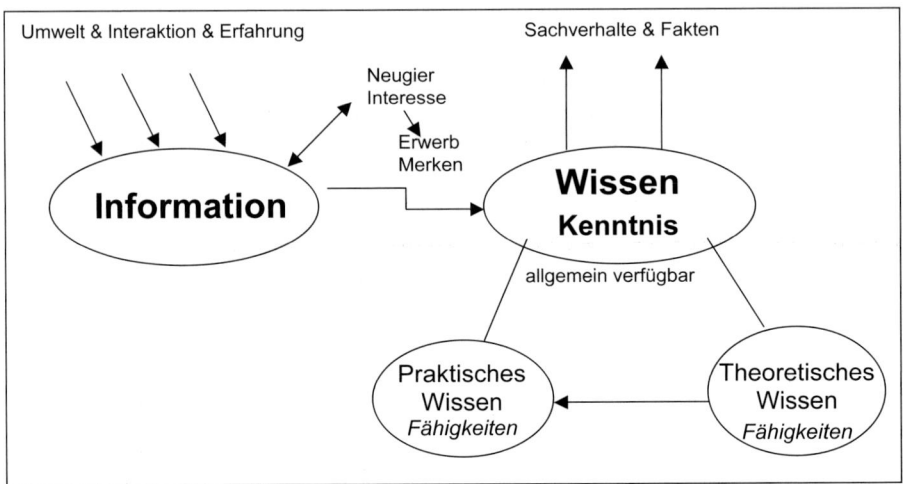

Ein Mensch bezieht sein Wissen bzw. seine Kenntnis auf bestimmte Theorien oder auf die Praxis. Zum Beispiel: „ich **weiß** um bestimmte theoretische Ansätze" oder „ich **weiß** wie ein bestimmter Sachverhalt in der Praxis aussieht". Diese Art von Wissen wird häufig als **Faktenwissen** oder so genanntes deklaratives Wissen bezeichnet. Bleibt das Wissen auf dieser Ebene bedeutet das noch nicht, dass ein Mensch diese Theorien oder diese Praxis beherrscht, das heißt „kann" (vgl. Zimbardo/Gerrig 2003). Um diese Aussage zu verdeutlichen, ein kurzes Beispiel: Ein Lehrer fragt ein Kind: „Weißt du, wie man Fahrrad fährt?" Das Kind sagt: „Ja, das weiß ich". Dann sagt der Lehrer: „Dann fahr mal Fahrrad". Daraufhin sagt das Kind: „Ich habe gesagt, dass ich es weiß, aber nicht, dass ich es kann!"

2.2 Können

Ein **Können** bezeichnet das, was ein Mensch beherrscht bzw. vollbringen kann (= Anwendung). Ein „Anwenden-Können" basiert auf Wissen, wobei zwischen praktischem und theoretischem Wissen unterschieden werden kann.

1. Theoretisches Wissen bedeutet, dass der Mensch weiß WIE das Wissen in die Praxis umgesetzt wird (= prozedurales Wissen) **und** dies auch beherrscht. Eine Beherrschung der Fertigkeiten kann mit dem zugrunde liegenden theoretischen Wissen durch Lernen zum praktischen Wissen führen, so dass dies

---

[1] Zum Erwerb von Wissen, das heißt wie ein Wissenserwerb erfolgen kann, gibt es verschiedene Theorien und Methoden, welche im Rahmen der Lernpsychologie entwickelt wurden.

zusammen ein Können ermöglicht. Hier ist das Können ein Teilbereich oder aber Folge des Wissens.

2. Praktisches Wissen bedeutet, dass jemand etwas kann, das heißt über eine Fertigkeit verfügt („ich kann diese Aufgabe ausführen"), ohne um den Sachverhalt an sich theoretisch zu wissen (zum Beispiel durch „Talent" oder „Veranlagung"), das heißt nicht sagen kann, was er getan hat („ich kann nicht sagen, was dazu erforderlich ist"). Hier stehen Wissen und Können nebeneinander.

„Anwenden-Können" bedeutet demnach entweder etwas Praktisches oder Theoretisches umsetzen zu können. So kann es durchaus sein, dass jemand weiß, was für eine bestimmte Aufgabe erforderlich ist oder um eine Theorie weiß, diese jedoch nicht in der Praxis anwenden kann, da er die erforderlichen Fertigkeiten nicht besitzt. Dann wird ausschließlich von Wissen, aber noch nicht von Können gesprochen.

Treten in der Auseinandersetzung mit Wissen und Können **Fragestellungen** auf, so können diese zum Teil durch Argumentationen aufgrund des bereits vorhandenen Wissens und/oder Plausibilitäten und/oder Wahrscheinlichkeiten beantwortet werden.

Solange jedoch kein Erschließen einer Fragestellung aufgrund einer Verknüpfung von Kenntnissen und somit ein Verstehen passiert, kann nicht von Bildung gesprochen werden, sondern maximal von einer Wissenserweiterung. „Altes" Wissen zeigt sich solange als „fest" bzw. als „wahre" Tatsache, bis es durch neue oder erweiterte (Er-) Kenntnisse argumentativ widerlegt werden kann.

2.3 Bildung

Bildung ist eine Form der Erkenntnis (griech.: episteme), das heißt „sich ein Bild machen von der Welt, von der Gesellschaft, von sich selbst" (Siebert 2002,□9).

Humboldt hat zu Beginn des 19Jhd. den Begriff Bildung eingeführt (Schuster 2006, 146). Er verstand darunter eine Auseinandersetzung zwischen dem Subjekt und der Welt bzw. Umwelt, in der Form, dass das Subjekt seine Persönlichkeit im Verlauf seiner Entwicklung herausbildet und neue Erkenntnisse gewinnt. Bildung bezieht sich auf **Prozesse** und Ergebnisse einer individuellen Aneignung und Verarbeitung von Informationen, Wissen und Können. Bildung umfasst demnach mehr als Wissen und Können, nämlich **Selbst-Erkenntnis**. Demzufolge dienen Wissen und Können der Bildung, in der Form, dass nach der

Bedeutung der Informationen für die Beantwortung von Fragestellungen gesucht wird. Dies hat eine innere Veränderung und Erweiterung sowie Persönlichkeitsentwicklung zum Ziel, so dass der Mensch handlungswirksam agieren kann (vgl. Bieri 2005, 4).

> Für Goeudevert (2001) ist Bildung „ein aktiver, komplexer und **nie abgeschlossener Prozess**, in dessen glücklichen Verlauf eine selbständige und selbsttätige, problemlösungsfähige und lebenstüchtige Persönlichkeit entstehen kann."

Ein weiterer wesentlicher Aspekt der Bildung betrifft die konkrete Einbindung in gesellschaftliche und kulturelle Bezüge. „Die Fähigkeit, die eigene Kultur aus einer gewissen Distanz heraus zu betrachten" ist dazu notwendig (Bieri 2005,□3). Schäfer fasst dies wie folgt zusammen: „Bildung wird nicht durch Aneignung von Inhalten oder die Anhäufung von Kenntnissen erreicht, sondern sowohl durch die Verbesserung und Veredelung der individuellen Kräfte, der eigenen Natur, als auch durch die Verbesserung der Werkzeuge, mit deren Hilfe sich das Subjekt mit der Welt auseinandersetzt" (2006, 34).

Insgesamt umfasst Bildung eine Verknüpfung von Wissen und Kenntnissen, die zur Erschließung spezieller Fragestellungen und letztendlich zum Verstehen vom „Ich" und der „Welt" im Zusammenhang führen (vgl. Liessmann 2006, 15ff.).

> Hegel beschreibt dies in der Form, dass das Bekannte, weil es bekannt ist, noch nicht erkannt ist (vgl. Hegel 1970, 35 in Liessmann 2006, 27).

Bildungsbegriff

Nach Schäfer (2006, 34) gibt es folgende drei Merkmale, die wesentlich für das Verständnis des Bildungsbegriffes sind:
1. Die Selbsttätigkeit des Individuums ist zentraler Aspekt der Bildung; Bildung muss der Mensch selbst verwirklichen, sie kann nicht von außen erzeugt werden; bei Bildung geht es „um die Person selbst und nicht um die Verwirklichung von Bildungszielen der Gesellschaft"
2. Bildung ist umfassend und vereint Handeln und Denken, Wissen und Können
3. Bildung ist der Prozess einer (Selbst-) Gestaltung; dieser geschieht in sozialen und kulturellen Kontexten

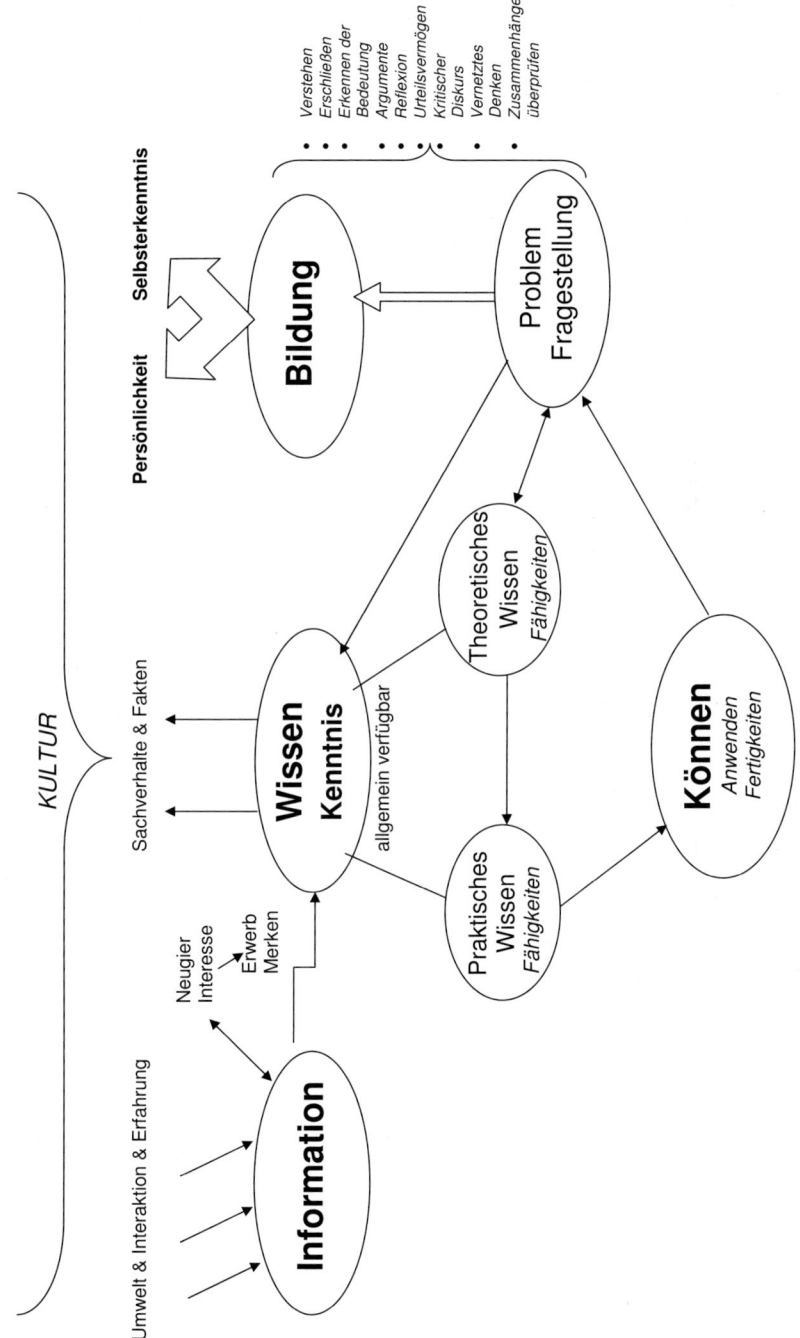

2.4 Wissens- vs. Bildungsziele im Kontext Schule[2]

In verschiedenen Lernkontexten unserer Gesellschaft geht es in der Regel ausschließlich um Wissen und damit verbunden um ein Abfragen beziehungslos nebeneinander stehender Daten, Fakten und Bedeutungen (vgl. Liessmann 2006). Auch wenn natürlich das Wissen um bestimmte Sachverhalte grundlegend und bedeutsam ist, so stellt sich bezüglich schulischen Lernens die Frage, ob eher Wissen *oder* Bildung im Mittelpunkt des Lernens steht. Fähigkeiten und Fertigkeiten, die auf Wissen und Können beruhen, sind wichtige Bestandteile von Bildung, jedoch ist es wichtig, den Menschen nicht allein darauf zu reduzieren, sondern die oben genannten Aspekte der Persönlichkeitsentwicklung und Selbsterkenntnis stets gleichberechtigt einzuschließen. Werden Verstehen, Persönlichkeitsentwicklung und Selbsterkenntnis als wesentliche Aspekte von Bildung nicht ernst genommen, so kann nicht von „Bildungszielen", sondern ausschließlich von „Wissenszielen" gesprochen werden.

Wenn von Bildung gesprochen wird, müssen demnach folgende Erfordernisse insgesamt erfüllt sein:

- Argumentationsfähigkeit und -bereitschaft und/oder Belege für die eigene Position

- Bedürfnis nach Selbstbildung (vgl. Bieri 2005, 1)

- Das Stellen der Fragen: „Was genau heißt das?" und „Woher wissen wir, dass es so ist?" (vgl. Bieri 2005, 2)

- Einfühlungsvermögen / Empathie

- Freiheit des Denkens (vgl. Liessmann 2006, 175)

- Illusionen erkennen (vgl. Liessmann 2006, 175)

- Mitbestimmungsfähigkeit (vgl. Klafki 1996)

- Persönliches Urteilsvermögen

- Reflexive und kritische Distanz (vgl. Liessmann 2006, 174)

- Selbstbestimmungsfähigkeit (vgl. Klafki 1996)

- Solidaritätsfähigkeit (vgl. Klafki 1996)

- Vernetztes Denken (vgl. Hüther 2006)

---

[2] In der weiterführenden Literatur gehen die Diskussionen so weit, dass diskutiert wird, ob wir uns in einer Wissens- oder Bildungsgesellschaft befinden. Die Ausführung dieser Debatte würde hier zu weit führen und daher für interessierte Leser folgende Literaturhinweise: Liessmann 2006, Killius/Kluge/Reisch 2003.

2.5 Wissens- und Bildungsziele – Konsequenzen für das Lernen

Für schulisches Lernen würde dies optimalerweise bedeuten, dass neben dem Erwerb von (Fakten-)Wissen und entsprechenden Fähigkeiten (Können) – welche häufig als sogenannte Bildungsziele bezeichnet werden – das selbsttätige Lernen, Denken und Handeln unter Einbezug sozialer und kultureller Gegebenheiten Berücksichtigung finden müssen. Um diese Art schulischen Lernens zu ermöglichen, ist es erforderlich, Lernsituationen zu schaffen und so zu gestalten, dass Kinder die Möglichkeit haben alltagsnah neue Lerninhalte kennenzulernen, zu erfahren und zu begreifen bzw. zu verstehen. Nur so ist es möglich, dass sich Kinder eigenverantwortlich und reflexiv mit Lerninhalten, die für den kulturellen Kontext Bedeutung haben, auseinandersetzen.

Nach Bieri (2005) entstehen im Prozess der Bildung – und damit verbunden beim Lernen – zwei Dinge, die gleichermaßen wichtig sind: Zum einen der Sinn für Proportionen (zum Beispiel Bedeutung von Erfindungen – was war wichtiger? Rad oder Kaffeemaschine?) und zum anderen der Sinn für Genauigkeit, das heißt zu verstehen, was es bedeutet, etwas genau zu kennen und zu verstehen (zum Beispiel ein Spiel, ein Rechtssystem, eine Krankheit).

Auch wenn im schulischen Kontext sich die Entwicklung der Allgemeinbildung in den Rahmenrichtlinien wieder findet, so erscheint es, dass Allgemeinbildung in der Praxis eher eine zunehmend untergeordnete Rolle spielt. Wahrscheinlich wird das individuelle Wissen und Können in spezifischen Bereichen und/oder punktuell sehr gut sein, jedoch fehlt zumeist ein übergeordnetes Verständnis hinsichtlich des erworbenen und vorhandenen Wissens und Könnens. Vielleicht kann jeder selbst überlegen, worauf SEIN Lernen ausgerichtet ist: Geht es um einen punktuellen Erwerb von Wissen, um „wirtschaftlich" und/oder „leistungsmäßig" attraktiv zu sein? Oder geht es um ein übergreifendes Verstehen des Sinns und der Bedeutung der Lerninhalte und damit verbunden eine persönliche Weiterentwicklung? Weiß der Lernende und die am Lernprozess Beteiligten über die Entstehung bzw. Entwicklung des Sachverhaltes Bescheid? Wird die Bedeutung über kulturelle und epochale Zusammenhänge erkannt und einbezogen? Welches ist momentan in unserer Gesellschaft DAS Bildungsverständnis? Gibt es explizit DAS bzw. EIN übergeordnetes und allgemein gültiges Bildungsverständnis? Wie sehen Inhalte und Ziele von Bildung momentan aus und wie könnten sie zeitgemäß formuliert werden?

2.6 Bildung im Zusammenhang mit Lernen und Förderung

Da Lernen und Förderung im Kontext Schule nicht losgelöst von Bildung gesehen werden können, wird im Folgenden der Frage nachgegangen, welche Bildungsverständnisse im Bereich Schule existieren.

> Denn: Das aktuelle Bildungsverständnis und die aktuellen Bildungsziele bestimmen die Ziele der Förderung sowie die Lerninhalte und -methoden.

Geschichtlich betrachtet gab es um das „beste" Bildungsverständnis immer wieder Diskussionen und Veränderungen. Dies ist unter anderem dadurch zu erklären, dass das Bildungsverständnis von epochal bedingten anthropologischen Annahmen sowie wirtschaftlichen Interessen abhängt. Anthropologie fragt: „Was macht den Menschen zum Menschen?" Und „welche Ziele der Erziehung ergeben sich daraus?". Diese beiden Fragestellungen, die aufeinander aufbauen, spiegeln das jeweilige Menschenbild in den sich daraus resultierenden Bildungsvorstellungen wieder.

Aktuell lassen sich zwei Stränge ausmachen:

1. Mit der Integrationsbewegung seit den 70er Jahren ist das Ziel eines „bedürfnisbezogenen individuellen Förderbedarfs" verbunden (Schuck 2001).

Hiermit ist ein Verständnis von gemeinsamem Lernen gemeint, welches auf ethischen Prinzipien wie Gleichheit, Freiheit, Gleichberechtigung und auf dem je individuellen Lernniveau beruht. Dies spiegelt sich unter anderem in der Salamanca-Erklärung von 1994 wieder (vgl. Eggert/Reichenbach/Lücking 2007, 101).

Die Ziele von Lernen und Förderung bestehen hierbei darin, dass jeder Mensch die Möglichkeit hat, lebenslang zu lernen und dies nach seinen entsprechenden Kompetenzen, Ressourcen und Möglichkeiten. Dies bedeutet, dass Heterogenität die Regel ist. Dementsprechend müssen unterschiedliche Lernniveaus anerkannt und diesen entsprochen werden, um sich in verschiedenen Lebensbereichen und Kontexten entfalten bzw. verwirklichen zu können.

2. Die bildungspolitischen Vorstellungen basieren in Teilen nach wie vor auf den in den 60er Jahren vorherrschenden Gedanken an Leistung als Ziel von Lernen und Förderung (vgl. Furck/Führ 1998).

Lernen und Förderung orientieren sich an schulischen Anforderungen und so genannten Lernzielen, die zum Großteil mit einer normativen Beurteilung und Leistungsbewertung zu tun haben.

Derart formulierte Ziele von Lernen und Förderung bestehen darin, dass normative Vorstellungen von Entwicklung existieren und diese „Normen" erreicht werden sollen. Im Vordergrund stehen hier vor allem von außen vorgegebene Lernziele, die in fest vorgegebenen Strukturen umgesetzt werden sollen. Das heißt, dass das Lernen auf Homogenität ausgerichtet ist und primär wirtschaftliche und gesellschaftliche Interessen des Lernens im Vordergrund stehen.

Die Vorstellungen von Bildungszielen schwanken nach wie vor zwischen dem Leistungsgedanken und dem Integrationsgedanken. Sind unter anderem in den KMK-Empfehlungen von 1994 oder in den Rahmenrichtlinien NRW von 2003 bereits Ansätze für eine bedürfnisorientierte Förderung beschrieben, so schwankt die Umsetzung durch individuelle Schwerpunktsetzung in der Praxis sowie durch fehlende bundesweit gültige Rahmenrichtlinien, was die Arbeit nach wie vor erschwert. Das Schulsystem kann solange nicht von dem „Leistungsgedanken" Abschied nehmen, ehe es keine einheitliche Vorstellung von Bildung in Theorie und Praxis gibt. Auch wenn es verschiedene regionale Schulreformen gab, so gestaltet sich ein allgemein gültiges Konzept von Bildung in der heutigen Gesellschaft sicherlich als schwierig, da zum Beispiel eine Vielzahl an Lebensvorstellungen existiert. Zudem können die Differenzen in den Vorstellungen von Bildung darin begründet liegen, dass es bis heute wenig bis kein einheitliches Bemühen um ein aktuelles Bildungskonzept und -verständnis mit entsprechenden Zielen auf bundesweiter Ebene gibt.

3. Lernen

Ein grundlegendes Verständnis vom und zum Lernen ist Voraussetzung für eine Gestaltung, eine Förderung und eine Diagnostik von Lernprozessen. Zunächst wird auf den Begriff Lernen eingegangen, bevor Thesen zum Lernen zusammengefasst und abschließend näher ausgeführt werden.

3.1 Begriff Lernen

Vom Ursprung des Wortes her, ist das Wort „lernen" mit „lehren" und „List" verwandt. Es gehört zur Wortgruppe „leisten". Dies bedeutet ursprünglich „einer Spur nachgehen, nachspüren". „Das Wort „Lernen" geht auf die gotische Bezeichnung für „ich weiß" (lais) und das indogermanische Wort für „gehen" (lis) zurück" (Wasserzieher 1974). Im Gotischen heißt „lais" genau übersetzt „ich habe nachgespürt" und „laists" steht für „Spur" (vgl. Mielke 2001).

Lernen heißt von der Herkunft des Wortes her zunächst einmal, dass ein Weg zurückgelegt wird. Auf diesem Weg des Lernens gelangt der Mensch zu Wissen, Können und Bildung. Wir verstehen somit den (Lern-)„Weg" als Prozess.

Lernen kann, wie im vorherigen Kapitel dargelegt, auf verschiedene Ziele, zum Beispiel auf Wissenserwerb, Kenntnis von Sachverhalten (Wissen), auf Fertigkeiten, wie zum Beispiel Lesen, Rechnen, Schreiben (Können) und deren Verständnis bzw. Bedeutung (Bildung), ausgerichtet sein.

3.2 Lernen als Prozess

Prozess (lat.: procedere) bedeutet „ein Voranschreiten".

> Unter **Lernprozess** verstehen wir demnach einen Verlauf, der Bildung zum Ziel hat.
> Durch Wissen und Können verschiedener Lerninhalte und deren Verständnis sowie deren Einbindung in kulturelle Bezüge, Kontexte und der eigenen Persönlichkeit entwickelt sich Bildung. Dabei wird deutlich, dass es sich bei Bildung um einen fortwährenden Verlauf bzw. Prozess handelt. Wissen, Können und Bildung meint also kein Ergebnis von Lernen sondern einen **Weg der Entwicklung und Veränderung**, der zu Erkenntnissen bzw. persönlichen Verständnissen führt.

3.3 Theorie des Lernens

Schwierigkeiten in der Auseinandersetzung mit dem Aspekt Lernen ergeben sich dadurch, dass sowohl in der Theorie als auch in der Praxis unterschiedliche Begriffsverständnisse sowie Erklärungen zum Thema Lernen existieren, die sich in verschiedenen zugrunde liegenden Entwicklungstheorien oder Menschenbilder begründen. Dementsprechend existieren in Theorie und Praxis unterschiedliche Arbeitshypothesen.

Unseres Erachtens gibt es nicht EINE allgemein gültige Theorie zur Erklärung von Lernen und erst recht nicht von Lernprozessen. Wir beziehen uns in unseren Ausführungen vor allem auf Grundannahmen der Entwicklungspsychologie sowie Neurophysiologie und Neuropsychologie. Wesentliche Erkenntnisse aus diesen Bereichen lassen sich unseres Erachtens sehr gut in der Praxis der Gestaltung, Förderung und Diagnostik von Lernprozessen nutzen. Wir haben bewusst darauf verzichtet EINE Grundtheorie zur Erklärung von Lernprozessen zu nutzen. Anstelle dessen haben wir uns bemüht, verschiedene Annahmen unterschiedlicher Theorien zusammenzutragen, da es nicht möglich ist, die jeweiligen Erkenntnisse der Theorien ohne Weiteres zusammenzufügen und auf andere Kontexte zu übertragen.

Im Mittelpunkt stand dabei für uns die Fragestellung: Was ist für die Gestaltung, Förderung und Diagnostik von Lernprozessen im Grundschulbereich wichtig? Dahingehend haben wir die Literatur analysiert und wesentliche Aussagen als Thesen eklektisch zusammengefügt.

Es werden im Folgenden aus unserer Sicht wesentliche Aspekte / Thesen zusammenfassend aufgelistet, um diese anschließend im Kapitel 6 im Hinblick auf pädagogisches Handeln und Prozesse konkret auszuführen. Diese bilden die Grundlage für eine Gestaltung, eine Förderung und eine Diagnostik von Lernprozessen.

3.4 Thesen zum Lernen

Lernen ist:

- ein interaktiv-kommunikativer Handlungsprozess (vgl. Schmetz 1999)
- eine Auseinandersetzung der Lernenden mit der Umwelt (vgl. Schmetz 1999; Bundschuh 2003; Roth 2003)
- eine positive (soziale und emotionale) Beziehungsgestaltung (vgl. Schmetz 1999)
- der Zusammenhang von Emotionen und Lernprozessen (vgl. Mundigler 2005; Rogers 1951; Spitzer 2002)
- ein sprachlicher und handlungsorientierter Dialog (vgl. Schmetz 1999; Mundigler 2005)
- eine Passung zwischen Lerninhalten und Erfahrungen und Bedürfnissen des Lernenden (vgl. Langfeldt 1996; Rogers 1951; Hüther 2006)
- die Einbeziehung der Bedeutung von Vergangenheit, Gegenwart und Zukunft (vgl. Schmetz 1999; Eggert/ Bertrand 2002)
- eine Orientierung an den Stärken eines Individuums (vgl. Eggert/Reichenbach/Lücking 2007; Müller 2005)

- ein eigenständiger aktiver Aneignungsprozess (vgl. Schmetz 1999; Rogers 1951; Roth 2006)
- eine Auseinandersetzung des Lernenden mit sich selbst (vgl. Schmetz 1999; Rogers 1951)
- Neugierde und Bedeutsamkeit (vgl. Rogers 1951; Müller 2005; Spitzer 2002)
- die Verantwortung für den eigenen Lernprozess (Mundigler 2005; Rogers 1951)
- das Zusammenspiel von Wissen, Können und Bildung (vgl. Liesmann 2006)
- eine komplexe Handlung (vgl. Klauer/Lauth 1997, 706)
- ein Prozess des Zusammenwirkens vielfältiger Faktoren (vgl. Rotthaus in Schmetz 1999)

Erklärung der Thesen

Lernen und Lernprozesse sind individuell sehr unterschiedlich (vgl. Bundschuh 2003). Faktoren, die Lernen ausmachen, sind sowohl in der Person selbst als auch in der Umwelt begründet, so dass sich beides gegenseitig bedingt.

Personenbezogene Faktoren

Zum einen ist Lernen ein **eigenständiger, aktiver Aneignungsprozess** (vgl. Schmetz 1999), das heißt, dass das **Individuum selbst verantwortlich für sein Lernen** ist (Mundigler 2005, Rogers 1951). Dazu muss sich der **Lernende mit sich selbst auseinandersetzen** (Schmetz 1999, Rogers 1951). Das bedeutet, dass Lernen nicht als passive Informationsaufnahme begriffen werden kann, sondern eine aktive Tätigkeit des Lernenden selbst darstellt.

Lernen bedeutet somit nicht Input gleich Output, sondern, dass die Person selbst bewusst und/oder unbewusst über das Ergebnis entscheidet. Die Entscheidungsfindung wird durch weitere Aspekte, wie zum Beispiel Vorwissen, Erfahrung, Motivation, aber auch zukünftigen Ziele beeinflusst (siehe dazu auch Punkt *neuropsychologische Aspekte* in diesem Kapitel). Demnach müssen **Vergangenheit, Gegenwart und Zukunft** gleichermaßen Berücksichtigung finden (vgl. Eggert/Bertrand 2002).

Die Bereitschaft zum Lernen ist durch die innerliche **Neugierde und das Interesse** an einer Information bzw. an einem Lerngegenstand bedingt. Des Weiteren ist für das Lernen eine **persönliche Bedeutsamkeit** notwendig. Diese kann sich dabei auf verschiedene Aspekte beziehen, wie beispielsweise auf Lerninhalte, Themen, Interessen, Ziele und andere Personen (zum Beispiel Lehrerin, Eltern) (vgl. Rogers 1951, Müller 2005).

Die allgemeine **Motiviertheit** bestimmt die Bereitschaft des Lernenden zum Lernen mit und trägt dazu bei, dass das Lernen für den Lernenden attraktiv ist und zum Lernerfolg führen kann.
Weitergehend gibt es eine spezielle Motiviertheit der Lernenden, die auf einen bestimmten Stoff sowie auf das jeweilige aktuelle emotionale Empfinden bezogen sein kann.

Lernprozesse werden wesentlich durch Emotionen geprägt, so dass den Emotionen eine zentrale Bedeutung für das (schulische) Lernen zu kommt (vgl. Bundschuh 2003). Emotionen sind zumeist unbewusst und entscheiden dennoch darüber, wie offen oder aber gehemmt ein Lernender dem Lerninhalt, dem Lerngegenstand und auch den am Lernprozess beteiligten Personen gegenüber eingestellt ist. **Emotionen und Lernen** sind somit **im Zusammenhang** zu sehen.
Insofern fördert oder hemmt die emotionale Befindlichkeit von Anfang an den Lernprozess oder den Verlauf des Lernens (vgl. Bundschuh 2003). Weiterhin wurde festgestellt, dass eine emotionale Erregung dazu führt, dass der Mensch sich ein Ereignis besser einprägt, da er in diesem Moment „wacher" ist und eine erhöhte emotionale Beteiligung zeigt. Diese emotionale Erregung/ Beteiligung steht in einem direkten Zusammenhang mit der individuellen Gedächtnisleistung (zum Beispiel Bester in einem Wettkampf sein, Tod eines Tieres) (vgl. Spitzer 2002).
Sowohl so genannte positive als auch negative Emotionen unterstützen das Lernen, wobei das Lernen unter positiven Emotionen (zum Beispiel Freude) ein vernetztes und damit weitreichendes Lernen fördert und negative Emotionen (zum Beispiel Angst, Druck) sehr zu einseitigem und isoliertem Lernen führen.

Neuropsychologische Aspekte

Kinder machen von Anfang an Erfahrungen, die im „Gehirn" als Nervenimpulse abgespeichert werden. Kommen neue, ähnliche Situationen, werden die neuen Nervenimpulse mit den bereits vorhandenen verglichen und mit den alten verknüpft. Diese **Erfahrungen** kommen zuerst in dem so genannten limbischen System (emotionales Erfahrungsgedächtnis) an und werden dort bewusst oder unbewusst emotional gefärbt. Wenn ein Mensch etwas ganz Neues erfährt, wird das erst einmal als neuer Impuls abgelegt. Ist eine Erfahrung einmalig und bekommt diese keinen **Bedeutungskontext,** vergisst das Kind diese Erfahrung wieder. Hingegen werden, wenn etwas Neues mit etwas Altem verknüpft wird, die (Nerven-) Bahnen immer stärker und die Impulse werden dadurch umso schneller weitergeleitet. Je älter ein Mensch wird, umso weniger Nervenbahnen sind vorhanden, jedoch sind die vorhandenen wesentlich dicker und vernetzter (vgl. Hüther 2006).

Es gibt bestimmte **Bedeutungen für das Lernen**, wobei Lehrende häufig eine andere Bedeutung dem Lerninhalt beimessen als die Lernenden. Der Lehrende kann seinen Bedeutungskontext nicht ohne Weiteres übertragen, sondern die Bedeutung kann ausschließlich von dem Lernenden aktiviert werden oder der Lernende bewertet eine Information für sich als bedeutend.
Wenn zwei Personen den gleichen Bedeutungskontext haben, dies jedoch für eine von beiden Personen unbewusst ist, dann wird die Information, die diese Person erhält, als neu bewertet und der Inhalt der anderen Person, das heißt dem Sprecher, zugewiesen. Unbewusstes wird durch das Gesagte bewusst, wobei das Gesagte oder das Gelesene durch eine neue Information bewusst werden kann; demnach ist es nicht Verdienst des Sprechers im eigentlichen Sinne neues Wissen vermittelt zu haben, sondern bereits vorhandenes Wissen wird vom Lernenden bewusst verfügt (vgl. Roth 2006).

Umweltbezogene Faktoren

Neben individuellen, personenbezogenen Faktoren wird das Lernen ebenso von Faktoren beeinflusst, die in der Umwelt liegen. Diese können sich zum Beispiel auf:
- Familie,
- weitere bedeutende Bezugspersonen (Lehrer, Erzieher, …),
- Peers,
- aktuelle Situation usw.
beziehen.

Neben Faktoren, die durch die Umwelt bedingt sind, heißt Lernen auch eine direkte **Auseinandersetzung der Lernenden mit der Umwelt** hinsichtlich spezifischer Fragestellungen.

Personenbezogene Faktoren, wie zum Beispiel Motivation, Freude, Neugier, Interesse … sind auch durch äußere Bedingungen (Zeit, Raum, Lernatmosphäre, Erziehungsstil, Unterrichtsstil, Kommunikationsstil, …) geprägt (vgl. Roth, Hüther in Bundschuh 2003) und sind entscheidend für den Lernprozess.
Sowohl Eltern als auch Lehrer/Erzieher können vor allem durch ihre Persönlichkeit, die Art der Vermittlung von Lerninhalten sowie Unterrichts- bzw. Erziehungsstil das emotionale Befinden und das schulische Lernverhalten beeinflus-

sen. In der Gedächtnisforschung wurde beispielsweise herausgefunden, dass neben den Lerninhalten an sich auch vom Lernenden abgespeichert wurde, wo, wann und durch wen sie vermittelt worden sind (vgl. Roth 2006). Gefühle, die mit einem Lerninhalt in Verbindung gebracht werden, können das Abrufen sowie das Erinnern von Lerninhalten und Lernsituationen bedingen (vgl. Hüther und Roth 2003). So wird zum Beispiel die Glaubwürdigkeit des Lehrenden unbewusst innerhalb der ersten 20 Sekunden eingeschätzt, das heißt dass sich jeder Pädagoge bewusst sein muss, dass er bestimmte Signale aussendet (verbal und/oder nonverbal), die dann wiederum Lernmotivation ausmacht (vgl. Roth 2006).

Das Gefühl von Vertrauen und Sicherheit beim Lernenden in Lernsituationen stellt die Basis für „entspanntes und freudvolles" Lernen und einer weit reichenden Verknüpfung der Informationen mit bereits Bekanntem dar.
Eine positive **Beziehungsgestaltung** zwischen Lernenden und Lehrenden kann demnach als zentral betrachtet werden. Die Beziehungsgestaltung bezieht sich nicht allein auf den Lehrenden und Lernenden, sondern auch auf die Gestaltung des Klassenklimas, der Interaktion in der Klasse etc. (vgl. Kap. 6).

Einen weiteren entscheidenden Faktor bildet die Auswahl von Lerninhalten. Die Auswahl, das Besprechen und die Herausarbeitung des individuellen **Bedeutungszusammenhanges** sollten mit dem Kind gemeinsam geschehen. Die Kompetenzen eines Kindes sind für den weiteren Lernprozess Ansatzpunkt. Das heißt, dass **von den individuellen Stärken ausgegangen** werden soll (vgl. Eggert/Reichenbach/Lücking 2007). Nur so kann gewährleistet werden, dass auf Bekanntes aufgebaut wird, neue Herausforderungen gesucht werden und somit Neues entsteht. Um die Nachvollziehbarkeit des Lerninhaltes für das Kind begreifbar zu machen, ist ein Alltagsbezug erforderlich.

Lernen wird als ein **interaktiv-kommunikativer Prozess** gesehen, wobei sowohl der **sprachliche** als auch der **handlungsorientierte Dialog** von Bedeutung ist (vgl. Schmetz 1999, Mundigler 2005).

Gespräche sowie der Austausch von Lernenden und Lehrenden stellt eine grundlegende Basis dafür dar, herauszufinden, wer welche Ziele, Vorstellungen und Bedürfnisse bezüglich des Lernens hat.

Lernen kann somit als eine **komplexe Handlung** verstanden werden – wobei kein Anspruch auf Vollständigkeit der oben genannten Aspekte besteht –, die durch einen **Prozess des Zusammenwirkens** verschiedener Faktoren geprägt ist.

Für den Prozess der Gestaltung, der Förderung und der Diagnostik von Lernprozessen bedeutet dies, dass alle oben genannten Faktoren in unterschiedlicher Ausprägung wirken können und demnach in individuellen Lernprozessen sehr individuell einfließen. Andererseits bedeutet dies auch, dass diese verschiedenen Faktoren analysiert werden müssen und auf diese Analyse folgend auf Lernprozesse Einfluss genommen werden kann.

3.5 Erfordernisse für das Lernen

Aus den oben genannten Ausführungen resultieren folgende Erfordernisse für das Lernen:

- individuelle Entwicklung und Gestaltung von Lernprozessen (vgl. Schmetz 1999)
- Selbstreflexion (vgl. Klauer/Lauth 1997, 706)
- Planungsprozesse (vgl. Klauer/Lauth 1997, 706)
- Strategieentwicklung (vgl. Klauer/Lauth 1997, 706)
- Abstraktionsvermögen (vgl. Klauer/Lauth 1997, 706)
- Zielorientierung (vgl. Eggert/Reichenbach/Bode 2003)
- Interaktionsgestaltung (vgl. Schmetz 1999)
- Dialogfähigkeit (vgl. Eggert/Reichenbach/Bode 2003)
- Anregung und Aktivierung zu Lernprozessen (vgl. Schmetz 1999)
- Lernen berücksichtigt die emotionale Bedeutsamkeit des Lernenden (vgl. Eggert/Reichenbach/Bode 2003)
- Lernen muss durch innere und äußere Handlungen erfahrbar gemacht und verknüpft werden (vgl. Hüther 2006)
- Lernangebote müssen individuell und differenziert sein (vgl. Reichenbach/Lücking 2007)
- Gestaltung einer Lernatmosphäre, die zu Wohlbefinden führt (vgl. Rogers 1951, Schmetz 1999)

3.6 Lernkultur

Wie bereits in Kapitel 2 und in Kapitel 5 aufgezeigt wird, werden Ziele des Lernens ausgeführt, welche neben der Vermittlung von Wissen und Können auch so genannte Bildungsziele umfassen.

Ein wesentlicher Faktor, wenn von Bildung gesprochen wird, stellt dabei die Berücksichtigung kultureller Begebenheiten dar. In diesem Zusammenhang hat sich innerhalb der vergangenen 15 Jahre auch der Begriff Lernkultur entwickelt und ihm wird zunehmend in der Bildungsdiskussion eine hohe Bedeutung beigemessen.

Begriff Lernkultur

Da es keinen einheitlichen Begriff von Lernkultur gibt, möchten wir im Folgenden wesentliche Aspekte nennen, die eine „neue" Lernkultur ausmachen können (vgl. Weinert 1997; Weinberg 1999; Siebert 2000).

1. Umfeldbedingungen
2. Gesellschaftliche Anforderungen
3. Verständnis von Lernen
4. Unterstützung und Lernformen
5. Lehr- und Lernmethoden
6. Didaktisch-methodisches Vorgehen

7. Umgangsformen
8. Nutzung neuer Medien
9. Rahmenbedingungen
10. Interaktions- und Kommunikationsprozesse
11. Einbezug wissenschaftlicher Erkenntnisse
12. Bildungsverständnis

Lernkultur ist der Zusammenschluss der Faktoren, die die Sichtweise sowie die Umsetzung von Lernen und Lernprozessen ausmachen. Dabei haben alle oben genannten Aspekte Einfluss und bedingen die aktuelle Lernkultur.

Fazit

Die aufgeführten Erfordernisse hinsichtlich des Lernens und der Lernkultur gilt es in Lernprozessen stets zu beachten und praxisnah einzubinden.
WIE diese Erfordernisse umgesetzt werden können, wird im Kapitel 6 aufgezeigt und beispielhaft beschrieben.

Auf dieser Grundlage werden Faktoren bzw. Kompetenzen herausgestellt, die für das Arrangieren und Gestalten von verschiedenartigen Lernprozessen bedeutsam sind, wobei die einzelnen Faktoren jeweils individuell unterschiedlich gewichtet sind.

4. Lehr- und Lernmethoden

Um systematisch und selbstverantwortlich lernen zu können sowie unter Einbezug des in Kapitel 3 vorliegenden Lernverständnisses, ist es notwendig, dass Kinder sich über vielfältige Lern- und Lehrmethoden Wissen und Können aneignen, um letztlich zu einer Bildung zu gelangen. Damit Kinder kompetent und gezielt mit Lern- und Lehrmethoden umgehen können, ist es erforderlich, dass ihnen entsprechende Angebote im Kontext Schule unterbreitet werden. Diese müssen im gemeinsamen Prozess unter Einbezug verschiedener Faktoren (wie zum Beispiel individuelle Vorlieben, Rahmenrichtlinien, gesellschaftliche Anforderung) Berücksichtigung finden. Ziel sollte es dabei sein, dass Kinder „die Experten für ihr eigenes Lernen werden" (Weinert 1997).

Wie die Umsetzung erfolgt, spiegelt sich sowohl in der Auswahl der Methoden als auch in der Gestaltung von Lernprozessen wieder.

Der Einsatz von Methoden zur Gestaltung, Förderung und Diagnostik von Lernprozessen erfordert, dass sowohl Lernende als auch Lehrende ein Methodenbewusstsein entwickeln und methodische Routine durch ein dialogisches Vorgehen erwerben (vgl. Klippert/Müller 2004, 39).

Nach Klippert/Müller richtet sich dabei das Methodenbewusstsein auf folgende wesentliche inhaltsbezogene Aspekte:

1. Arbeitsverhalten
2. Kommunikationsverhalten $\left.\right\}$ Reflexion
3. Kooperationsverhalten

Die genutzten verschiedenen Methoden können unter den genannten inhaltlichen Aspekten betrachtet und schwerpunktmäßig eingesetzt werden. Wenn es um Bildung geht, ist es unerlässlich nicht ausschließlich auf das Arbeitsverhalten einzugehen, sondern insbesondere das Kommunikations- und Kooperationsverhalten sowie die Reflexion hinsichtlich persönlicher, umfeldbezogener und gesellschaftlicher Bedingungen kontinuierlich einzubeziehen.

Die folgend beispielhaft kurz aufgeführten Methoden geben lediglich einen Einblick in das, was gemacht werden kann. Die Zusammenstellung hat bei weitem nicht den Anspruch auf Vollständigkeit. Wir möchten in diesem Rahmen lediglich bewusst machen, sich verschiedener Methoden zu bedienen und diese im Schulalltag jeweils hinsichtlich Arbeits-, Kommunikations-, Kooperations- und Reflexionskompetenz gezielt zu betrachten und einzusetzen (siehe Praxis in diesem Buch).

Fünf Varianten, wie Lernen stattfinden kann:

Es soll eine Orientierung hinsichtlich der bekannten Methoden für den gezielten praktischen Einsatz ermöglicht werden und eine „Selbst"-Reflexion dahingehend, auf welchen Ebenen Lernen momentan stattfindet. Das heißt konkret: Geht es um Wissensaneignung, um ein Anwenden können oder um ein Verstehen des Lerngegenstandes auf verschiedenen Ebenen (zum Beispiel in persönlicher Hinsicht, auf der Handlungsebene, auf gesellschaftlicher Ebene, …) (vgl. Kapitel 2)?

4.1 Methodenkompetenzen für Lehrende und Lernende

Arbeitsmethoden bilden beim Erwerb von Methodenkompetenz die Basis des Arbeitens und Lernens und finden derzeit unseres Erachtens in der Literatur die meiste Berücksichtigung.

Arbeitsmethoden können dazu beitragen,
- … dass individuelle Lernstrategien entwickelt werden,
- … dass der persönliche Lernprozess erleichtert und unterstützt wird,
- … dass gezielte Hilfestellungen für den Umgang mit Informationen und Aufgabenstellungen gegeben werden.

Die Anwendung der Arbeitsmethoden wird stets durch Kommunikations-, Kooperations- und Reflexionssituationen/-prozesse begleitet. Sie sind als ein wichtiger Bestandteil im Lernprozess anzusehen. Die Kompetenzbereiche sind in der Praxis als eine dynamische Einheit zu betrachten. Es geht nicht darum, explizit zwischen Arbeitsformen, Kommunikationsformen und Kooperationsformen zu unterscheiden, sondern eher primär darum, dem Lehrenden nochmals bewusst zu machen, dass jede Arbeitsform bzw. -methode auch hinsichtlich Kommunikations- und Kooperationskompetenzen betrachtet und eingesetzt werden sollte. Die Reflexion des Lernprozesses im Dialog zwischen Lehrenden und Lernenden sowie Lernenden und Lernenden stellt für die Entwicklung eines Methodenbewusstseins eine entscheidende Variable dar.

4.2 Kommunikationskompetenzen für Lehrende und Lernende

Kommunikation beinhaltet vielfältige Aspekte, die es im Rahmen schulischen Lernens und bei der Nutzung verschiedener Arbeitsmethoden auszubauen gilt. Im Folgenden werden wir überblickhaft so genannte Kommunikationskompetenzen exemplarisch aufzeigen:

* Anderen zuhören
* Gesprächsleitung übernehmen
* Gesprächspartner anschauen (Blickkontakt)
* Gesprächspartner ausreden lassen
* Gezielte Nachfragen stellen
* Beim Gesprächsthema bleiben
* Mimik und Gestik einsetzen
* Wünsche und Bedürfnisse ausdrücken
* Miteinander sprechen (Dialog)
* Antworten formulieren
* Gezielt nachfragen
* Empathisch sein
* Kulturelle Symbole deuten

4.3 Kooperationskompetenzen für Lehrende und Lernende

Kooperation beinhaltet ebenso wie die Kommunikation vielfältige Aspekte, die es im schulischen Rahmen zu erweitern gilt und welche, abhängig von der Arbeitsmethode, unterschiedlich stark zur Geltung kommen können. Im Folgenden werden so genannte Kooperationskompetenzen beispielhaft genannt:

* Zusammen an einem Gegenstand arbeiten
* Gemeinsam Aufgaben bearbeiten
* Absprachen treffen
* Aufeinander eingehen
* Andere unterstützen
* Unterstützung annehmen
* Kompromisse finden
* Gemeinsame Lösungen finden
* Gemeinsam handeln
* Sich auf Andere einstellen
* Ideen austauschen
* Gemeinsam Lösungen und/oder Ergebnisse präsentieren

4.4 Arbeitskompetenzen für Lehrende und Lernende

Auf einige Arbeitsmethoden werden wir hier an dieser Stelle konkreter eingehen, wobei dem aufmerksamen Leser sicherlich nicht entgeht, dass bereits hier Inhalte der Kommunikation und Kooperation enthalten sind.

4.4.1 Multisensorisches Lernen

Das Lernen in schulischen Kontexten ist meist darauf ausgerichtet, dass die Lerninhalte durch die Lehrenden auditiv, also durchs Hören, und visuell, das heißt durchs Sehen, angeboten werden. Obwohl jeder Mensch individuell unterschiedlich lernt (siehe auch Lerntypen) steht fest, dass der nachhaltigste Weg zu lernen, das Lernen ist, an dem mehrere Eingangskanäle beteiligt sind. So sollten an jedem Lernprozess möglichst viele Sinnesorgane beteiligt sein.

4.4.2 Lerntypen

Eine Möglichkeit der Differenzierung von Unterricht kann dadurch stattfinden, dass die individuelle Vielfalt von Lernen und somit Lerntypen Berücksichtigung finden. Besondere Beachtung sollte den verschiedenen Lerntypen auch daher geschenkt werden, da bekannt ist, dass Lernen über verschiedene Sinneskanäle erfolgt.

Folgende Grafik zeigt, wie viel Prozent von dem behalten wird, was

- wir hören ca. 20%
- wir sehen ca. 35%
- wir hören und sehen ca. 50%
- wir hören, sehen, selber tun sowie über Medien erfahren (zum Beispiel PC, Bücher) ca. 75 %
- wir hören, sehen, selber tun, über Medien erfahren sowie mit anderen besprechen ca. 95%

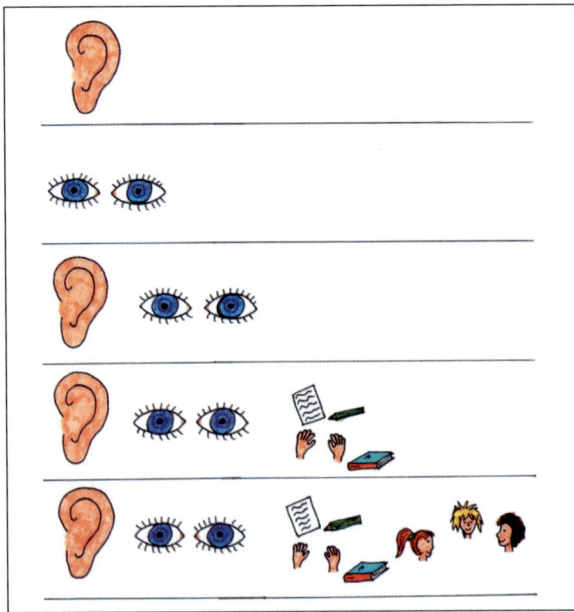

Folgende Lerntypen können unterschieden und dementsprechend verschiedene Lehr- und Lernmethoden eingesetzt werden (vgl. Arnold 2000; Reichenbach/Lücking 2007):

- Musikalisch-rhythmischer Lerntyp (Musik-Lerntyp)
  Menschen dieses Lerntyps hören gut zu, verbinden Gefühle mit Musik und Rhythmen, haben ein feines Gefühl für den Tonfall von Anderen, haben ein gutes Gespür für Musik und Rhythmus.
  Hierzu zählen der Einsatz verschiedener Lernmethoden, wie z.B.: themenbezogene Musik, Schreiben von Gedichten/Liedern, sich zur Musik bewegen, Nutzung von Aufzeichnungsgeräten, Gefühle zur Musik verbalisieren, im Unterricht Musik/Lieder hören, Wörter/Begriffe/Formen rhythmisch umsetzen, mit Fingern klopfen oder Füßen wippen.

- Visuell-räumlicher Lerntyp (Bilder-Lerntyp)
  Dieser Lerntyp ist daran erkennbar, dass er ein gutes Vorstellungsvermögen hat, gern in Bildern denkt und veranschaulicht, mit grafischen Strukturen arbeitet, Farben nutzt und Informationen bevorzugt sehen kann.
  Hier können folgende Methoden genutzt werden: Piktogramme anfertigen, Schaubilder erstellen, Bildkarten einsetzen, farbliche Markierungen einsetzen, Bilder zu Lerninhalten suchen und beschreiben, Mindmaps anlegen, Rate- und Malspiele einsetzen, Videos erstellen oder ansehen, bei Rollenspielen zuschauen.

- Körperlich-bewegungsbezoger Lerntyp (Körper-Lerntyp)
  Für diesen Lerntyp ist körperliches Erleben wichtig, er drückt sich gern über Bewegung aus, ist aktiv, bewegt sich gern, stellt gern Dinge her, fühlt und berührt gern Gegenstände.
  Hier eignet sich insbesondere z.B.: Stationenlernen, Verknüpfung von Lerninhalten mit Bewegung, praktisches Tun (schneiden, kleben, gestalten), bewegliches Mobiliar, mit Körper ausdrücken, etwas in der Hand halten.

- Naturbezogener Lerntyp (Natur-Lerntyp)
  Dieser Lerntyp ist daran erkennbar, dass er sich sehr für die Tier- und Pflanzenwelt interessiert, er gern im Freien ist oder gern naturbezogene Materialien sammelt.
  Für diesen Lerntyp bieten sich beispielsweise folgende Methoden gut an: Erfahrungen in der Natur, Lerninhalte mit Natur(materialien) verknüpfen, erforschen von Naturgegebenheiten, Ausflüge zu natürlichen Lernquellen, Zoobesuche, Umweltaspekte bewusst machen, Formen und Farben aus der Natur einbeziehen.

- Verbal-sprachlicher Lerntyp (Wörter-Lerntyp)
  Dieser Lerntyp zeichnet sich dadurch aus, dass er gern neue Wörter lernt, mit Wörtern spielt, er gern redet, er gut zuhören kann, er gern liest und/oder gut durch sprachliches Herleiten lernt. Hierzu bieten sich z. B. folgende Methoden gut an: Briefe schreiben, Notizen machen, Geschriebenes analysieren, Arbeitsblätter ausfüllen, freies Schreiben, Inhalte in Wörtern skizzieren, Eselsbrücken bauen.

- Logisch-mathematischer Lerntyp (Zahlen-Lerntyp)
  Diesen Lerntyp kennzeichnet eine gewisse Sorgfalt und Gewissenhaftigkeit, gute Organisation sowie praxisbezogenes und analysierendes Denken. Methoden hierzu wären zum Beispiel Brainstorming, Systematisieren und Ordnen von Inhalten, Diagramme erstellen, Fragelisten überlegen, Festhalten von Arbeitsschritten, Ordnungspunkte aufstellen, nach Zeitplan vorgehen, Strukturen festlegen, Schemata und Muster erkennen.

- Intrapersoneller Lerntyp (Ich-Lerntyp)
  Dieser Lerntyp arbeitet bevorzugt allein, nimmt sich Zeit zum Nachdenken, reflektiert, ist unabhängig und geht analytisch vor. Optimale Methoden hierfür sind: schriftlich zusammenfassen und erklären, Aufgaben sofort erledigen, Arbeiten ohne Zeitlimit, Tagebuch führen, entdeckendes Lernen, Raum für Kreativität schaffen, eigenen Fragestellungen nachgehen und persönlichen Bezug schaffen.

- Interpersoneller Lerntyp (Menschen-Lerntyp)
  Dieser Lerntyp ist gekennzeichnet durch Empathie, Leitungsqualitäten, Gruppenaktivitäten, Kompromissbereitschaft, Interesse an Menschen und Teamarbeit. Empfehlenswerte Lernmethoden sind hier: gemeinsames Brainstorming, persönliche Beziehungen zu Lehrenden aufbauen, Lernverträge aushandeln, Gestaltung von gemeinsamen Unterrichtsaktivitäten, gemeinsames Lernen und Diskutieren, sich an Gruppenprojekten beteiligen, Interviews durchführen.

Jeder Leser wird vermutlich eigene bevorzugte Sinneskanäle sowie Lernmethoden für den Lernprozess wieder entdeckt haben. In der Regel ist es so, dass ein Mensch nicht EINEM Lerntypen zuzuordnen ist, sondern ca. 2-3 bevorzugte Lernwege hat und somit auf eine oder mehrere Arten zum Lernen Zugang findet. In der Regel können Kinder durch gezielte Fragen sehr gut beschreiben, welche Art des Lernens sie individuell bevorzugen (vgl. Reichenbach/Lücking 2007, 67ff.).

4.4.3 Lernen mittels Bewegung

So genanntes „Lernen über Bewegung" hat in vielfältiger Form Einzug in die Gestaltung von Unterrichts- und Lernprozessen genommen. Hierbei können verschiedene Konzepte und Vorgehen unterschieden werden, die wir an dieser Stelle lediglich beispielhaft nennen möchten:

- „Bewegtes Lernen"/ „Chefstunde" (Köckenberger 1997)
- „Beweg dich Schule" (Beigel 2005)
- „Das mobile Klassenzimmer" (Landau/Sobczyk 2003)
- „Bewegungslandschaft" (Zimmer/Circus 1987; Trebels 1983)
- „Bewegungsbaustelle" (Miedzinski 1983; Miedzinski/ Fischer 2007)
- „Bewegungswerkstatt" (Laging 1997)

- „Bewegte Schule" (Klupsch-Sahlmann 1995; Keller/Fritz 1995)
- „Motomathe" (Reinecke 2007)
- „Bewegungspause" (Mertens/Wasmund-Bodenstedt 1991)
- „Bewegte Pause" (Müller 1999)

Neben konkreten Konzepten ist der Einbezug von Bewegung zur Vermittlung von Lerninhalten in verschiedenen Fächern ein beliebtes Medium. Im Praxisteil dieses Buches werden wir hierzu konkrete Beispiele einbringen.

Bewegung fördert in verschiedener Form das Lernen und kann Lernprozesse auf unterschiedlichste Weise positiv beeinflussen (vgl. Hannaford 2004). Neben dem konkreten Einfluss auf das Lernen an sich eignet sich der Einsatz des Mediums Bewegung beispielsweise dazu, eine andere Lernatmosphäre zu schaffen, die Konzentrations- und Aufmerksamkeitsfähigkeit zu steigern, Lerninhalte an andere bekannte, bereits erfahrene Situationen zu koppeln sowie auch gesundheitsförderliche Aspekte zu berücksichtigen (vgl. Gasse/Dobbelstein 2005; Hannaford 2004). Sicherlich ist der Einsatz von Bewegung nicht als ein „Allheilmittel" anzusehen, sondern kann Lernprozesse auf verschiedenste Weise gestalten, anregen und die Bearbeitung von Lerninhalten verändern bzw. zur Auseinandersetzung mit Lerninhalten führen.

Der Einsatz des Mediums Bewegung in Lernprozessen kann nach Reinecke (2007) unterschieden werden nach:

1. Lernen *mit* Bewegung
Damit ist gemeint, dass über Bewegungsangebote Vorrausetzungen bzw. **Grundlagen für das Lernen** geschaffen werden. Der Grundgedanke hierbei ist, dass über das Bewegungsangebot Freude, Aufmerksamkeit und Ruhe hergestellt werden, so dass die von außen vorgegebenen Rahmenbedingungen für effektive Lernprozesse optimiert werden. Hierzu können aus unserer Sicht folgende Ansätze angewandt werden: „Bewegungspause", „Bewegte Pause", „mobiles Klassenzimmer".

2. Lernen *über* Bewegung
Hier werden **Lerninhalte an Bewegung gekoppelt**. Lerninhalte werden an und mit dem Körper erfahren und Inhalte mit Bewegung und/oder sinnlichen Erfahrungen vernetzt. Hierzu zählen wir z.B.: „Beweg dich Schule", „Chefstunde".

3. Lernen *in* Bewegung
Lerninhalte und Lernprozesse werden insbesondere über die **mit dem Inhalt verbundene Bewegungshandlung** verstanden, was dadurch zu einem so genannten „Aha-Effekt" führen kann. Das heißt, dass das Verständnis von Inhalten durch Bewegungshandlungen nicht von außen geplant werden kann, sondern immer vom Kind ausgehen muss. Innerhalb der Ansätze „Motomathe" oder „Bewegungsbaustelle" kann aus unserer Sicht insbesondere ein Lernen *in* Bewegung stattfinden, da hier eigenaktiv geplant und gehandelt wird.

4.4.4 Arbeitsplan

Der Strukturierung von Aufgaben und/oder dem Lernen von Inhalten können Arbeitspläne oder so genannte Hausaufgabenpläne dienen.
Für die Erstellung eines Arbeitsplans bieten sich folgende Fragen an, die gemeinsam mit dem Lernenden für die individuelle Gestaltung und Erstellung eines planvollen Vorgehens bearbeitet werden können.

1. Was ist das bzw. was sind die Ziel(e) der Aufgabe?
2. Welche Inhalte bzw. Teilaufgaben gilt es zu bearbeiten?
3. Welche Inhalte müssen zuerst bearbeitet werden?
4. Kann die Reihenfolge der Bearbeitung der Inhalte frei ausgewählt werden oder unterliegen sie einer hierarchischen Abfolge?
5. Bei hierarchischer Abfolge: Womit muss ich beginnen?
6. Bei freier Auswahl: Womit möchte ich beginnen?
7. Wie viel Zeit steht mir zur Bearbeitung der Teilaufgaben zur Verfügung?
8. Wie viel Zeit benötige ich jeweils für die Teilaufgaben?
9. Über welchen Zeitraum denke ich, kann ich mich konzentrieren?
10. An welchen Stellen sind Pausen für mich sinnvoll?
11. Was benötige ich zur Bearbeitung der Teilaufgaben (zum Beispiel Material, Bücher, Medien, Wissen)?
12. Wo möchte bzw. kann ich die (Teil-)Aufgaben bearbeiten?
13. Brauche ich von oder durch eine andere Person Unterstützung?
14. Welche Form der Unterstützung steht mir zur Verfügung?
15. Welche Form der Unterstützung bevorzuge bzw. benötige ich?
16. Hilft es mir bei der Umsetzung des Arbeitsplans, wenn dieser visualisiert wird?

4.4.5 Lernkette

Die Methode der „Lernkette" eignet sich insbesondere dafür, eine Ansammlung von Stichwörtern im Kurzzeitgedächtnis abzuspeichern. Sie stellt eine Methode dar, die über miteinander verknüpfender bildhafter Vorstellungen zu einer „besseren" Behaltensleistung führen soll (Endres 2004).

Die Begriffe, die es zu behalten gilt, werden als bildhafte Vorstellungen miteinander verknüpft. Praktisch bedeutet dies, dass der Lernende sich wichtige Schlüsselbegriffe als „inneres" Bild (im Sinne einer inneren Leinwand – „Kopfkino") vorstellt.

4.4.6 Lernstoff merkwürdig machen

In der Praxis findet die Methode „Lernstoff merkwürdig machen" bereits viel Verwendung, denn sie kommt der Aufforderung, sich so genannte „Eselsbrücken" zu bauen, sehr nahe (Endres 2004).
Der Fokus dieser Methode liegt darauf, den Lerninhalt mit möglichst fantasievollen Assoziationen zu verknüpfen. Dabei können sich die Assoziationen auf

den Wortklang, die Wortbedeutung oder den Kontext eines Wortes beziehen. Wichtig bei der Verknüpfung der Schlüsselbegriffe ist die konkrete Vorstellung innerer Fantasiebilder.

4.4.7 Lernkartei

Die Lernkartei ist eine Methode, die sich sehr gut eignet, wenn es darum geht, Informationen nachhaltig behalten zu wollen. Durch eine Strukturierung, Systematisierung, Zielorientierung und Wiederholung der Inhalte, wird die Erinnerung an Bekanntes unterstützt (vgl. Hüholdt 1995). Dabei werden auf der Vorderseite einer Karteikarte wichtige Fragen, Aufgaben oder zu lernende Begriffe (Lerninhalte) aufgeschrieben und auf der Rückseite die Antworten notiert. So kann der Lernende sich selbst durch Beantwortung der Fragen und Kontrolle der Antworten mit dem Lerninhalt auseinandersetzen.

Dabei kommen für das Lernen mit einer Lernkartei alle Inhalte infrage, die es zu lernen gibt. Das Lernen mit einer Lernkartei kann sehr unterschiedlich und individuell ausgestaltet werden, so dass sie sich Lerninhalten und persönlichen sowie umfeldbezogenen Bedingungen gut anpassen lässt. Sie ermöglicht die aktive Beschäftigung mit Lerninhalten sowohl in Einzel- als auch in Partneroder Gruppenarbeit und kann zudem genutzt werden, um ein Lernthema einzuleiten (indem Fragen im Vorfeld der Bearbeitung gestellt werden), zu begleiten (durch die Erweiterung der Fragen und Antworten) oder um eine abschließende Lernkontrolle (durch die Beantwortung aller Fragen zum Lerninhalt) durchzuführen.

4.4.8 Superlearning

Die Methode des Superlearning, ursprünglich im Bereich des Managements entstanden, greift die Technik des Visualisierens auf und erweitert sie durch die Kopplung an positive Gefühle. Die Annahme, dass ein gutes Gefühl den Lernprozess durch eine gesteigerte Motivation, Selbstvertrauen und Freude am Lernen in erheblichem Maße steigern kann, stellt den Grundgedanken dieser Strategie dar.

Die Methode des Superlearning soll dem Lernenden ermöglichen, eine individuelle Strategie zu entwickeln, um gute Gefühle im Zusammenhang mit Lernen und Lerninhalten immer und an jedem Ort selbst hervorrufen zu können (Rükker-Vennemann 2001). Dazu ist die Fähigkeit zur Visualisierung von „inneren Bildern" notwendig.

4.4.9 Mind-Mapping

Diese „Gedächtnislandkarte", von Buzan (1991) entwickelt, stellt eine hilfreiche Arbeitsmethode dar, um Informationen festzuhalten, zu strukturieren und miteinander in Beziehung zu setzen. Im symbolischen „Bild" eines Baumes mit sich verzweigenden Ästen werden einzelne Informationen Schlagwörtern zugeordnet und mit anderen Schlagwörtern („Zweigen") in Verbindung/Beziehung gebracht. Die Informationen können durch den Einsatz von Symbolen und/oder verschiedenen Farbgebungen besser abgespeichert und wieder hervorgehoben werden.

Besonders eignet sich diese Methode zur Bearbeitung einer spezifischen Fragestellung unter Einbezug verschiedener Bezugsquellen und zur Beantwortung der Fragestellung.

4.4.10 Projektarbeit

Die Projektarbeit beschäftigt sich mit Fragestellungen aus der Lebenswirklichkeit der Lernenden. Durch die Lösung eines konkreten Problems, das selbst entwickelt oder von den Außenstehenden/Lehrenden initiiert wird, kann das Lernen an einer „echten" Aufgabe stattfinden, wie zum Beispiel bei der Erstellung eines Produktes, der Verbesserung einer Dienstleistung, der Vorbereitung einer Ausstellung oder Aufführung. Dadurch können die Lernenden selbst die Kompetenz entwickeln, ihr Anliegen vorzutragen, ihre Interessen zu vertreten, zu kooperieren, zu planen, Informationen zu sammeln und ihre Erfolge zu kontrollieren.

4.5 Reflexionskompetenzen für Lehrende und Lernende

Wie bereits angedeutet ist für den Lernprozess eine Reflexion der Methodenauswahl und der dazugehörigen Inhalte unerlässlich. Folgende Fragen stellen Beispiele für die Anbahnung eines Dialogs auf der Reflexionsebene dar:

Übergreifende Reflexionsfragen

- Wusste ich um das Ziel der Aufgabe? War mir das Ziel bekannt?
- War das Thema für mich interessant?
- Hatte ich aus meiner Sicht genügend Vorwissen?
- Was habe ich neu gelernt?
- Welche Bedeutung hat das Gelernte für mich?
- In welche anderen Lebenskontexte kann ich das Gelernte übertragen?
- In welchen Lebenskontexten kann ich das Gelernte gebrauchen?

Arbeitsverhalten

- Gab es eine Leitfrage?
- Wie bin ich vorgegangen?
- Gab es eine Zeitbegrenzung?
- War es (für mich) wichtig die Aufgabe schnell oder präzise auszuführen?
- Warum habe ich diese Methode gewählt?
- Welche Vorerfahrungen hatte ich mit der Methode und/oder dem Lerninhalt?
- Worin sehe ich Vorteile dieser Methode?
- Worin sehe ich Nachteile?
- War die Methode erfolgreich?
- Welche Inhalte wurden angesprochen?
- Ist mir der Lerngegenstand aus dem Alltag bekannt?
- Welche Medien habe ich genutzt?
- Habe ich mich alleine mit der Aufgabe auseinandergesetzt?
- Wobei und in welcher Form habe ich Unterstützung benötigt?
- Kenne ich noch andere Methoden?
- Wie sind Andere vorgegangen?

Kommunikationsverhalten

- Habe ich mich eingebracht?
- Habe ich Ideen eingebracht? Wenn ja: Wie? Welche?
- Habe ich Fragen gestellt?
- Habe ich Anderen zugehört?
- Konnte ich den Anderen folgen?
- Wie haben Andere meine Aussagen aufgenommen?
- Haben Andere mir zugehört?
- Konnten die Anderen mir folgen?
- Wie war der Umgangston?
- Haben wir uns über Mimik/ Gestik verständigt?
- Wie und worüber haben wir uns ausgetauscht?
- Haben wir uns geeinigt? Wenn ja: Wie? Wenn nein: Warum nicht?

Kooperationsverhalten
• Wie wurde die Methode ausgewählt (selbstbestimmt, vorgegeben)?
• Wie erfolgte die Aufgabenverteilung?
• Gab es unterschiedliche Interessen innerhalb der Aufgabe?
• Welche Rolle hatte ich in der gemeinsamen Arbeit?
• Arbeite ich gerne mit Anderen zusammen?
• Wie arbeite ich mit Anderen zusammen?
• In welcher Gruppengröße arbeite ich gerne?
• Wie habe ich die Zusammenarbeit mit den Anderen empfunden?
• Haben mir Andere bei der Aufgabe geholfen?
• Habe ich Verbesserungsvorschläge für die nächste Zusammenarbeit?

5. Rahmenrichtlinien

In diesem Kapitel möchten wir, vor dem Hintergrund der vorherigen Ausführungen zu „Wissen, Können, Bildung" (Kap. 2) und zum „Lernen" (Kap. 3), die Inhalte und Anforderungen der bestehenden Rahmenrichtlinien betrachten. Hierbei haben wir uns auf die aktuellen Rahmenrichtlinien des Landes NRW bezogen. Eine Auseinandersetzung mit den Rahmenrichtlinien erachten wir insofern als erforderlich, um einerseits herauszustellen, welches Lernverständnis sowie welche Aufgaben und Ziele für die Grundschulen verbindlich sind. Andererseits haben wir, anlehnend an dieses Lern- und Bildungsverständnis, im Praxisteil Aufgaben für spezifische Fächer entwickelt. Dafür haben wir beispielhaft die vier Fächer Deutsch, Mathematik, Sachunterricht und Sport ausgewählt sowie deren spezifische fächerbezogene Rahmenrichtlinien gezielt berücksichtigt.
Im Folgenden geben wir in aller Kürze die allgemeinen Inhalte und Ziele der jeweiligen Fächer wieder.

5.1 Allgemeines zu den Rahmenrichtlinien

In den Richtlinien und Lehrplänen der Bundesländer werden Aufgaben, Ziele und Inhalte der Bildungs- und Erziehungsarbeit in den Grundschulen beschrieben. Diese enthalten jeweils für die Grundschulen eines Bundeslandes verbindliche Vorgaben für das Lernen und Lehren. Mittels der Rahmenrichtlinien soll der Anspruch jeden Schülers auf die Vermittlung und den Erwerb von Wissen und grundlegenden Kompetenzen, auf der Grundlage der verbindlichen Anforderungen, gewährleistet werden.
Jede Schule entwickelt auf der Basis der jeweiligen Rahmenrichtlinien sowie ihres Bildungs- und Erziehungsauftrages mit ihren speziellen Zielen und Schwerpunkten ihrer pädagogischen Arbeit ein Schulprogramm (vgl. Richtlinien und Lehrpläne zur Erprobung für die Grundschule in Nordrhein-Westfalen 2003, 13).
Wir beziehen uns im Folgenden beispielhaft auf die Rahmenrichtlinien in NRW (vgl. Richtlinien und Lehrpläne zur Erprobung für die Grundschule in Nordrhein-Westfalen 2003), welche wir als Grundlage für unseren Praxisteil herangezogen haben.

5.1.1 Allgemeine Aufgaben und Ziele für Lehrende

Die folgenden Ausführungen beziehen sich auf die in den Rahmenrichtlinien genannten Aufgaben und Ziele der Lehrenden und Lernenden, welche in Kap. 6 von uns näher ausgeführt werden und im Praxisteil Berücksichtigung finden.
Zusammenfassend legt die so genannte Ausbildungsordnung für die Grundschule folgende Aufgaben und Ziele für Lehrende als Aufgabe von Unterricht und Schule fest:
1. Förderung unter Berücksichtigung individueller Voraussetzungen der Persönlichkeit, den sozialen Verhaltensweisen, den musischen sowie praktischen Fähigkeiten der Lernenden

2. Anregung, Unterstützung und Förderung von individuellem und gemeinsamem Lernen
3. Vermittlung grundlegender Fähigkeiten, Kenntnisse und Fertigkeiten unter Beachtung der individuellen Lernmöglichkeiten und Erfahrungen des Lernenden
4. Entwicklung grundlegender Kompetenzen, Anbahnung von Schlüsselqualifikationen (zum Beispiel Zuverlässigkeit, Verantwortungsbereitschaft, Kommunikationsfähigkeit, Selbständigkeit, Lern- und Leistungsbereitschaft) sowie Aufbau einer Wissensbasis
5. Hinführung an schulische Leistungsanforderungen und den produktiven Umgang mit der eigenen Leistungsfähigkeit
6. Einbindung von Fähigkeiten, Interessen und Neigungen der Lernenden sowie Verknüpfung mit fachlichem und fächerübergreifendem Lernen und Lernanforderungen
7. Hinführung zu systematischen Formen des Lernens
8. Förderung und Erhaltung der Lernfreude
9. Bereitstellung von Lernangeboten, die insofern differenziert sind, dass sie individuelle Hilfe anbieten, als auch besondere Begabungen und Neigungen fördern
10. Durchführung eines qualifizierten Unterrichts, welcher Lernende zu selbständigem Lernen führt
11. Ermöglichung eines gemeinsamen und erfolgreichen Lernens von Kindern mit und ohne sonderpädagogischem Förderbedarf
12. Planung, Gestaltung, Förderung und Organisation von Lernprozessen
13. Einnehmen der Rolle als Begleiter und Fungieren als Vorbild
14. Schaffung eines positiven Lern- und Leistungsklimas
15. Analyse des Lerngegenstandes und der Lernentwicklung der Lernenden (Diagnostik)
16. Gemeinsame kollegiale Kooperation hinsichtlich Förderung und Ausrichtung des unterrichtlichen Arbeitens
17. Einbezug der Eltern bzw. Erziehungsberechtigten

Die zusammengefassten Aufgaben und Ziele verdeutlichen ein Verständnis von Lernen, welches den von uns genannten Thesen zum Lernen in Kapitel 3 entspricht. Zudem sind Aufgaben enthalten, die sowohl den Anspruch auf ein bedürfnisorientiertes individuelles Lernverständnis als auch auf ein leistungsorientiertes Lernen erfüllen (vgl. Kap. 3). Die in Kap. 3 ausgeführten nebeneinander stehenden Bildungsvorstellungen, finden sich hier beide in einer Verknüpfung wieder.

5.1.2 Ziele für Lernende

Aus den Aufgaben und Zielen der Lehrenden ergeben sich folgende (Lern-) Ziele für die Lernenden, die sowohl Inhalte von Wissen und Können als auch Bildung einschließen:

1. Erwerb von fachbezogenem und fächerübergreifendem Wissen, Kenntnissen, Fähigkeiten und Fertigkeiten
2. Erwerb von Schlüsselqualifikationen
3. Kenntnisse von fachlichen Arbeitsweisen und -methoden
4. Nutzung von Informations- und Kommunikationsmedien
5. Anwendung erfolgversprechender Methoden
6. Anwenden können des Gelernten
7. In Zusammenhängen denken sowie Wissen und Können in vielfältigen Situationen des Alltags nutzen und neuen Erfordernissen anpassen
8. Erfahren und Herausfinden individueller Lernwege
9. Eigenständiges selbstverantwortliches Lernen
10. Das Lernen *lernen*
11. Entwicklung einer Bereitschaft, das eigene Lernen bewusst und zielgerichtet zu gestalten und mit Anderen zusammen zu arbeiten
12. Erkennen von Sinn und Bedeutung von Lerninhalten
13. Erfahren eines anregungsreichen Schullebens
14. Erweiterung des Erfahrungsraumes
15. Herausbildung von Haltungen und Einstellungen (zum Beispiel ethische Prinzipien, Werte, Normen, demokratische Grundordnung, Urteils- und Handlungsfähigkeit)
16. Vorbereitung auf ein Leben in der Gesellschaft
17. Erfolge des Lernens und der Leistung einordnen zu können
18. Fähigkeit zur positiven und realistischen Selbsteinschätzung
19. Entwicklung eines positiven Selbstbildes
20. Verwirklichung individueller Lebensplanung unter Nutzung individueller Begabungen, Fähigkeiten und Fertigkeiten

Damit die genannten Ziele erreicht werden, ist es auf Seiten der Schule und der Lehrenden erforderlich, Bedingungen für eine Unterstützung und Förderung von Lernprozessen bereit zu stellen, die der Erfüllung dieser Ziele entgegenkommt.

5.2 Fächerbezogene Rahmenrichtlinien

Die Lehrpläne der einzelnen Fächer benennen jene Anforderungen, denen Lernende in der Grundschule begegnen. Sie beschreiben die tragfähigen Grundlagen für das erfolgreiche Weiterlernen in der Grundschule und in den weiterführenden Schulen nach der 4. Klasse.

Die Richtlinien und Lehrpläne enthalten einerseits verbindliche Vorgaben und eröffnen andererseits Freiräume für die eigenverantwortliche Ausgestaltung der unterrichtlichen und erzieherischen Arbeit.

In den Rahmenrichtlinien der Fächer Deutsch, Mathematik, Sachunterricht und Sport werden ausführliche Angaben jeweils zu:
1. den Aufgaben des Faches,
2. den Formen des Lernens und Lehrens,

3. den inhaltlichen Bereichen des Faches mit Aufgabenschwerpunkten der 1./2. und 3./4. Klasse sowie
4. den Leistungsbewertungen gemacht.

Diese Inhalte werden im Folgenden in aller Kürze wiedergegeben. Die Darstellung der inhaltlichen Bereiche der Fächer mit ihren Aufgabenschwerpunkten und Unterrichtsgegenständen würde an dieser Stelle den Rahmen überschreiten, so dass diese im Detail in den Rahmenrichtlinien selbst nachzulesen sind.

Die genannten Aufgabenschwerpunkte werden spezifischen Unterrichtsgegenständen der einzelnen Klassen in der Grundschule zugeordnet, welche als verbindlich anzusehen sind. Pro Klassenstufe werden die Aufgabenbereiche und Unterrichtsgegenstände zunehmend komplexer und anspruchsvoller (vgl. Richtlinien und Lehrpläne zur Erprobung für die Grundschule in Nordrhein-Westfalen 2003, 31ff.).
Im Unterricht besteht eine Verknüpfung der benannten Aufgabenschwerpunkte mit den Unterrichtsgegenständen.

Um diese Ziele zu erreichen, sollen die Lernenden im Rahmen des Faches
* verschiedene **Fähigkeiten und Fertigkeiten**,
* **Kenntnisse** sowie
* **Einstellungen und Haltungen**
entwickeln.

Der Erwerb der entsprechenden **Fähigkeiten und Fertigkeiten** orientiert sich dabei an den kulturell und gesellschaftlich bedingten Erfordernissen.
In den Rahmenrichtlinien wird Lehrern empfohlen verschiedene **Unterrichtsmethoden** zu nutzen und die Lernprozesse mit den Lernenden stets zu reflektieren.
Dem Lehrenden kommt dabei in der Unterrichtsgestaltung eine besondere Rolle in der Form zu, dass er durch sein sprachliches und soziales Handeln wesentlich zu der Umsetzung der Lehr- und Lernprinzipien beiträgt und diese beeinflusst.

Im Bereich **Einstellungen und Haltungen** geht es vor allem darum, die Lernenden zur Identitäts- und Persönlichkeitsbildung sowie zur Übernahme von Verantwortung und aktiver Teilnahme an der Gestaltung der Lebenswirklichkeit zu befähigen.

In den **Leistungsbewertungen** „werden nicht nur die Ergebnisse des Lernprozesses zu einem bestimmten Zeitpunkt im Vergleich zu den verbindlichen Anforderungen, sondern auch die Anstrengungsbereitschaft und Lernfortschritte bewertet, die zu den Ergebnissen geführt haben" (2003, 19), wobei im Verlauf der Grundschulzeit den verbindlichen Anforderungen zunehmend mehr Gewicht beigemessen wird.

Diese Ausführungen bilden die Grundlage für die Gestaltung, Förderung und Diagnostik von Lernprozessen innerhalb der praktischen Aufgaben in dem vorliegenden Buch, so dass ein Einsatz einzelner Aufgaben entsprechend den Inhalten der Rahmenrichtlinien der einzelnen Fächer erfolgen kann.

5.2.1 Rahmenrichtlinien für das Fach Deutsch

Laut den Richtlinien beziehen sich die Aufgaben des Deutschunterrichts in der Grundschule auf folgende Inhalte (vgl. Richtlinien und Lehrpläne zur Erprobung für die Grundschule in Nordrhein-Westfalen 2003):
- die alltägliche Verständigung
- das Erlernen des Lesens und Schreibens
- ein soziales und demokratisches Handeln
- eine sprachliche Kreativität sowie
- den reflektierten Umgang mit Sprache.

„Um diese **Aufgaben** zu erfüllen, vermittelt der Unterricht im Fach Deutsch den Schülerinnen und Schülern Fähigkeiten und Fertigkeiten, Kenntnisse sowie Einstellungen und Haltungen in den Bereichen Mündliches Sprachhandeln, Schriftliches Sprachhandeln, Umgang mit Texten und Medien sowie Sprache reflektieren" (2003, 29).

Diesen **Bereichen** sind jeweils Aufgabenschwerpunkte zugeordnet:
- **mündliches Sprachhandeln**
  → Entwicklung von Gesprächskultur: verstehendes Zuhören, alltägliches miteinander Sprechen, sachbezogenes Sprechen, demokratisches Sprechen, szenisches Spielen, über das Sprechen reden
- **schriftliches Sprachhandeln, einschließlich Rechtschreiben**
  → Entwicklung einer Lese-Schreibkultur: alltägliches Schreiben, sachbezogenes Schreiben, poetisches Schreiben, Gestalten mit Medien, Schreibprozess planen, Schreibfreude entwickeln, Struktur der Schrift entdecken, Schrift üben …
- **Umgang mit Texten und Medien**
  → Entwicklung einer Lese-Schreib-Kultur: selbstvergessenes Lesen, informierendes Lesen, Interpretieren, Nutzen von Medien, Nutzen von Lesestrategien, Lesefreude entwickeln, Struktur von Buchstaben und Schrift entwickeln, Lesestrategien nutzen …
- **Sprache reflektieren**
  → Reflexion des mündlichen Sprachhandelns, des schriftlichen Sprachhandelns, des Umgangs mit Texten und Medien; Nutzen metasprachlicher Verfahren

Es ist die Aufgabe, dass individuelle Möglichkeiten zur Nutzung der Sprache entdeckt und weiterentwickelt werden.
Werden die Ziele bzw. Aufgaben genauer betrachtet, so geht es hierbei nicht allein um einen Wissenserwerb und ein Anwendenkönnen, sondern auch um ein Erschließen der Notwendigkeit und Sinnhaftigkeit von Sprache und Sprechen. Diese Aufgaben haben weiterführend das Ziel, dass die Lernenden „sprach-

liches Selbstvertrauen, Freude und Verantwortung im Gebrauch der deutschen Sprache entwickeln" (2003, 30).

5.2.2 Rahmenrichtlinien für das Fach Mathematik

Zu den **Aufgaben** des Faches Mathematik zählen:
- Verständnis, Sicherheit, Flexibilität im Umgang mit Zahlen und Rechenoperationen
- Verständlicher Umgang mit Formen, Maßen, Lagebezeichnungen und mit geometrischen Grundoperationen
- Auseinandersetzung mit authentischen, herausfordernden Aufgaben, Aspekte der Lebenswirklichkeit
- Befähigung zur Lösung mathematischer Probleme
- Freude an der Mathematik und eine positive Einstellung zur Mathematik

Neben den vielfältigen Fähig- und Fertigkeiten, die Lernende im Fach Mathematik in der Grundschulzeit erwerben sollen, wie zum Beispiel eine gesicherte Zahlvorstellung oder ein Verständnis des Aufbaus des Zehnersystems, sollen sie weitere Kenntnisse, wie zum Beispiel eine Grundvorstellung von Addition und Subtraktion sowie eine Vorstellung des kleinen Einmaleins, entwickeln.

Darüber hinaus besteht die Notwenigkeit, im Mathematikunterricht, gerade innerhalb der ersten zwei Schuljahre, wesentliche Einstellungen und Haltungen zu Grunde zu legen, wie zum Beispiel Kreativität (indem Aufgaben selber erfunden werden), Mathematisierung (mathematische Zusammenhänge aus Alltagssituationen entnehmen), Fähigkeit Sachverhalte zu begründen – Begründungsfähigkeit (Beziehungen und Gesetzmäßigkeiten entnehmen), Darstellungsfähigkeit (eigene Überlegungen mitteilen) und Kooperation (Offenheit für Vorgehensweisen Anderer).

Zudem sollen das Zutrauen in eigene Lernmöglichkeiten aufgebaut, Interesse an herausfordernden Aufgaben geweckt und zielgerichtetes Arbeiten gefördert werden. Lernende sollen innerhalb des Faches Mathematik lernen, Fehler und Schwierigkeiten als Bestandteile des Lernens zu akzeptieren und konstruktiv zu nutzen, sowie die Bedeutung von Mathematik für die Lösung von Problemen kennen zu lernen.

Den **inhaltlichen Bereichen** des Faches Mathematik werden folgende **Aufgabenschwerpunkte** zugeordnet:
- **Arithmetik**: Zahlvorstellungen, Operationsvorstellungen, schnelles Rechnen, Zahlenrechnen, Ziffernrechnen, überschlagendes Rechnen, flexibles Rechnen
- **Geometrie**: Raum, ebene Figuren, Körper, Symmetrie, Zeichnen, flexibles Rechnen
- **Sachrechnen**: Sachzusammenhänge, Daten und Häufigkeiten, Sachaufgaben, Größenvorstellungen, Umgang mit Größen

5.2.3 Rahmenrichtlinien für das Fach Sachunterricht

Die **Aufgaben** des Sachunterrichts bestehen darin, eine Orientierung und Hilfe zum Verständnis, zur Erschließung und Mitgestaltung der Lebenswirklichkeit der Lernenden zu geben.

Zu den Fähigkeiten und Fertigkeiten zählen neben allgemeinen Grundlagen die Umsetzung des eigenen Arbeitens und Vorgehens, Grundlagen zum selbständigen Lernen sowohl allein als auch in einer Gruppe (zum Beispiel bewusstes Wahrnehmen, Beobachten, Beschreiben, Dokumentieren, Planen, Durchführen, Präsentieren,…) sowie Aspekte des kritischen Reflektierens der Lernergebnisse und der Lernwege (zum Beispiel Fragen stellen, Probleme erkennen, Vermutungen und Lösungsmöglichkeiten entwickeln, …)

Orientiert an den Erfahrungen der Lernenden, ihren Fragen, Interessen und Lernbedürfnissen sowie an einzelnen inhaltlichen Bereichen des Sachunterrichts sollen den Lernenden Kenntnisse in naturwissenschaftlichen, technischen, raumbezogenen, sozial- und kulturwissenschaftlichen, historischen und ökonomischen Bereichen vermittelt werden.

Zum Bereich **Lernen und Lehren** werden geeignete und wirkungsvolle Lernformen für den Sachunterricht genannt, die vor allem den Formen eines forschend-entdeckendem Lernens entsprechen.
Zudem werden Prinzipien für die Unterrichtsgestaltung benannt.

Inhaltliche Bereiche bzw. Aufgabenschwerpunkte, die im Sachunterricht gefördert und als Grundlage für weiterführendes Lernen angesehen werden, beziehen sich auf:
- **Natur und Leben**: Auseinandersetzung mit Gegenständen und Werkstoffen, Stoffe und ihrer Umwandlung, Wärme/Licht/Feuer, Wasser/Luft/Schall, Magnetismus und Elektrizität, Körpersinne und Ernährung, Körper und Gesundheit, Pflanzen und Tiere, natürliche und gestaltete Lebensräume
- **Technik und Arbeitswelt**: Berufe und Arbeitsstätten, Arbeit und Produktion, Werkstoffe und Werkzeuge, Geräte und Maschinen, Bauwerke und Fahrzeuge, Formen und Wirkungen von Energie
- **Raum und Umwelt**: Schule und Umgebung, Ort und Welt, Schulweg und Verkehrssicherheit, Verkehrsräume und Verkehrsmittel, Umweltschutz
- **Mensch und Gemeinschaft**: Zusammenleben in der Schule und zu Hause, Beteiligung im Gemeinwesen, Konsumverhalten, -güter, -bedürfnisse und -ökologie, Sexualität
- **Zeit und Kultur**: Zeiteinteilung und Zeitablauf, Vergangenheit und Gegenwart, Umgang mit Medien, Medienwirkung und -kommunikation, Ich und Andere, viele Kulturen in einer Welt

5.2.4 Rahmenrichtlinien für das Fach Sport

Laut Richtlinien unterliegt das Fach Sport in der Grundschule einem **Doppelauftrag**, der sich auf folgende **Aufgaben** bezieht:

• Entwicklungsförderung durch Bewegung, Spiel und Sport sowie
• Erschließung der Bewegungs-, Spiel- und Sportkultur.

Aufgabenbereiche von Schulsport umfassen demnach mehr als „Sport" im eigentlichen Sinne. „Als Sport wird jeder Teil unserer Kultur verstanden, in dem die körperbetonte, spielerisch-sportliche Bewegung in unterschiedlichen Formen und Zugangsweisen Gestalt angenommen hat. (...) Schulsport soll den Blick für die Gesamtheit der Bewegung, Spiel und Sport in unserer Gesellschaft öffnen. Er umfasst daher schulrelevante Ausschnitte aus diesem Feld der Möglichkeiten und steht für die Vielfalt pädagogisch wünschenswerter, hier vermittelbarer Erfahrungen und Qualifikationen." (2003, XXV)

Für den Schulsport werden sechs verschiedene **pädagogische Perspektiven** inhaltlich aufgeführt, welche als gleich bedeutsam anzusehen sind und in der Grundschule zu erfüllen sind:
1. Wahrnehmungsfähigkeit verbessern, Bewegungserfahrungen erweitern
2. sich körperlich ausdrücken, Bewegungen gestalten
3. etwas wagen und verantworten
4. das Leisten erfahren, verstehen und einschätzen
5. kooperieren, wettkämpfen und sich verständigen
6. Gesundheit fördern, Gesundheitsbewusstsein entwickeln

Diese pädagogischen Perspektiven verwirklichen sich im Schulsport in ausgewählten Inhalten.

Inhaltliche Schwerpunkte und Aufgabenbereiche

Folgende zehn Bereiche stecken das Spektrum der **Inhalte** des Schulsports ab. Diesen Inhalten sind jeweils **Aufgabenschwerpunkte** zugeordnet.

Die Inhaltsbereiche 1 und 2 stellen sportbereichsübergreifende Bewegungsfelder dar, die von grundlegender Bedeutung für die Entwicklungsförderung durch Bewegung sind. Erst auf dieser Grundlage ist die Arbeit in den Inhaltsbereichen 3 bis 9 möglich.
Aufgabenschwerpunkte aus den Inhaltsbereichen 1 und 2 können den Unterricht eigenständig bestimmen, können aber auch in die Lernprozesse der Inhaltsbereiche 3 bis 9 einbezogen werden.

1. Den Körper wahrnehmen und Bewegungsfähigkeiten ausprägen
→ die Sinne üben und die Bedeutung der Wahrnehmungsfähigkeit für den Bewegungsvollzug erfahren; sich des eigenen Körpers bewusst werden, seine Dimensionen erfahren, seine Aktionsmöglichkeiten und -grenzen erkunden; den Wechsel von Anspannung und Entspannung erfahren und bewusst herstellen; Räume und Materialien erkunden; die Reaktionen des Körpers in der Bewegung sowie vor, bei und nach körperlicher Belastung wahrnehmen und deuten; die Veränderbarkeit konditioneller Voraussetzungen und koordinativer Fähigkeiten erfahren und begreifen

2. Das Spielen entdecken und Spielräume nutzen
→ Spielmöglichkeiten in ihrer Vielfalt entdecken und als freudvoll erleben; Spiel- und Bewegungsräume selbsttätig erschließen und ausgestalten; Spielideen entwickeln und das Spielen aufrecht erhalten; gemeinsam Spielvereinbarungen treffen und unterschiedlichen Interessen gerecht werden

Die Inhaltsbereiche 3 bis 9 tragen zweiteilige Überschriften. Der erste Teil steht für ein Bewegungsfeld, „das sich durch seine typischen Bewegungsanforderungen, Handlungsstrukturen, Erlebnisgehalte, sozialen Bezüge und Umgebungsbedingungen beschreiben und von anderen abgrenzen lässt. Nach dem Gedankenstrich sind Sportbereiche und Sportarten aufgeführt, die diesem Bewegungsfeld zuzuordnen sind. Durch diese Formulierung soll die didaktische Notwendigkeit unterstrichen werden, im Schulsport einerseits den Bezug zu den außerschulischen verbreiteten Sportarten zu suchen, andererseits deren Grenzen immer wieder zu überschreiten." (2003, XXXVf).

3. Laufen, Springen, Werfen – Leichtathletik
→ den Körper beim Laufen erleben und vielfältige Lauferfahrungen machen; vielfältige Sprungformen und Wurfarten entdecken, ausprägen und anwenden; verschiedene Wurfobjekte nutzen, Wurfabsichten entwickeln und verfolgen sowie sich unterschiedlichen Wurfanforderungen stellen; Leistungsmöglichkeiten und Leistungsgrenzen beim Laufen erfahren und damit umgehen; beim Springen etwas wagen und eigene Leistungsmöglichkeiten einschätzen; elementare leichtathletische Formen lernen, üben und anwenden

4. Bewegen im Wasser – Schwimmen
→ sich mit dem Bewegungsraum Wasser vertraut machen / das Wasser als Spielraum nutzen; sich im Wasser etwas trauen; vielfältige Sprungmöglichkeiten erfinden und nachvollziehen; vielfältige Bewegungsmöglichkeiten unter Wasser erfinden und nachvollziehen; Bewegungen im Wasser gestalten; elementare Schwimmtechniken lernen, üben und anwenden

5. Bewegen an Geräten – Turnen
→ den Körper im Gleichgewicht halten; den Körper im Fliegen, im Drehen und im Rollen erleben; Körperspannung und Kraft in ihrer Bedeutung für das Gelingen turnerischer Anforderungen erleben und aufbauen; Kunststücke erfinden und bewältigen, sich etwas trauen; Gerätekombinationen herstellen, bewältigen und variieren; elementare turnspezifische Bewegungsformen erlernen, üben und anwenden

6. Gestalten, Tanzen, Darstellen – Gymnastik/Tanz, Bewegungskünste
→ die Vielfalt von Bewegungsmöglichkeiten – auch zu Rhythmus und Musik – entdecken, erproben und variieren; die Vielfalt von Bewegungsmöglichkeiten mit Handgeräten und Objekten entdecken, erproben und variieren; Bewegungskunststücke erfinden, üben und gestalten; Rhythmus, Musik und Bewegung aufeinander beziehen; durch Bewegung etwas mit-

teilen und darstellen; Tänze erlernen und Bewegungsgestaltungen entwickeln, üben und präsentieren

7. Spielen in und mit Regelstrukturen – Sportspiele

➔ Spielideen vorgegebener Spiele und ihre grundlegende Spielstruktur erkennen und nachvollziehen; spielspezifische motorische Fertigkeiten und Voraussetzungen sowie grundlegende taktische Verhaltensweisen erwerben; nach vorgegebenen Regeln spielen können, Spielregeln einhalten und situationsgerecht verändern; Grundformen der Sportspiele einschließlich ihrer taktischen Anforderungen und spielspezifischen motorischen Fertigkeiten lernen, üben und anwenden; Rahmenbedingungen für gemeinsame Spiele entwickeln, festlegen und gegebenenfalls verändern

8. Gleiten, Fahren, Rollen – Rollsport, Bootssport, Wintersport

➔ grundlegende Bewegungsvoraussetzungen für das Gleiten, Fahren und Rollen schaffen; grundlegende Fähigkeiten zum adäquaten Umgang mit Gleit-, Fahr- und Rollgeräten erlernen und üben; Gleiten, Fahren, Rollen in natürlicher und gestalteter Umwelt erleben; Bewegungskönnen im Gleiten, Fahren und Rollen erweitern

9. Ringen und Kämpfen – Zweikampfsport

➔ spielerische Kampfformen kennen lernen und ausführen; Kampfformen entwickeln, Regelungen treffen, erproben und verändern; elementare technische Fertigkeiten und taktische Fähigkeiten erlernen, üben und anwenden; in Kampfsituationen die Gegnerin bzw. den Gegner als Partnerin bzw. Partner achten

Der 10. Inhaltsbereich umschließt die im Schulsport zu erwerbenden wesentlichen Kenntnisse sowie Einsichten und umfasst: Wissen erwerben und Sport begreifen.

6. Gestaltung von Lernprozessen

Bei der Gestaltung von Lernprozessen müssen verschiedene Faktoren berücksichtigt werden. Nur so können die in Kapitel 3, 4 und 5 beschriebenen Erfordernisse an Lernen und Lernprozesse umgesetzt werden. Der Fokus der Aufmerksamkeit muss dabei immer von der individuellen Situation des Lernenden ausgehen und ist im Zusammenhang mit verschiedenen Aspekten zu sehen:

- Lehrende
- Interaktionsgestaltung
- Lernfördernder Unterricht
- Rahmenbedingungen

6.1 Bedeutung der Lehrenden im Gestaltungsprozess

Als erstes möchten wir auf die Person des Lehrenden eingehen. Der Lehrende zeichnet sich durch spezifische Merkmale aus, die zum einen in seiner Person selbst liegen und zum anderen auch in seinem Berufs- und seiner Ausbildungszeit erworben werden.

Aspekte, die seine **Person selbst** betreffen, lassen sich durch folgende Fragen, die jeder Leser für sich selbst beantworten muss, herausstellen (vgl. Dordel 2003; Eggert/ Reichenbach/ Lücking 2007; Becker 2002):

Wie trete ich gegenüber anderen Personen auf? Habe ich ein selbstbewusstes Auftreten? Wodurch ist mein Auftreten im Kontext Schule gekennzeichnet? Bin ich freundlich? Bin ich ausgeglichen? Bin ich an Anderen interessiert? Bin ich aufmerksam? Bin ich unvoreingenommen? Bin ich verständnisvoll? Bin ich wohlwollend? Bin ich empathisch? Interessiere ich mich für die Handlungen und Gefühle der Lernenden? Achte ich auf die Äußerungen und die Ausdrucksformen der Lernenden? Strahle ich Ruhe und Zuversicht aus? Bin ich geduldig? Nehme ich Konflikte wahr? Wie nehme ich, „störendes" und/oder „aggressives" Verhalten auf? Wie hoch ist meine Frustrationstoleranz? Bin ich konsequent in meinem Verhalten? Wie stehe ich individuellem Verhalten gegenüber? Ist Humor für mich Bestandteil im schulischen Kontext? Was treibt mich als Lehrenden an? Worin liegt meine Motivation begründet? Welches sind meine persönlichen Kraftquellen? Lebe ich das, was ich sage? Habe ich persönliches Interesse an jedem Kind, seinen Bezugspersonen und seiner Lebenswelt? Ist mein Interesse für alle Kinder gleich? Reflektiere ich eigene Gefühle und Emotionen?

> „Das Bewusstsein der eigenen Kompetenz ist das Fundament dafür, mit Schülern angemessen umgehen zu können" (Narr 2002, 129).

Anschließend an diese persönlichen Fragestellungen geht es darum, zu überlegen, welche **Rolle** der Lehrende tatsächlich im schulischen Kontext einnimmt. In seiner **Vorbildfunktion** gilt es den Lernenden positive Grundhaltungen zu

Personen und zu Themen vorzuleben. Der Lehrende stellt, ob er möchte oder nicht, ein Modell und somit ein positives oder ein negatives Vorbild dar. Dies bezieht sich einerseits auf Aspekte wie zum Beispiel Pünktlichkeit, Zuverlässigkeit und Ordnung und anderseits auch auf das Eingestehen eigener Schwächen (vgl. Dordel 2003, 490). Nach Sieland unterschätzen zukünftige Lehrende häufig ihre Vorbildfunktion, denn sie „lehren, wie sie gelehrt wurden, und nicht, wie man ihnen empfohlen hat zu lehren! Die erlebte Praxis ist vermutlich lernwirksamer als anders lautende verbale Empfehlungen" (2002, 50). Bei der Vorbildfunktion geht es darum sowohl in Wort als auch in Bild glaubhaft und demnach authentisch zu sein. Verdeckte Gedanken, Einstellungen oder Handlungsbegründungen, werden auch unbewusst deutlich, wofür gerade Lernende im Grundschulalter sehr sensibel sind. Diese Sensibilität bezieht sich insbesondere auf verbale und nonverbale Äußerungen. Verbale Äußerungen sind stets durch nonverbale Äußerungen begleitet, welche sich zum Beispiel auf Mimik, Gestik, Körpersprache, Tonhöhe, Betonung oder Seufzen beziehen.
Es sollten Einstellungen, Gedanken, Empfindungen und Handlungsbegründungen transparent gemacht werden, so dass diese zu jeder Zeit nachvollziehbar sind und somit als Modell dienen können (vgl. Reichenbach/ Lücking 2007; Sieland 2002).
Abschließend sei hierzu gesagt, dass nicht nur der Lehrende für den Lernenden ein Modell darstellt, sondern im Sinne eines flexibleren Rollenverständnisses auch die Lernenden dem Lehrenden etwas vermitteln können (vgl. Hüholdt 1995).
Neben der Rolle als Modell, die stets Bestand hat, kann der Lehrende auch bewusst unterschiedliche Rollen einnehmen, um gezielt Lernprozesse in Gang zu bringen. Beispielhafte Rollen sind: Beobachter, Anleiter, „Wächter der Ordnung", „Gedächtnis der Klasse", Entscheidungsträger, Moderator, Beurteiler (vgl. Narr 2002).

Die Kompetenzen des Lehrenden werden im Folgenden unter den Bereichen **Wissens-, Lehr- und Reflexionskompetenz** betrachtet.

Wissenskompetenz zeichnet sich dadurch aus, dass der Lehrende hinsichtlich aktueller neurophysiologischer und –psychologischer, entwicklungspsychologischer und erziehungswissenschaftlicher sowie methodisch-didaktischer Erkenntnisse verfügt, so dass diese bei der Gestaltung des Unterrichts einbezogen werden können.
Des Weiteren ist ein umfassendes Methodenrepertoire erforderlich, um Inhalte und individuelle Lernprozesse vielfältig einbringen als auch weitergeben zu können. Dies ermöglicht eine Anpassung der Methoden an die Bedürfnisse und individuellen Lernwege der Lernenden. Eine Kenntnis über individuelle Voraussetzung von Lernenden, welche verbunden ist mit Beobachtungsfähigkeiten, Bestimmung der Ausgangslagen, Analyse von Lernwegen, Anwendung diagnostischer Methoden und Verfahren, der Fähigkeit zur Hypothesenbildung und deren Überprüfung hinsichtlich ihres Gebrauchs, erfordert eine hohe diagnosti-

sche Kompetenz. Diese Kompetenzen sind notwendig, um Lernprozesse gezielt erkennen und begleiten zu können (vgl. Kap. 7).

Neben der Anwendung, der unter Wissenskompetenz aufgeführten Bereiche, geht es um grundsätzliche Aspekte, die die **Lehrkompetenz** umfassen, wie zum Beispiel (vgl. Becker 2002): Habe ich als Lehrender gegenüber allen Belangen und Lernenden die gleiche Aufmerksamkeit? Wie steuere ich den Unterrichtsablauf? Wie mobilisiere ich die Gruppe? Wie mache ich Lehrangebote attraktiv? Wie baue ich Überdruss ab? Wie schaffe ich Abwechslungen und Herausforderungen?

Grundsätzlich geht es dabei darum, den Unterricht sowie das Schulleben der Klasse hinsichtlich Ort, Raum, Zeit, Material und Arbeitsatmosphäre zu organisieren, wobei es gilt, stets an den Stärken und den Kompetenzen der Lernenden anzusetzen (vgl. Narr 2002). Ein bedeutender Punkt dabei ist auch der bewusste Gebrauch und Einsatz von Wiederholung erlernter Fähigkeiten, um diese zu verfestigen. „Eindrücke, die nur einmal gegeben und nicht wiederholt werden, gehen bald wieder verloren. Dies ist ein Grund, warum Kinder neu Erlerntes so oft wiederholen, also üben und das sogar freiwillig" (Zinke-Wolter 2001, 242).

Von den Stärken ausgehen heißt dabei zunächst bei einem niedrigeren Ausgangsniveau zu beginnen und dann Schritt für Schritt den Schwierigkeitsgrad zu steigern, um somit Misserfolge und Überforderung zu vermeiden und die Freude beim Lernen aufrechtzuerhalten (vgl. Reichenbach/ Lücking 2007; Eggert/Reichenbach/Lücking 2007).

„Inhalte sind Werkzeuge und ihr geschickter Einsatz kennzeichnet den guten Handwerker!" (Hölter 1993, 29)

Eine weitere **Kompetenz** bezieht sich auf die Fähigkeit des Lehrenden **zur Reflexion**. Neben der Reflexion der eigenen Wissens- und Anwendungskompetenzen ist es des Weiteren erforderlich, die eigene Lehr- und Lerngeschichte aufzuarbeiten und sich in diesem Zusammenhang mit eigenen Stärken und Schwächen auseinander zu setzen (vgl. Sieland 2002). Nur so kann ermöglicht werden, dass der Lehrende auch einen Perspektivwechsel vornehmen und durch die „Brille" des Lernenden, des Erziehenden und des Mitlernenden schauen kann.

6.2 Bedeutung der Interaktionsgestaltung im Lernprozess

Wie aus den vorherigen Ausführungen bereits deutlich geworden ist, sollte sich der Lehrende als Person einbringen und sich dabei bewusst sein, dass er in seiner Person auf den Lernenden wirkt und der Lernende auch auf ihn wirkt. Neben den Inhaltsebenen, die oft im Fokus des schulischen Alltags stehen, ist es für uns besonders bedeutend, die Beziehungsebene in den Lernprozess einzubeziehen. Die gegenseitige Beziehungsgestaltung vollzieht sich dabei in den gemeinsamen **Interaktionsprozessen** (vgl. Hölter/Flosdorf 2006). Diese sollten gekennzeichnet sein durch:

- Akzeptierende Zuwendung
- Authentizität
- Bewusstheit / innere Achtsamkeit
- Dialogfähigkeit
- Empathie
- Gegenseitige Beachtung von Äußerungen und Ausdrucksformen
- Prozessorientierung
- Selbst- und Fremdwahrnehmung

Eine **Beziehungsgestaltung** setzt voraus, dass sich alle Beteiligten auf den Prozess einer Beziehungsgestaltung vorurteilsfrei einlassen.

Es gibt unterschiedliche Arten von Beziehungen. Genauso wie nach Watzlawick (1996) „nicht – *nicht* kommuniziert" werden kann, so steht man auch immer in Beziehung, sobald Kontakt mit einer Person besteht. Wichtig dabei ist es zu klären, welche Beziehungsebene momentan vorliegt und welche angestrebt wird (vgl. Hölter/ Flosdorf 2006). So kann zum Beispiel im Kontext Schule die Beziehung zwischen Lehrenden und Lernenden auf einer „klassischen" Lehrer-Schüler-Ebene oder auf einer Ebene des kommunikativen-Miteinanders liegen. Wichtig dabei ist, sich der Beziehungsebene bewusst zu werden und sie zu klären, so dass Missverständnisse vermindert, Interaktionsprozesse gewinnbringend verkürzt und Verstrickungen aufgedeckt werden.

Zur Bewusstmachung der eigenen Beziehungsvorstellungen kann sich der Leser beispielhaft folgende Fragen stellen: Welches Rollenverständnis habe ich (vgl. Abschnitt „Lehrende")? Wie sehe ich die Lernenden? Möchte ich ein Gespür für die Belange der Lernenden haben? Was beabsichtige ich durch meine Art der Beziehungsgestaltung? Ist meine Beziehungsgestaltung allen gegenüber gleich? Welche verschiedenen Beziehungsangebote unterbreite ich? Reflektiere ich mein Beziehungsverhalten?

Zu dem Prozess der Beziehungsgestaltung gehört zum einen die Wahrnehmung der eigenen Gefühle, Gedanken, Absichten, Haltungen, Bewertungen und Fantasien sowie zum anderen die Wahrnehmung des Gegenübers, um eine „Brücke zu bauen" zu den Befindlichkeiten des Gegenübers. Nur so kann es gelingen, sich empathisch zu verhalten und den Anderen zu verstehen.

Empathie bedeutet zunächst einmal, sich in jemanden hinein zu fühlen. Dies geschieht in Abhängigkeit von den eigenen Erfahrungen und birgt grundsätzlich die Gefahr von Fehldeutungen. Daher sollte ein Dialog stattfinden, in dem ein Abgleichen der Eigen- und Fremdwahrnehmungen erfolgen kann (vgl. Eggert/ Reichenbach/Lücking 2007).

Faktoren, die auch Beziehungen gestalten, werden wesentlich durch **Kommunikation** geprägt. Kommunikation umfasst dabei sowohl verbales als auch nonverbales Verhalten (vgl. Dordel 2003). „Wie kommuniziere ich mit den Lernenden?" gilt als zentrale Frage in der Beziehungsgestaltung. Konkrete Fragen könnten hierzu sein: Welche Mimik setze ich ein? Welche Gestik nutze ich? Was drückt meine Körperhaltung aus? Welche Position nehme ich im Raum ein? Wie gehe ich mit Nähe und Distanz um? Wie nehme ich Kontakt auf (über Augen, über Haut, über Mimik und Gestik)? Drücke ich Gefühle über Lautstärke, Stimmlage, Tonhöhe und/oder Sprechpausen aus? Ist es mir möglich, meinen „inneren Dialog" zu verbalisieren?

Nach Fthenakis ist die Qualität der Beziehungen als Schlüssel zur Bildungsqualität zu sehen.

> „Die Qualität der Beziehungen zwischen Kindern und Erwachsenen sowie der Kinder untereinander wird als Schlüssel zu Wohlbefinden und Bildungsqualität betrachtet" (2007, 44).

6.3 Konsequenzen für einen lernfördernden Unterricht

> „Rezepte für guten Unterricht kann es nicht geben" (Dordel 2003, 489).

Demzufolge möchten wir im Folgenden, lediglich stichpunktartig einzelne Aspekte von Unterricht benennen, die das dem Buch zugrunde liegende Lernverständnis einschließen und an dieser Stelle als Grundlage angesehen werden.

Im Unterricht sollten eine Vielzahl an **Lehr- und Lernmethoden** Berücksichtigung finden. Der Einsatz vieler, verschiedener Methoden dient zum einen dem abwechslungsreichen Unterricht. Zum anderen sollte er vor allem dazu beitragen, **Methodenkompetenz** auf Seiten der Lernenden zu entwickeln. Neben der Vermittlung von Lerninhalten kann die Entwicklung von Methodenkompetenz zu einem selbstgesteuerten, selbst organisierten und selbstverantworteten Lernen führen, welches als ein wesentliches Ziel von Unterricht und in der Gestaltung von Lernprozessen zu betrachten ist. Die Bearbeitung von Lerninhalten ermöglicht auf diese Weise, dass der Lernende verschiedene Lernwege kennenlernt, diese reflektiert und für sich die bzw. den „besten" Lernweg(e) herausfindet. Dabei ist zu berücksichtigen, dass der „beste" Lernweg je nach Lerninhalt variieren und sich im Verlauf des Lernprozesses ändern kann.

Der gezielte Umgang mit Heterogenität der Lernenden erfordert ein **Lernklima**, welches Verantwortung überträgt und somit den Lehrenden hinsichtlich der Zuschreibung des jeweils „passenden" Lernweges der Lernenden auch ein wenig entlasten kann (vgl. Becker 2004).

Das bedeutet gleichzeitig den Unterricht so zu gestalten, dass es dem Lernenden ermöglicht wird, seinen eigenen **Lernrhythmus und sein eigenes Lerntempo** zu finden.

Ziel eines „lernorientierten" Unterrichts ist es, an der Lebens- und Erlebenswelt der Lernenden sowie ihren Erfahrungen anzuknüpfen. Die Lernenden sollen in ihrer Fantasie und Kreativität angeregt werden.

Die Bewertung von Lern- und Leistungs(fort)schritten sind Bestandteil jeden Unterrichts. Diese muss (vgl. Kap. 5, Rahmenrichtlinien) sich sowohl auf individuelle Lernschritte als auch auf fachlich verbindliche Lernziele beziehen. Damit am Ende der Grundschulzeit der Lernende nicht ausschließlich mit Ziffern eingeschätzt wird, ist es empfehlenswert, den Prozess der Bewertung während der gesamten Schuljahre transparent zu machen. Für den Lernenden hilfreich sind dazu individuelle Hinweise (durch Bestätigung, Lob, Hilfen), Gespräche sowie ein gemeinsames Festlegen von Bewertungskriterien und/oder das Erstellen von Lernportfolios.

6.4 Rahmenbedingungen

Durch bestimmte organisatorische Rahmenbedingungen können die oben beschriebenen Lernprozesse besser strukturiert und ermöglicht werden.
Zum einen zählt hierzu, den **Stundenplan** so zu gestalten, dass dieser ein (eigen-) aktives Lernen ermöglicht. Dazu sind neben dem „klassischen" Unterricht von 45 Minuten beispielsweise Doppelstunden, Projektarbeit oder Freiarbeit empfehlenswert. Hierdurch haben die Lernenden die Möglichkeit, sich über einen längeren Zeitraum mit einem Thema bzw. einem Lerninhalt zu befassen und es würde sich die Möglichkeit eröffnen, zwischendurch nach Absprache Auszeiten zu nehmen sowie nach dem fachspezifischen Unterricht längere Pausen einzuräumen (vgl. Miller 2002).

Zum anderen ist es ein wichtiger Organisationsaspekt in der jeweiligen Klasse **Regeln und Rituale** zu schaffen, die den Lernenden eine Orientierung und Sicherheit im Lernprozess und im Schulalltag geben. Dabei ist zu klären, für was es Regeln gibt, wer diese Regeln aufgestellt hat, wem diese Regeln dienen und wie mit „Regelbrüchen" umgegangen wird (vgl. Werning 2002).
Weiterhin ist bei der Vorbereitung von Lernprozessen zu bedenken, dass verschiedenartige **Einflussfaktoren** existieren. Es gibt allgemein physiologische Voraussetzungen (zum Beispiel Sauerstoff, individuelle Belastungszeiten, Ernährung, Wasserhaushalt), äußere Rahmenbedingungen (zum Beispiel Raumtemperatur, Lichtverhältnisse, Lärm- und Geräuschkulisse, Arbeitsmaterial und Arbeitsraum) sowie so genannte „Störfaktoren" durch die Umwelt (zum Beispiel Ablenkungen, Konflikte, Besuche, akustische Störungen) oder durch die Person selbst bedingt (zum Beispiel innere Konflikte, Enttäuschungen, Probleme). Hierüber könnte der Lehrende mit den Lernenden zum Beispiel ein Gespräch führen und dabei gemeinsam herausstellen, welche die optimalen Arbeitsbedingungen für jeden Lernenden darstellen (vgl. Hüholdt 1995).

Zur Unterrichtsorganisation kann nach Tymister (2002) die Idee des **Klassenrates** nach der Freinet Pädagogik genutzt werden. Der Gedanke der dahinter steht, ist, dass ganzwöchentlich Themen gesammelt werden, die die Lernenden beschäftigen und die sie in einer wöchentlichen Klassenversammlung besprechen. Dieser Klassenrat dient der Herausbildung einer Diskussions- und Streitkultur, welche folgende Funktionen innehat:

- Delegieren von Verantwortung
- Strukturierung der Themen der Lernenden
- Bilanzierung der Aktivitäten (zum Beispiel durch Ausstellungen und damit Anerkennung von individuellen Leistungen).

Als letzten Punkt sollte es als selbstverständlich angesehen werden, dass alle am Lernprozess Beteiligten **kooperieren**. So können sich beispielsweise alle Lehrende über gemeinsame Ziele, Maßstäbe und Rituale verständigen und austauschen (vgl. Becker 2004). Im Rahmen von Supervisionen können Lehrende sich ein so genanntes förderndes Feedback einholen und ihre gesamte pädagogische Arbeit reflektieren (vgl. Hölter 2006).

7. Diagnostik von Lernprozessen

Auch wenn das vorliegende Buch primär den Anspruch hat, auf Gestaltungsmöglichkeiten von Lernprozessen einzugehen, so möchten wir an dieser Stelle
in aller Kürze unser Verständnis von Diagnostik darlegen, da dieses für uns in
einem engen Zusammenhang mit den Förder- und Lernprozessen steht.

Anlehnend an Eggert (1997) bzw. Eggert / Reichenbach / Lücking (2007) sowie
Suhrweier / Hetzner (1993) verstehen wir Diagnostik und Förderung als einen
Prozess, der die Einheit dieser beiden Elemente widerspiegelt. Demnach stellt
jede Fördersituation gleichzeitig eine diagnostische Situation dar und umgedreht kann jede Diagnostiksituation der Förderung dienen.

Wesentliche Elemente einer derartig förderungsorientierten Diagnostik von Lern-
prozessen in der Grundschule sind demnach:
- Nutzung von alltäglichen Lern- und/oder Unterrichtssituationen zur Informati-
  onsgewinnung von Lernprozessen
- Berücksichtigung verschiedener Kontexte (z. B. Kultur, Familie, Schulsystem),
  in denen ein Kind lernt und lebt
- Einbeziehung des Kindes sowie verschiedener Bezugspersonen des Kindes
- Dialogisches Vorgehen
- Einbettung von Lerninhalten in spielerische und handlungsorientierte Situa-
  tionen
- Berücksichtigung der individuellen Themen und Interessen der Kinder
- Auswahl eines Beobachtungs- und Förderschwerpunktes
- Differenzierung der Lerninhalte

Selbstverständlich gibt es im förderdiagnostischen Sinne Prinzipien, die berücksichtigt werden sollten, deren Ausführung jedoch an dieser Stelle den Rahmen überschreiten würde (vgl. hierzu Reichenbach / Lücking 2007).

Vor dem Hintergrund der Komplexität von Lernprozessen, die in den vorange-
gangenen Kapiteln dieses Buches bereits aufgezeigt wurde, wird an dieser
Stelle lediglich beispielhaft auf die Umsetzung der oben genannten Elemente
eingegangen. Diese Elemente sind Bestandteil von Beobachtungs- und damit
auch Diagnostikprozessen.

In verschiedenen Unterrichtsfächern werden spezifische Lernkompetenzen sowie Anforderungen an Wissen, Können und Bildung verlangt (vgl. Rahmenrichtlinien). Hierbei gilt es diese Lernprozesse kontinuierlich zu beobachten und zu
begleiten, um so jedem Kind ein optimales Lernen zu ermöglichen. Ein optimales Lernen ist aus unserer Sicht nur möglich, wenn das Kind direkt in die Gestaltung von Lernprozessen einbezogen ist. So ist es das Anliegen des Buches,
dass die Kinder im Verlauf der Grundschule neben der Auseinandersetzung mit
Lerninhalten zunehmend eigenverantwortlich lernen, mit Lernwegen und Lernmethoden umgehen und diese individuell, hinsichtlich einzelner Unterrichtsfächer und Lerninhalte sowie persönlicher Präferenzen reflektieren.

Beim Lernen geht es nicht allein um den Erwerb von Wissen und Können, sondern auch um den Prozess des Lernens, der insbesondere für Kinder im Grundschulalter sehr freudvoll gestaltet werden sollte. Nur so wird der Grundstein dafür gelegt, dass die Kinder Neugierde am Lernen an sich erhalten und offen sind für neue und fächerübergreifende Lerninhalte. Dabei beziehen sich die Lerninhalte nicht allein auf die schulischen Vorgaben, sondern schließen stets einen kulturellen und persönlichen Erfahrungshintergrund mit ein (vgl. Kap. 2 und Kap. 3).

Da der Beobachtungsfokus je nach Lerninhalt und Unterrichtsfach unterschiedlich ist, empfehlen wir einen kontinuierlichen Gedankenaustausch zwischen den Lehrenden untereinander sowie zwischen den Lehrenden und den Lernenden. Hier können verschiedene Ressourcen, Kompetenzen, Interessen, Themen und Vorlieben sowie Förderbedürfnisse einzelner Kinder auf verschiedenen Ebenen des Lernprozesses besprochen und reflektiert werden.

Das Lesen eines Buches bzw. die Angebote, die in einem Buch beschrieben sind, können in keinem Fall die Vielfalt der Praxis und die Individualität und Persönlichkeit der Lernenden vor Ort wiedergeben oder gar in ihrer Vielschichtigkeit berücksichtigen.

Im Folgenden möchten wir demnach ausschließlich Anregungen für differenzierte Gestaltungsmöglichkeiten von Lernprozessen geben, die gleichzeitig die Möglichkeit zur Diagnostik und Förderung bieten.

8. Umgang mit den Praxisaufgaben

Im Folgenden werden wir den Aufbau und die Nutzung der vorliegenden Praxisaufgaben beschreiben. Hierbei werden wesentliche Schritte bei der Arbeit mit den Aufgaben und den dazugehörigen Beobachtungsmöglichkeiten herausgestellt. Dazu werden wir unter anderem das Anliegen und die Handhabung der **Schwierigkeitsgrade** in Form von Gestaltungsmöglichkeiten veranschaulichen.

Bei der **Auswahl der Aufgaben** haben wir berücksichtigt, dass eine *individuelle Beschreibung* der Kompetenzen und Förderbedürfnisse gegeben ist. Außerdem wurden die *Kompetenzen*, die für die Grundschule laut Rahmenrichtlinien gefordert sind, in der Aufgabenauswahl und in den entwickelten Differenzierungen berücksichtigt.

8.1 Beschreibung und Erklärung des Aufgabenbogens

Die Darstellung des Aufgabenbogens erfolgt stets nach einem bestimmten **Schema**, welches verschiedene Kriterien beinhaltet:
- Empfohlene Klassenstufe (Rahmenrichtlinien)
- Fach
- Angesprochene Inhaltsbereiche (Rahmenrichtlinien)
- Aufgabenschwerpunkte (Rahmenrichtlinien)
- Methodenschwerpunkte
- Materialien
- Sozialform
- Quelle (Ursprung der Aufgabe)
- Aufgabe und Differenzierungen
- Mögliche Beobachtungen im Lernprozess

Name der Aufgabe *(Giesbert, Lücking, Reichenbach 2007)*	
Empfohlene Klassenstufe (RRL)	
Fach	
Angesprochene Inhaltsbereiche (RRL)	
Aufgabenschwerpunkte (RRL)	
Methodenschwerpunkte	
Materialien	
Sozialform	
Quelle (Ursprung der Aufgabe)	
Aufgabe und Differenzierungen	Mögliche Beobachtungen im Lernprozess
…	…

Die Aufgaben des Buches „Gestaltung, Förderung und Diagnostik von Lernpro-
zessen" sind zunächst nach verschiedenen **Unterrichtsfächern** sortiert:
- Deutsch
- Mathematik
- Sachunterricht
- Sport

Da jedes Unterrichtsfach pro empfohlenen Klassenstufe gemäß **Rahmenrichtlinien** verschiedene **Inhaltsbereiche** und **Aufgabenschwerpunkte** beinhaltet,
haben wir diese entsprechend der Aufgabe mit aufgeführt.
Die Unterrichtsfächer, die den Aufgaben zugeordnet sind, wurden exemplarisch
ausgewählt.
Die Zuordnung der Aufgaben zu bestimmten Lern- und Kompetenzzielen können sicherlich auch fächerübergreifend genutzt werden, auch wenn sie hier
bestimmten Fächern zugeordnet sind.

Verschiedene Lern- und Kompetenzziele spiegeln sich ebenso in der Methodenauswahl und Methodenkenntnis wider (vgl. Kap. 4). Da neben der Anwendung von Methoden auch der Erwerb von **Methoden** ein Lernziel darstellt, haben wir diese mit aufgeführt. Dabei möchten wir nicht starr einer Aufgabe jeweils eine Methode zuordnen, sondern eher aufzeigen, wie vielfältig verschiedene Methoden in ein und derselben Aufgabe mit ihren Differenzierungen genutzt werden können. Beim Lesen der Aufgaben wird der Anwender sehen,
dass diese im Rahmen der Differenzierungen unterschiedlich methodisch auf-
bereitet sind. So können zum Beispiel mathematische Aufgaben über eine Lernkartei, durch die Berücksichtigung verschiedener Lerntypen (körperlich, visuell,
rhythmisch …) oder mittels eines Arbeitsplans bearbeitet werden.

Die Aufgaben beinhalten eine Auswahl an Beobachtungs- und Förderschwer-
punkten und dienen der Einschätzung sowie der Gestaltung von Lern- und
Entwicklungsprozessen.

Bei der Auswahl der Aufgaben haben wir uns bemüht, Aufgaben zu nutzen,
welche den Einsatz alltagsnaher **Materialien** ermöglicht. Die Nennung des Materials gestattet dem Praktiker eine möglichst schnelle Zusammenstellung.

Abhängig von den Aufgaben und den Lerninhalten ist es aus unserer Sicht
manchmal sinnvoller Aufgaben in Einzel- oder Gruppensituationen (**Sozialform**)
durchzuführen. Wie der Leser sehen wird, sind die meisten Aufgaben sowohl
als Einzel- oder Gruppensituationen durchführbar. Dabei ist es unabhängig von
der Form der Situation unser Anliegen, dass die Aufgaben in den alltäglichen
Lern- und Unterrichtssituationen durchgeführt werden können und es keiner
gesonderten Situationen bedarf.

Bei jeder Aufgabe ist die **Ursprungsquelle** angegeben, um zu zeigen, in welchen Büchern oder bei welchen Autoren diese Grundaufgabe zu finden ist.

Zu jeder Aufgabe haben wir verschiedene **Differenzierungsmöglichkeiten** bzw. Schwierigkeitsgrade erarbeitet. Die Differenzierungen beziehen sich dabei vor allem auf verschiedene:

- Lernanforderungsniveaus,
- Methoden und/oder
- Lernwege.

Das bedeutet, dass der Anwender nicht die komplette Aufgabe ausführen muss. Der Praktiker kann selbst entscheiden, welche Differenzierung(en) er für die angestrebte Lernsituation (als erstes) wählt. Der **Anwender kann** zudem **eigene weitere Ideen und Differenzierungsmöglichkeiten überlegen** und nutzen, was unseres Erachtens sehr wünschenswert ist.

Somit ist es möglich, einerseits den momentanen Lern- und Entwicklungsstand eines Kindes zu berücksichtigen und andererseits für das Kind die Aufgabe erfolgreich zu beenden.

Es sei ausdrücklich darauf hingewiesen, dass die von uns formulierten **Aufgabenstellungen** von dem jeweiligen Anwender selbst so formuliert werden können und müssen, dass das Kind bzw. die Kinder, für die sie gedacht sind, diese nachvollziehen können. **Es handelt sich nicht um wortgetreue Formulierungsvorgaben.**

Zu jeder Aufgabe wurde eine Vielzahl von **Beobachtungsmöglichkeiten** überlegt. Anhand der Beobachtungsmöglichkeiten kann das gesehene Verhalten genauer beschrieben werden. Die Beobachtungen können auf verschiedene Schwierigkeitsgrade der Aufgabe bezogen werden. Das heißt, dass die **formulierten Beobachtungen** *nicht* **linear den Aufgabenstellungen zugeordnet** werden können. Es geht hier zunächst erst einmal darum, das zu beschreiben, was gesehen wurde. Natürlich können die Beobachtungen jeweils individuell von dem Anwender ergänzt werden.

Es wurde bereits darauf verwiesen, dass die Lernentwicklung individuell ist und Förderbedürfnisse sich immer in Bezug auf die Anforderungssituation und die Lerninhalte ergeben (vgl. Kap. 3). Das heißt, der Anwender muss individuell herausfinden, unter welchen Bedingungen ein Kind am besten lernen und sich weiterentwickeln kann.

9. Praxis

Mathematik

Deutsch

Sport

Sachunterricht

Aufgabenverzeichnis

Buchstaben und Buchstabenformen

Empfohlene Klassenstufe (RRL)	1./2. Klasse
Fach	Deutsch
Angesprochene Inhaltsbereiche (RRL)	- Mündliches Sprachhandeln - Umgang mit Texten und Medien - Sprache reflektieren
Aufgabenschwerpunkte (RRL)	- Verstehendes Zuhören, sachbezogenes Sprechen, demokratisches Miteinandersprechen - Nutzen von Medien - Reflexion des mündlichen Sprachhandelns
Methodenschwerpunkte	Kommunikation, Reflexion, multisensorisches Lernen, Lerntypen (musisch-rhythmisch, visuell-räumlich, körperlich-bewegungsbezogen, naturbezogen, verbal-sprachlich, logisch-mathematisch), Mind-Mapping, Lernkartei
Materialien	Unterschiedliche Materialien (Sand, Wolle, Seile, Bierdeckel, Klötze, Sandpapier, Knete, Holz, Naturmaterialien, etc.), Vorlagen mit Buchstaben in unterschiedlicher Form, Größe und Schrift, Papier, Stifte
Sozialform	E + G
Quelle (Ursprung der Aufgabe)	Heuer (1997), Breuer/ Weuffen (2006), Blumenstock (2004)

Ursprungsaufgabe
Auf einer Vorlage mit verschiedenen Buchstaben sollen die Kinder einen bestimmten Buchstaben finden und ihn kennzeichnen.

Aufgabe und Differenzierungen	Mögliche Beobachtungen im Lernprozesses
• Die Kinder sprechen darüber, welche Buchstaben sie kennen und woher sie sie kennen: - Wo finden sie Buchstaben im Alltag (z.B. Logos, Verpackungen, Spielzeugen, etc.)? - Was verbinden die Kinder mit einzelnen Buchstaben? (z.B. Buchstabe im Vor- oder Nachnamen, erster Buchstabe, den sie schreiben konnten, etc.)? • Die Kinder erstellen eine Collage aus Zeichnungen oder mit Ausschnitten aus Zeitschriften oder Fotos …. Es soll deutlich werden, in welchen Lebensbereichen den Kindern bisher Buchstaben begegnet sind. • Die Kinder recherchieren (Bücher, Internet): - Seit wann gibt es eine Schrift oder Schriftzeichen? - In welchem Kulturkreis sind erste Schriftzeichen entdeckt worden? - Welche verschiedenen Schriftzeichen gibt es auf der Welt? Wo gibt es welche Schriftzeichen? - Wie unterscheiden sich Schriften/Schriftzeichen in Abhängigkeit von der Kultur? - Welche Bedeutung wird Schriftzeichen in unterschiedlichen	• Das Kind ordnet gleiche Buchstaben in unterschiedlicher Schrift, aus unterschiedlichem Material, aus Groß- und Kleinbuchstaben, etc. einander zu. • Das Kind bringt sich in eine Gruppenarbeit wie folgt ein … • Das Kind schreibt die Buchstaben … leserlich, form-

70

Kulteren/ Ländern zugeschrieben?
- Welche Aufgabe kommt den Schriftzeichen zu?
• Die Kinder finden heraus, welche verschiedenen Schriftzeichen in einem Land/ Kulturkreis existieren und wie sie sich im Laufe der Jahrtausende verändert haben.
• Die Kinder kategorisieren mittels Mind-Mapping die Schriftzeichen verschiedener Länder und/oder Kulturen. Was sind Gemeinsamkeiten/ Unterschiede?
- Die Kinder können ein großes Mind-Mapping erstellen oder sich in Untergruppen speziellen Kulturkreisen widmen.
• Die Kinder erstellen eine Lernkartei. Dazu schreiben sie die Informationen, die sie über die unterschiedlichen Schriftzeichen in verschiedenen Kulturkreisen erfahren haben, auf Karteikarten, so dass sie jederzeit nachschlagen und ihr Wissen festigen können.

• Die Kinder setzen sich mit der individuellen Bedeutung von Schrift auseinander.
- Warum lerne ich lesen und schreiben? (z.B. um eigene Gedanken festzuhalten)
- Wozu kann ich Schrift gebrauchen? (z.B. zur Orientierung in der Lebensumwelt)
- Was kann ich durch Schrift erfahren? (z.B. zur Informationsgewinnung)
• Die Kinder erfahren etwas über Analphabetismus. Sie recherchieren:
- Wie ist die Häufigkeit in verschiedenen Ländern?
- Welche Projekte gibt es zum Umgang und zur Vermeidung von Analphabetismus?
- Was sagen Erfahrungsberichte?
• Die Kinder stellen ihre Ergebnisse in einer Ausstellung vor.

• Die Kinder werden mit den Groß- und Kleinbuchstaben in Deutschland vertraut gemacht.
- Sie überlegen, welche Groß- und Kleinbuchstaben sie kennen.
- Sie schreiben die Groß- und Kleinbuchstaben auf.
- Sie ordnen die entsprechenden Groß- und Kleinbuchstaben einander zu (z.B.: a + A).
• Sie recherchieren, ob in anderen Ländern ebenfalls Groß- und Kleinbuchstaben unterschieden werden.
• Die Kinder überlegen gemeinsam, wann Groß- und Kleinbuchstaben genutzt werden (z.B. für Großbuchstaben = Satzanfang, Hauptwörter, Eigennamen, ...).
• Die Kinder suchen Argumente pro und contra der Groß- und/oder Kleinschreibung.
• Die Kinder diskutieren in der Gruppe ihre gefundenen Argumente.

• Die Kinder erlernen einzelne Buchstaben über das Erfahren von den Buchstabenformen. Dazu nutzen sie ihren ganzen Körper:
- Die Kinder begleiten das Verschriften eines Buchstabens

richtig, mit eigenem System ...(das System des Kindes beschreiben).

• Das Kind schreibt mit der rechten, linken Hand, wechselt die Schreibhand.
• Das Kind nennt Freude an der Bearbeitung der Buchstaben über den Körper, das Hören, Sehen, Schmecken, Bewegen, Fühlen, ...
• Das Kind hält die Schreibverarbeitungsrichtung von links nach rechts (nicht) ein.
• Das Kind benennt Buchstaben, die ihm auf den Rücken geschrieben werden.
• Das Kind benennt die Struktur der Buchstaben, z.B. Mittel-, Ober- und Unterlänge, Groß-, Kleinbuchstaben.
• Das Kind begleitet seine Handlungen sprachlich folgendermaßen ...
• Das Kind nutzt zur Recherche

sprachlich, andere Kinder finden den Buchstaben heraus (z.B. „b": „Ich setze oben an, ziehe den Stift gerade herunter und wieder halb zurück und male einen Bauch nach vorne." Welcher Buchstabe ist das?)
- Die Kinder schreiben Buchstaben in den Sand, in die Luft, ma-len sie mit dicken Stiften, kneten sie und malen sie bunt an, schneiden sie aus Sandpapier aus, etc.
- Die Kinder legen die Buchstaben mit Seilen, Wolle, verschiedenen Kleinmaterialien (Bierdeckeln, Klötzen, Bleistiften, etc.), Naturmaterialien und gehen sie ab.
- Die Kinder stellen die Buchstaben durch Ihren Körper dar (alleine oder zu zweit). Die anderen Kinder benennen die dargestellten Buchstaben.
- Die Kinder schreiben einem anderen Kind die Buchstaben auf den Rücken:
   - Sie nennen die Buchstaben, die auf den Rücken gemalt wurden und begründen, woran sie diese erkannt haben.
   - Sie setzen sich hintereinander in eine Schlange und „geben" einen Buchstaben durch Zeichnen auf den Rücken jeweils an den Vordermann weiter.
	folgende Medien …
	 • Das Kind kategorisiert die Schriftzeichen wie folgt…
	 • Das Kind begründet folgendermaßen, warum es lesen und schreiben lernen möchte…
	 • Das Kind benennt folgende Ideen, was es durch die Schrift erfahren möchte…

• Die Kinder überlegen in Kleingruppen, was das Besondere an einzelnen Buchstaben ist, z.B. Formen, Länge und finden Kategorien zum Sortieren.	
• Die Kinder lernen die Schreibschrift kennen. • Die Kinder ordnen die Buchstaben der Schreibschrift den Buchstaben der Druckschrift zu. • Die Kinder finden individuell Argumente pro und contra bzgl. Schreib- und Druckschrift. • Die Kinder recherchieren, wie sich die Schreib- und Druckschrift im Verlauf der Jahrhunderte in Deutschland verändert hat. Sie probieren verschiedene Formen der Schreib- und Druckschrift aus. • Die Kinder bringen in Erfahrung, ob es in anderen Ländern/ Kulturkreisen ebenso Schreib- und Druckschrift gibt.	
• Die Kinder sortieren vorgegebene Buchstaben: - Aus einer Auswahl an Buchstaben (auf einem Arbeitsblatt/ Moosgummibuchstaben/ Buchstaben aus Pappkarton, etc.) sortieren die Kinder die Klein- und Großbuchstaben. - Aus einer Auswahl an Buchstaben unterschiedlicher Größe finden die Kinder gleiche Buchstaben und markieren sie. - Aus einer Auswahl an Buchstaben in unterschiedlichen Schriftarten suchen die Kinder den/ die vereinbarten Buchstaben heraus und markieren sie. - Die Kinder suchen aus einer Auswahl an Buchstaben die Buchstaben heraus, die eine „Unterlänge" (z.B. f, g, p) oder eine „Oberlänge" (t, b, k) oder eine „Mittellänge" (m, n, o, r) haben. - Die Kinder legen Buchstabenkarten mit Klein- und Großbuchstaben zu passenden Buchstabenpaaren zusammen (z.B. U/u, O/o, M/m).	

Buchstabenvorlage:

Aufgabe: Suche jedes **A** und male es bunt aus

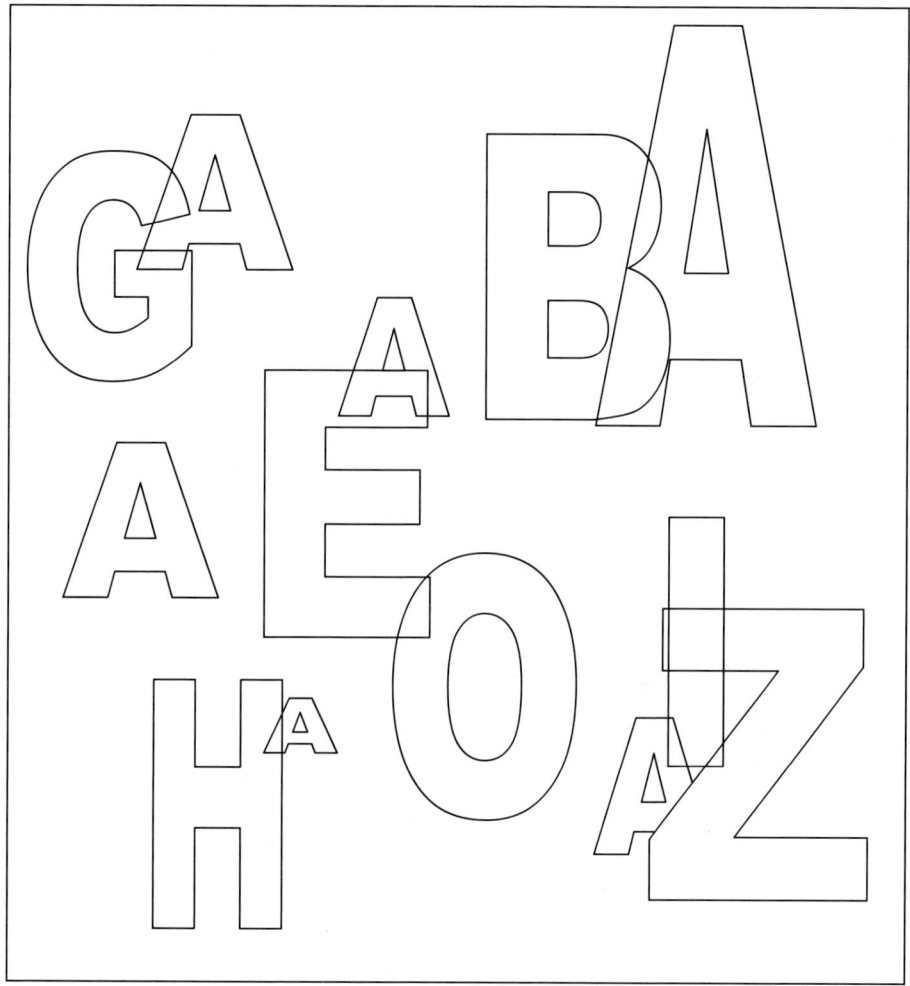

Laute erkennen	
Empfohlene Klassenstufe (RRL)	1./2. Klasse
Fach	Deutsch
Angesprochene Inhaltsbereiche (RRL)	- Mündliches Sprachhandeln - Schriftliches Sprachhandeln - Umgang mit Medien - Sprache reflektieren
Aufgabenschwerpunkte (RRL)	- Verstehendes Zuhören, sachbezogenes Sprechen - Rechtschreiben - Nutzen von Medien - Reflexion des schriftlichen Sprachhandelns, Nutzen metasprachlicher Verfahren
Methodenschwerpunkte	Kommunikation, Reflexion, Mind-Mapping, Lernkartei, Lernen über Bewegung, Lerntypen (musisch-rhythmisch, visuell-räumlich, körperlich-bewegungsbezogen, verbal-sprachlich, logisch-mathematisch)
Materialien	Papier, Stifte, Karteikarten, Bildkarten (z.B. mit Abbildungen von Gegenständen, Tieren, Pflanzen, Tätigkeiten, …), verschiedene Großmaterialien (Matte, Kasten, Bank, etc.)
Sozialform	E + G
Quelle (Ursprung der Aufgabe)	Nickisch/ Heber/ Burger- Gartner (2005), Reichenbach/ Lücking (2007)

Ursprungsaufgabe
Der Pädagoge nennt ein Wort/ Pseudowort. Die Kinder hören genau hin, ob sich in dem Wort ein im Vorfeld gemeinsam festgelegter Laut befindet (z.B. <m>, <n>, <o>, <u>).

Aufgabe und Differenzierungen	Mögliche Beobachtungen im Lernprozess
• Gemeinsam wird mit den Kindern besprochen: Was ist ein Laut? Was ist ein Buchstabe? Woraus bestehen Wörter? Was ist ein Anfangslaut/ Auslaut? Welche Laute hören sich sehr unterschiedlich an, welche klingen ähnlich? Wie kann ein Laut erkannt werden? Haben die Kinder eine Strategie, um zu erkennen, welche Laute in einem Wort sind (z.B. das Wort langsam leise oder in Gedanken vorsprechen)? Welche Laute hören die Kinder leicht, welche schwer heraus? • Die Kinder sammeln Ideen, woran es liegen kann, dass sich manche Wörter sehr ähnlich anhören oder sehr ähnlich geschrieben werden. Ein kritischer Diskurs findet in der Gesamtgruppe statt. • Die Kinder tauschen ihre Strategien aus, wie sie selbst ähnlich klingende Wörter unterscheiden. So genannte Eselsbrücken oder Hinweise für eine Unterscheidung werden in einer Lernkartei zusammengefasst. • Die Kinder erfahren wie Sprache und Wörter entstanden sind.	• Das Kind benennt, ob es in dem Wort … einen vereinbarten Laut hört. • Das Kind benennt aus einer Auswahl an Wörtern das Wort, in dem es einen vereinbarten Laut hört. • Das Kind betont einen vereinbarten

• Die Kinder recherchieren (Bücher, Internet) wie viele Sprachen es auf der Welt gibt. - Wie alt sind diese Sprachen? - Welche Sprache leitet sich von welcher Sprache ab? Hier kann ein Mind-Mapping erstellt werden. - Welche Sprachen sind sich ähnlich? • Die Bedeutung von verbaler Sprache in verschiedenen Kulturen wird thematisiert.	Laut im Wort beim Sprechen. • Das Kind benennt, dass folgende Laute ähnlich/ unterschiedlich klingen …
• Zur praktischen Erprobung werden den Kindern Worte deutlich vorgesprochen: - Die Kinder sprechen das Wort laut nach. - Die Kinder sprechen das Wort mehrfach hintereinander in einem unterschiedlichen Rhythmus, in verschiedener Lautstärke, verschiedenen Tempi. - Die Kinder betonen beim Sprechen einen vorher vereinbarten Laut in dem Wort. - Die Kinder erzählen, welchen Laut sie am Anfang, am Ende und in der Mitte des Wortes hören. - Die Kinder nennen, ob ein bestimmter Laut, z.B. <m> in dem Wort vorkommt. - Wenn in dem Wort ein vereinbarter Laut vorkommt, führen die Kinder eine vorher vereinbarte Bewegung aus (z.B. aufstehen, in die Hände klatschen). - Die Kinder schreiben das Wort auf. Falls der vereinbarte Buchstabe zu dem Laut in dem Wort vorkommt, unterstreichen sie ihn.	• Das Kind erfindet selber folgende Wörter … zu einem vereinbarten Laut … • Das Kind erklärt, was ein Anfangslaut/ Auslaut ist folgendermaßen … • Das Kind sortiert Bildkarten (nicht) entsprechend ihren Anfangs- und Auslauten.
• Den Kindern werden mehrere Wörter vorgesprochen: - Die Kinder werden aufgefordert, aus einer Auswahl an zwei bis drei Wörtern, das Wort oder die Wörter herausfinden, in denen ein vereinbarter Laut zu hören ist, z.B. <m> in Maus, Tür, Hund. - Sie nennen / schreiben das entsprechende Wort/ die Wörter auf. - Analog zu dem Spiel „Alle Vögel fliegen hoch" nehmen die Kinder beide Hände hoch in die Luft, wenn in einem Wort ein im Vorfeld gemeinsam festgelegter Laut zu hören ist.	• Das Kind begleitet seine Handlungen sprachlich wie folgt … • Das Kind begründet seine Handlungen folgendermaßen …
• Die Kinder erstellen Bilder/ Bildkarten zu Gegenständen, Tieren, Pflanzen, Tätigkeiten: - Die Kinder benennen den abgebildeten Begriff und bestimmen die Position eines im Vorfeld gemeinsam festgelegten Lautes im Wort. - Die Kinder nennen zu den Abbildungen auf den Bildkarten den Anfangslaut und/oder Auslaut. - Die Kinder sortieren die Bildkarten entsprechend ihren Anfangs- und Auslauten, z.B. nach dem Alphabet. - Den Kindern werden mehrere Bildkarten gezeigt. Die Kinder benennen die Bildkarte(n), die zu einem im Vorfeld gemeinsam festgelegten Laut passt/ passen, z.B. die Bildkarte mit einer Blume, wenn vorher vereinbart wurde, dass das <b> als Anfangslaut gesucht wird.	• Das Kind nennt eine eigene Strategie…, um einen Laut in einem Wort zu erkennen, z.B. das Wort leise/ in Gedanken vorsprechen. • Das Kind führt eine
• Die Kinder bilden mit einem vereinbarten Laut Wörter. Sie	

entscheiden, ob der Laut einmal am Anfang, in der Mitte, am Wortende vorkommen soll, z.B. Laut <e>: Elefant, Hemd, Nase.

- Drei Kinder vertreten jeweils eine Position eines Lautes im Wort (ein Kind vertritt den Anfangslaut, ein Kind vertritt den Laut in der Wortmitte, ein Kind vertritt den Auslaut). Sie vereinbaren eine Bewegung oder Handlung, z.B. Klatschen, einmal um die eigene Körperachse drehen oder in die Hocke gehen. Die Kinder bilden oder der Pädagoge bildet wie oben beschrieben ein Wort. Das Kind, das die jeweilige Position des Lautes im Wort vertritt, führt die Handlung/ Bewegung aus.
- Die Kinder erfinden eigene Spaßsätze. Sie benutzen in einem Satz nur Wörter, die mit dem gleichen Laut beginnen, z.B. „Fünf Fahrradfahrer faulenzen vorm Frühstück".
  - Die Kinder stellen ihre Wörter/ Sätze den anderen Kindern vor.
  - Sie begründen, warum sie sich diese Wörter/ Sätze überlegt haben. War das schwer/ leicht? Wie sind sie vorgegangen?
  - Die Kinder schreiben die Wörter/ Sätze auf.

Die Aufgabe, vereinbarte Laute zu erkennen wird an Bewegung gekoppelt:

- Analog zu dem Spiel „Wasser, Feuer, Erde, Luft" bewegen sich die Kinder frei im Raum und der Pädagoge/ ein Kind nennt zwischendurch Wörter. Kommen in den Wörtern im Vorfeld gemeinsam festgelegte Laute vor, z.B. <a>, <o>, führen die Kinder schnell Aufgaben aus, z.B. laufen sie bei einem Wort, indem ein <a> vorkommt, zum Kasten, legen sich bei einem Wort, in dem ein <o> vorkommt, auf den Boden usw. Das Kind, das die Bewegung als letztes ausführt, nennt in der nächsten Runde ein neues Wort.
- Die Kinder bewegen sich frei im Raum und der Pädagoge/ ein Kind nennt ein Wort. Die Kinder zerlegen das genannte Wort in einzelne Laute. Die Anzahl der Laute wird an bestimmte Bewegungsaufgaben gekoppelt, z.B. laufen die Kinder bei einem Wort mit zwei Lauten zum Fenster, bei einem Wort mit drei Lauten zur Tür, usw.
- Die Kinder bewegen sich frei im Raum. Der Pädagoge/ ein Kind nennt ein Wort. Gedanklich zerlegen die Kinder das Wort in Laute. Je nach Anzahl der Laute finden sich 2, 3, 4 usw. Kinder zusammen und fassen sich an den Händen, verbinden sich durch Berührungen am Knie, etc.

---

vereinbarte Bewegung ... aus.

- Das Kind nennt, dass es Freude an Bewegungsspielen hat.
- Das Kind benennt folgende Ideen ...
- Das Kind schreibt folgende Wörter lautgetreu auf ...
- Das Kind erfindet Spaßsätze, z.B. ...
- Das Kind recherchiert folgendermaßen ...
- Das Kind bringt sich ... in einen kritischen Diskurs ein.

Selbst- und Mitlaute miteinander verbinden

Empfohlene Klassenstufe (RRL)	1./2. Klasse
Fach	Deutsch
Angesprochene Inhaltsbereiche (RRL)	- Mündliches Sprachhandeln - Schriftliches Sprachhandeln - Sprache reflektieren
Aufgabenschwerpunkte (RRL)	- Verstehendes Zuhören, sachbezogenes Sprechen - Alltägliches Schreiben, erzählendes Schreiben, sachbezogenes Schreiben, Rechtschreiben - Reflexion des schriftlichen Sprachhandelns, Nutzen metasprachlicher Verfahren
Methodenschwerpunkte	Kommunikation, Lerntypen (musisch-rhythmisch, visuell-räumlich, körperlich-bewegungsbezogen, verbal-sprachlich, logisch-mathematisch), Lernen über Bewegung, Lernkartei
Materialien	Teppichfliesen, Sandsäckchen, (farbige) Buchstabenkarten mit Selbstlauten und Mitlauten, Stifte, Papier
Sozialform	E + G
Quelle (Ursprung der Aufgabe)	Klein (2002), Dummer-Smoch/ Hackethal (2002)

Ursprungsaufgabe
Die Kinder verbinden Selbstlaute (Vokale) und Mitlaute (Konsonanten) miteinander und bilden daraus Silben oder Wörter.

Aufgabe und Differenzierungen	Mögliche Beobachtungen im Lernprozess
<u>Selbstlaute und Mitlaute:</u> • Mit den Kindern wird der Unterschied zwischen den Selbst- und Mitlauten thematisiert: - Was sind Selbst-, was sind Mitlaute? - Woran kann man sie erkennen? - Welche Selbst- und welche Mitlaute kennen die Kinder? - Welche Selbst- und welche Mitlaute gibt es? - Wie oft befindet sich in jeder Silbe/ in jedem Wort ein Selbstlaut? • Die Kinder finden eigenständig Gemeinsamkeiten/ Unterschiede von Worten und/oder Silben heraus und systematisieren diese. • Die Kinder untersuchen Wörter auf ihre Selbstlaute hin: sie malen sie farbig nach, unterstreichen Selbstlaute in einem Wort, etc. • Die Kinder schreiben die Selbstlaute/ Mitlaute auf Karten oder gestalten ein Plakat. • Die Kinder sortieren die Buchstaben des Alphabets nach Selbst- und Mitlauten. • Die Kinder recherchieren anhand von Büchern/Internet, ob es in anderen Sprachen auch Selbst- und/oder Mitlaute gibt.	• Das Kind benennt die folgenden Selbst- und/ oder Mitlaute ... • Das Kind bildet die entsprechenden Laute zu den Buchstaben.... Das Kind zieht zwei Laute zusammen, z.B. <a> und <m> lautiert <am>. • Das Kind bildet mit einem/ zwei Lauten folgendes Wort ... • Das Kind bildet ein Wort mit dem Buchsta-

- Die Kinder überlegen sich Fragen für eine Person/Kinder, die zusätzlich eine andere Sprache spricht/sprechen. Sie führen eine gezielte Befragung durch und fassen die Ergebnisse in Form eines Posters zusammen.
- Die Kinder tauschen untereinander ihre Rechercheergebnisse aus und fassen diese zusammen.
- Die Kinder gestalten eine Ausstellung zu Mit- und Selbstlauten und deren Bedeutung in kulturellen Kontexten.

- Eine Auswahl an Mitlauten wird auf eine Teppichfliese gelegt, eine Auswahl an Selbstlauten auf eine andere Teppichfliese.
- Die Kinder werfen aus einer Entfernung von ...m jeweils ein Sandsäckchen auf jede Teppichfliese. Sie nutzten den/ die Selbst- oder Mitlaute, die in der Nähe der Sandsäckchen liegen.
- Die Kinder benennen die Selbst- oder Mitlaute, die in der Nähe der Sandsäckchen liegen und bilden die entsprechenden Laute.
- Die Kinder gehen zu zweit zusammen. Ein Kind ermittelt durch die Sandsäckchen ein oder zwei Selbst- oder Mitlaute. Das andere Kind bildet ein Wort dazu, indem die Laute vorkommen.
- Die Kinder nennen Wörter, in denen beide ermittelten Selbst- oder Mitlaute vorkommen. Diese Wörter schreiben sie auf Karteikarten und legen sich damit eine Lernkartei an oder ergänzen eine vorhandene Lernkartei durch diese Wörter.
- Die Kinder ermitteln einen Selbst- oder Mitlaut. Sie bilden ein Wort mit diesem Laut als Anfangs- oder Auslaut oder ein Wort, in dessen Wortmitte sich der Selbst- oder Mitlaut befindet.
- Die Kinder gehen zu mehreren zusammen. Ein Kind ermittelt einen oder zwei Selbst- oder Mitlaute. Die anderen Kinder schreiben zu den Lauten jeweils ein Wort auf. Welche Wörter schreiben die Kinder auf? Welches Kind hat als erstes ein Wort aufgeschrieben?
- Die Kinder schreiben Wörter auf, die sie mit den ermittelten Selbst- oder Mitlauten gebildet haben. Sie erzählen oder schreiben mit diesen Wörtern eine Geschichte.
- Die geschriebenen Geschichten werden von je einem Kind vorgelesen. Die anderen Kinder haben die Aufgabe, sobald sie einen bestimmten Selbst- oder Mitlaut hören:
- eine zuvor vereinbarte Bewegung auszuführen, z.B. aufstehen, zwinkern, winken ...
- diesen zu zählen. Anschließend vergleichen die Kinder ihre Summen.
- Eine Geschichte wird vorgelesen und jedes Kind achtet auf einen anderen Selbst- oder Mitlaut. Das Kind zählt, wie oft sein Laut in der Geschichte vorkommt.
- Die Kinder vermuten, welche Laute wie oft vorkommen. Für ihre Vermutungen sammeln sie gemeinsam Argumente.

ben ... als Anfangs-, Mittel-, Auslaut.
- Das Kind hört folgenden Laut ... in dem Wort ... heraus.
- Das Kind erklärt folgendermaßen, was Selbstlaute und Mitlaute sind ...
- Das Kind bringt sich durch folgende Handlungen in eine Recherche ein ...
- Das Kind präsentiert wie folgt seine Rechercheergebnisse ...
- Das Kind bringt verschiedene Worte als Beispiele ein ...
- Das Kind äußert, dass es eine Lernkartei (nicht) gerne, selbständig... nutzt.
- Das Kind benennt, dass es (nicht) gerne mit anderen Kindern zusammenarbeitet.
- Das Kind verschriftet die Buchstaben (nicht) formrichtig und leserlich.
- Das Kind schreibt die Buchstaben in der vorgegebenen Reihenfol-

Anschließend vergleichen sie ihre Ergebnisse und fassen diese zusammen.

Lerntypenspezifische Auseinandersetzung mit Selbst- und Mitlauten:

- Die Kinder fügen einen Mitlaut mit einem Selbstlaut zusammen. Sie lautieren die Buchstaben und ziehen sie zusammen. Sie notieren die Silbe, die sich aus den beiden Buchstaben zusammensetzt und sprechen die Silbe mehrere Male rhythmisch hintereinander, summen sie oder nutzen unterschiedliche Lautstärken und Tempi.
- Die Kinder schreiben die 5 Silben, die sich aus einem vorher vereinbarten Mitlaut (z.B. <m>) und den 5 Selbstlauten zusammensetzen, auf (z.B. ma, me, mi, mo, mu). Diese Silben gestalten die Kinder farblich: für die Selbstlaute suchen sich die Kinder jeweils eine Farbe aus (z.B. <i> gleich gelb, <e> gleich orange), die Mitlaute gestalten sie in einer anderen Farbe (z.B. immer blau). Die Kinder gestalten so eine bestimmte Anzahl von Silbenreihen mit ... Mitlauten.
  - Die Kinder sprechen die Silbenreihen (z.B. ma, me, mi, mo, mu) rhythmisch, in unterschiedlichen Lautstärken und Tempi.
  - Sie begleiten das Sprechen der Silbenreihen durch Klatschen, Gehen, Hüpfen, etc.
  - Sie kategorisieren die Silbenreihen in Form einer Tabelle.
- Die Kinder untersuchen Silbenreihen (5 Silben, die sich aus einem vorher vereinbarten Mitlaut, z.B. <m> und den 5 Selbstlauten zusammensetzen z.B. ma, me, mi, mo, mu): Was fällt den Kindern auf? Mit welchen Buchstaben können sie solche Silbenreihen bilden? Können die Silbenreihen auch von rechts nach links gelesen werden? Wie hört sich das an? Wozu brauche ich Silbenreihen? Wo finde ich Silbenreihen wieder?

ge auf.
- Das Kind verschriftet folgende Worte lautgetreu...
- Das Kind beachtet beim Schreiben folgende Rechtschreibregeln ...
- Das Kind formuliert folgende Fragen ...
- Das Kind bringt bei der Gestaltung eines Posters folgende Ideen ein ...
- Das Kind zählt ... von ... Lauten.
- Das Kind ordnet die Laute wie folgt ...

Silbensuche	
Empfohlene Klassenstufe (RRL)	1./2. Klasse
Fach	Deutsch
Angesprochene Inhaltsbereiche (RRL)	- Mündliches Sprachhandeln - Sprache reflektieren
Aufgabenschwerpunkte (RRL)	- Verstehendes Zuhören, sachbezogenes Sprechen - Reflexion des schriftlichen Sprachhandelns, Nutzen metasprachlicher Verfahren
Methodenschwerpunkte	Kommunikation, Reflexion, multisensorisches Lernen, Lerntypen (logisch-mathematisch, verbal-sprachlich, körperlich-bewegungsbezogen, visuell-räumlich, musisch-rhythmisch)
Materialien	Spielvorlage, Spielfiguren, Bild- und Wortkarten, Muggelsteine, evtl. Teppichfliesen, Schaumstoffklötze, Kästen, Schaumstoffwürfel
Sozialform	E + G
Quelle (Ursprung der Aufgabe)	Rinderle (2005)

Ursprungsaufgabe

Die Kinder spielen mit einem Spielplan und Wortkarten. Die Wortkarten können von den Kindern selber erstellt werden, indem sie ca. 25 (Lern-)Wörter auf Karten schreiben (die Wörter sollten aus unterschiedlich vielen Silben bestehen, z.B. „Maus", „Elefant", „Feuerwehrwagensirene", etc.). Die Karten werden gemischt und verdeckt auf einen Stapel neben das Spielfeld gelegt, die Spielfiguren werden auf das Feld „Start" gestellt. Ein Kind zieht eine Karte und liest das Wort vor. Es geht mit seiner Spielfigur so viele Felder auf dem Spielplan vor, wie das Wort Silben hat. Dann kommt das nächste Kind an die Reihe. Wer zuerst ins Ziel kommt, hat das Spiel gewonnen.

Aufgabe und Differenzierungen	Mögliche Beobachtungen im Lernprozess
• Die Kinder werden vor die Aufgabe gestellt, herauszufinden, was Silben sind. - Was heißt „Silbe"? - Wo finde ich eine „Silbe"? - Woraus besteht eine „Silbe"? - Was macht eine „Silbe"? • Die Kinder tragen ihr Wissen über Silben zusammen und recherchieren ggf. selbständig zu dem Begriff. • Der Pädagoge liefert den Kindern verschiedene Beispiele: Die Kinder analysieren die Beispiele und stellen Gemeinsamkeiten und/oder Unterschiede heraus. - Wie viele Silben benötigt man, um ein Wort zu bilden? - Wie viele Silben hat das Wort „...", z.B. „Blumentopf"? - Wie viele Selbstlaute müssen in einer Silbe vorhanden sein? • Die Kinder untersuchen verschiedene Silben, z.B. „ma", „gra", „Maus": Was fällt ihnen auf? • Die Kinder bilden eigene Silben mit einem/mehreren Konsonanten. Sie überlegen Wörter, die aus einer Silbe, zwei oder mehreren Silben bestehen.	• Das Kind erklärt folgendermaßen, was eine Silbe ist ... • Das Kind bildet ein Wort mit ... Silben. • Das Kind nennt ein Wort in Silben. • Das Kind nennt ein Wort mit einer vereinbarten Anzahl an Silben. • Das Kind be-

- Die Kinder untersuchen verschiedene Wörter, z.B. Mutter, Banane, Regenschirm: Wie viele Silben haben die Wörter? Hierzu können als Unterstützungsmittel auch die Finger zum Silbenzählen genutzt werden.
- Die Kinder zeichnen unter jede Silbe einen Silbenbogen.
- Die Kinder spielen das Spiel „Silbensuche". Das Spiel wird mit **Bildkarten** gespielt (dazu können Postkarten oder die Karten von einem Memoryspiel genutzt werden oder die Kinder zeichnen selbst Bildkarten).
  - Die Kinder versuchen, sich das Spiel anhand der Spielmaterialien selbst zu erschließen. Sie formulieren Regeln und einen Spielablaufplan.
  - Die Kinder überlegen gemeinsam, was sie auf den Bildkarten sehen; hier können die Kinder auch auf bestimmte Details der Bilder eingehen.
  - Die Kinder ziehen jeweils nacheinander eine Bildkarte von einem verdeckt liegenden Stapel und nennen den Begriff zu dem Bild. Sie setzen dann ihre Spielfigur auf dem Spielfeld entsprechend der Anzahl der Silben des Wortes vor.
  - Die Kinder überlegen, wie sie das Nennen des Silbenwortes durch verschiedene Sinneskanäle einprägsamer machen können: Während die Kinder einen Begriff zu einer Bildkarte nennen, begleiten sie das Sprechen durch gemeinsames Klatschen, Sprechen, Gehen, Stampfen, etc. im Silbenrhythmus. Hierdurch wird die Trennung einzelner Silben bewusst(er) gemacht.
  - Die Kinder versuchen möglichst lange/ kurze Wörter zu den Bildkarten zu bilden. Dazu verknüpfen sie z.B. zwei oder mehrere Merkmale auf dem Bild zu einem längeren Wort, z.B. „Sonnenblume" und „Topf" zu „Sonnenblumentopf". Je nach Stand der Spielfigur auf dem Spielfeld kann es geschickt sein, auch mal wenige Felder vorzugehen und ein Wort zu einem Bild zu überlegen, was wenige Silben hat.
- Die Kinder überlegen einen Satz zu den Bildkarten.
- Die <u>Spielregeln</u> werden im Vorfeld des Spiels gemeinsam besprochen. Die Kinder stellen vor Beginn des Spiels ihre Spielfigur auf das Startfeld, Ziel des Spiels ist es, als erster im Ziel anzukommen. Das jüngste Kind beginnt. Es zieht eine Wort- oder Bildkarte und gibt wie oben beschrieben vor (z.B. indem es einen eigenen Begriff zu der Bildkarte nennt/ oder den Begriff der Wortkarte vorliest). Das Kind ermittelt die Anzahl der Silben und setzt seine Spielfigur entsprechend vor.
  - Die Kinder haben nur dann das Ziel erreicht, wenn sie genau auf dem Zielfeld (Zelt) ankommen.
  - Das Kind, das als erstes das Zielfeld mit seiner Spielfigur erreicht, gewinnt.

Die Kinder erstellen eigene **Wortkarten** und spielen damit:
- Die Kinder erfinden Begriffe mit einer vereinbarten Anzahl von Silben (z.B. von 1 – 10).
- Die Kinder beschriften die Wortkarten mit Lieblingswörtern oder Begriffen, die zu ihrem Hobby gehören oder mit Fanta-

nennt die Struktur: Ein Satz besteht aus mehreren Wörtern, ein Wort aus einer oder mehreren Silben, eine Silbe aus mehreren Lauten.
- Das Kind beschreibt die Figur auf seiner Bildkarte …
- Das Kind hört anderen Kindern zu.
- Das Kind fragt (gezielt) nach …
- Das Kind gibt anderen Kindern Anregungen …
- Das Kind verknüpft mehrere Wörter miteinander.
- Das Kind nennt Lieblingswörter/ Begriffe zu seinem Hobby.
- Das Kind spricht/ klatscht/ klopft, etc. alleine/ mit anderen zusammen ein Wort im Silbenrhythmus.
- Das Kind unterscheidet Silben von Wörtern.
- Das Kind er-

siewörtern etc.	fasst die An-
• Die Kinder spielen das Spiel ohne Wort- oder Bildkarten, sondern nur mit einem Würfel. Dazu würfeln die Kinder und nennen einen Begriff mit der Anzahl an Silben, die zu der Anzahl der Würfelaugen passt. Nennt das Kind einen Begriff mit entsprechender Silbenzahl, geht es entsprechend der Würfel- oder Silbenanzahl vor.	zahl der Silben (nicht) mit Hilfe von Klatschen/ anhand von Materialien/ mit erkennbarer Systematik.
• Das Spielfeld wird in den Raum verlagert. Mit Teppichfliesen, Schaumstoffklötzen, Kästen, etc. wird ein Spielfeld aufgebaut. Die Kinder gehen zu zweit zusammen. Ein Kind bewegt sich als „lebendige Spielfigur" auf dem großen Spielfeld im Raum, das andere Kind liest die Wortkarten vor oder bildet Wörter mit möglichst vielen Silben zu Bildkarten. Das Kind auf dem Spielfeld geht dann entsprechend viele Felder weiter.	
• Die Kinder würfeln mit einem großen 6er oder 12er Schaumstoffwürfel. Die Kinder nennen Begriffe, die die gleiche Anzahl an Silben wie die Augen des Würfels haben. Dann darf das Kind auf dem Spielfeld um diese Zahl vorgehen.	

Nathalie & Forian & Christopher bilden Begriffe zu Postkarten und zählen deren Silben

Gleich oder ungleich?

Empfohlene Klassenstufe (RRL)	1./2. Klasse
Fach	Deutsch
Angesprochene Inhaltsbereiche (RRL)	- Mündliches Sprachhandeln - Schriftliches Sprachhandeln - Sprache reflektieren
Aufgabenschwerpunkte (RRL)	- Verstehendes Zuhören, sachbezogenes Sprechen - Rechtschreiben - Reflexion des schriftlichen Sprachhandelns, Nutzen metasprachlicher Verfahren
Methodenschwerpunkte	Kommunikation, Reflexion, Bewegung, multi-sensorisches Lernen, Lerntypen (körperlich-bewegungsbezogen, verbal-sprachlich, visuell-räumlich)
Materialien	Papier, farbige Stifte
Sozialform	E + G
Quelle (Ursprung der Aufgabe)	Blumenstock (2004), Beigel (2005), Nickisch/ Heber/ Burger- Gartner (2005)

Ursprungsaufgabe
Die Kinder differenzieren Laute/ Wörter. Der Pädagoge spricht zwei Wörter vor und die Kinder entscheiden, ob sich die Wörter gleich oder nicht gleich anhören.

Aufgabe und Differenzierungen	Mögliche Beobach-tungen im Lernpro-zess
• Gemeinsam wird über ähnlich/ gleich klingende Wörter gesprochen: - Welche Wörter fallen den Kindern ein, die sich ähnlich anhören? - Welche Wörter fallen den Kindern ein, die gleich heißen, aber eine unterschiedliche Bedeutung haben (Teekes-selchen)? - Fällt es den Kindern leicht/ schwer zu erkennen, ob die Wörter gleich/ ungleich sind? - Wann ist es leichter, wann schwieriger? - Welche äußeren Bedingungen brauchen die Kinder, um sich auf das Hören oder Sehen zu konzentrieren (z.B. Ruhe, wenig Nebengeräusche, Abstand zur Vorlage/ Ta-fel, …)? - Warum ist es wichtig, ganz genau auf Wörter zu hören und sie zu unterscheiden? • Die Kinder sammeln an der Tafel ähnlich klingende Wor-te und stellen deren Unterschiede heraus.	• Das Kind benennt, ob die Wörter … gleich/ ungleich sind. • Das Kind äußert, dass es ihm leicht/ schwer fällt, zu hö-ren, ob zwei Wör-ter gleich oder un-gleich sind. • Das Kind be-schreibt die äuße-ren Bedingungen, die es braucht, um sich auf das Hö-ren, Sehen zu konzentrieren fol-gendermaßen …
• Die Kinder unterscheiden, ob vorgegebene Wörter gleich oder ungleich sind, in dem sie unterschiedliche Hand-lungen ausführen. Dazu können sie bspw. ein Rollen-spiel initiieren. • Die Kinder - äußern, ob die Wörter gleich/ ungleich sind. - sprechen die Wörter nach und nennen dann einen	• Das Kind unter-scheidet zwei Wörter durchs Hö-ren sofort, nach-dem es die Wörter selber laut/ leise gesprochen hat,

evtl. bestehenden Unterschied.
- zerlegen die beiden Wörter in ihre Laute (z.B. „T-i-sch", „B-l-u-m-e").
- benennen den Laut/ die Laute, die sich unterscheiden (z.B. bei „Topf/ Kopf" das <K>).
- vereinbaren gemeinsam zwei Handlungen, eine für „gleich" (z.B. hüpfen, in die Hände klatschen, etc.) und eine für „ungleich" (z.B. in die Hocke gehen, einmal um die eigene Achse drehen, etc.).
- schreiben die beiden genannten Wörter auf und kreisen bei einem nicht gleichen Wortpaar den/die sich unterscheidenden Buchstaben ein.
- schreiben bei sich unterscheidenden Wörtern den Laut auf, der sich unterscheidet und benennen, ob sich der Anfangs-, Auslaut oder ein Laut in der Wortmitte unterscheidet.

• Zur Verfestigung der Kompetenzen können unterschiedliche Spiele angeboten werden, die den Kindern über verschiedene Sinne die Verschiedenheit von Wörtern verdeutlicht.
- Der Pädagoge nennt zwei gleiche oder ungleiche Wörter. Die Kinder machen durch eine Handlung oder durch Bewegung deutlich, ob die Wörter gleich bzw. ungleich sind.
- Zwei Kinder gehen zusammen. Sie stellen sich einander gegenüber und halten beide Hände aneinandergelegt, so dass sich die Fingerspitzen fast berühren. Die Kinder vereinbaren, wer für „gleich" bzw. „nicht gleich" klatscht. Nun nennt der Pädagoge zwei Wörter. Sind sie gleich, versucht derjenige, der für „gleich" klatscht, die Hände des Gegenspielers abzuklatschen, bei einem ungleichen Wortpaar klatscht das andere Kind, usw. Die Kinder können zählen, wie oft es ihnen gelingt, die Hände des Gegenspielers abzuklatschen.

• Die Kinder reflektieren nach dem Spiel gemeinsam, was ihnen leicht/ schwer gefallen ist.

nachdem es …
Sek. überlegt hat.
• Das Kind äußert, dass es das genaue Hinhören als anstrengend/ schön/ leicht / langweilig etc. empfindet.
• Das Kind spricht ein Wort Laut für Laut.
• Das Kind nennt den Laut, der sich in den Wörtern … unterscheidet.
• Das Kind benennt, ob ein vereinbarter Laut sich am Wortanfang, am Wortende, in der Mitte des Wortes befindet.
• Das Kind verschriftet die Buchstaben formrichtig und leserlich.
• Das Kind markiert die Unterschiede zweier ungleicher Wörter farbig.
• Das Kind reagiert in seinen Handlungen direkt, nach …Sek.

Spiele mit Buchstaben und Wörtern	
Empfohlene Klassenstufe (RRL)	1./2. Klasse
Fach	Deutsch
Angesprochene Inhaltsbereiche (RRL)	- Mündliches Sprachhandeln - Schriftliches Sprachhandeln - Sprache reflektieren
Aufgabenschwerpunkte (RRL)	- Verstehendes Zuhören, sachbezogenes Sprechen - Alltägliches Schreiben, Rechtschreiben - Reflexion des schriftlichen Sprachhandelns, Nutzen metasprachlicher Verfahren
Methodenschwerpunkte	Kommunikation, Reflexion, Lerntypen (logisch-mathematisch, verbal-sprachlich, körperlich-bewegungsbezogen, visuell-räumlich), Lernkartei
Materialien	Stifte, Papier, Lernkartei, Karteikarten, Buchstabenkarten
Sozialform	E + G
Quelle (Ursprung der Aufgabe)	Bartl (2005)

Ursprungsaufgabe

Die Groß- und Kleinbuchstaben des Alphabets werden auf Pflasterstreifen geschrieben. Jedes Kind bekommt einen Buchstaben auf die rechte (z.B. „A") und einen Buchstaben auf die linke Hand (z.B. „a") geklebt. Nun können die Kinder sich zu einer Alphabet – Schlange zusammenfinden, Wörter bilden, etc.

Aufgabe und Differenzierungen	Mögliche Beobachtungen im Lernprozess
Die Kinder orientieren sich im Alphabet: • Die Kinder werden gefragt, ob sie wissen, was ein Alphabet ist. Wenn sie es wissen, beschreiben sie den Begriff. Wenn sie es nicht wissen, recherchieren sie den Begriff inhaltlich sowie von seiner Wortbedeutung. • Die Kinder bekommen Karten mit Buchstaben und einem Symbol mit einem Begriff dessen Anfangsbuchstabe dem Laut des jeweiligen Buchstabens entspricht, so dass alle Buchstaben des Alphabets vergeben sind (evtl. muss ein Kind mehrere Buchstaben halten). Sie stellen sich ihrem Buchstaben entsprechend in einer Schlange auf. • Es wird thematisiert, dass das Alphabet einer bestimmten Reihenfolge unterliegt, die für die deutsche Sprache vorgegeben ist. • Die Kinder recherchieren gemeinsam, seit wann es das heutige Alphabet gibt und wer dies erstmals aufgestellt hat. • Die Kinder recherchieren, wie die Buchstabenreihenfolge in anderen Ländern ist und wie die Buchstaben dort heißen (z.B. in Griechenland anstelle a = alpha). • Die Kinder nennen das Symbol auf der Karte und den ersten Buchstaben des Symbols, so dass das Alphabet herauskommt. Jedes Kind zeigt an entsprechender Stelle seinen Buchstaben. - Die Kinder sagen das Alphabet von einem vereinbarten	• Das Kind nennt das Alphabet von A bis … • Das Kind nennt den Unterschied zwischen einer Buchstabenbezeichnung und einem Laut. • Das Kind ordnet einem Buchstaben (Graphem) den entsprechenden Laut (Phonem) zu. • Das Kind ordnet folgende Laute … Buchstaben zu …

Buchstaben aus weiter auf, z.B. beginnen sie bei dem Buchstaben „O".

- Die Kinder lernen zu verstehen, dass es eine alphabetische Bezeichnung, also einen Namen für Buchstaben gibt, der in der Regeln mit einem Mitlaut gesprochen wird (z.B. „be"), dass der Buchstabe als Bestandteil eines Wortes aber nur als Laut (z.B. <b>) gesprochen wird.
- Die Kinder überlegen, bei welchen Buchstaben der Mitlaut gesprochen wird und bei welchen nicht?

- Die Kinder finden sich in Gruppen mit einer entsprechenden Anzahl von Buchstaben zusammen und bearbeiten verschiedene Fragestellungen. Zur Beantwortung der Fragestellungen erstellen sie eine Lernkartei, die dann von allen Kindern genutzt werden kann.
  - Wie heißt der Buchstabe?
  - Wie wird er lautiert?
  - Wie klingt der Buchstabe?
  - Wie wird der Buchstabe als Klein- und Großbuchstabe geschrieben?
  - An was erinnert die Buchstabenform?
  - Kennen die Kinder Wörter, in denen der Buchstabe vorkommt?
  - Vermuten die Kinder, dass der Buchstabe eher oft oder selten vorkommt?

Die Kinder suchen Begriffe zu einzelnen Buchstaben:

- Sie sammeln Lieblingsbegriffe (z.B. Wörter, die mit den Lieblingsspielen, -büchern, einem besonderen Erlebnis etc. in Zusammenhang stehen). Sie untersuchen jeden Begriff nach Lauten, die darin vorkommen.
  - Die Kinder legen für jeden Laut eine Buchstabenkarte.
  - Jedes Kind hält einen/mehrere Buchstaben. Die Kinder mit den entsprechenden Buchstaben stellen sich nebeneinander auf, so dass das Wort zu lesen ist.
- Die Kinder erstellen sich eine eigene Anlauttabelle: Sie suchen zu jedem Buchstaben einen Begriff, der den Buchstaben als Anlaut beinhaltet. Welche Begriffe bringen die Kinder mit den Buchstaben in Verbindung? Welche Begriffe wählen die Kinder aus?
  - Sie gestalten eine eigene Anlauttabelle. Dazu schreiben die Kinder die Klein- und Großbuchstaben von A - Z auf und malen den Begriff, den sie zu dem Buchstaben aussuchen daneben, z.B. „F / f /Bild von einem Fußball".
  - Die Kinder schreiben mit Hilfe dieser Anlauttabelle eigene Wörter auf oder schreiben eine eigene kleine Geschichte.

- Das Kind fordert bei der Aufgabe … Unterstützung in der Form, dass …
- Das Kind findet zu dem Buchstaben … folgende Wörter …
- Das Kind lautiert ein Wort folgendermaßen …
- Das Kind legt die einzelnen Laute eines Wortes so nebeneinander, dass es das Wort anschließend liest.
- Das Kind schreibt lautgetreu.

Reimwörter-Suche

Empfohlene Klassenstufe (RRL)	1./2. Klasse
Fach	Deutsch
Angesprochene Inhaltsbereiche (RRL)	- Mündliches Sprachhandeln - Schriftliches Sprachhandeln - Sprache reflektieren
Aufgabenschwerpunkte (RRL)	- Verstehendes Zuhören, alltägliches miteinander Sprechen, sachbezogenes Sprechen - Rechtschreiben - Reflexion des schriftlichen Sprachhandelns
Methodenschwerpunkte	Kommunikation, Reflexion, Kooperation, Lernkartei
Materialien	Bild- und Wortkarten von Reimwörtern, Lexika, Papier, Stifte
Sozialform	E + G
Quelle (Ursprung der Aufgabe)	Rinderle (2005), Reichenbach/ Lücking (2007)

Ursprungsaufgabe	
Die Kinder erkennen vorgegebene Reime. Sie erstellen eigene Reime.	

Aufgabe und Differenzierungen	Mögliche Beobachtungen im Lernprozess
• Die Kinder recherchieren zu speziellen Fragen in Büchern oder im Internet: - Was sind Reime? - Woher stammen Reime? - Wer formuliert Reime? - Gibt es in jeder Kultur, in jedem Land Reime? - Mit was befassen sich Reime inhaltlich? - Kennt ihr Gedichte/Lieder, in denen Reime vorkommen? • Die Ergebnisse der Recherche werden individuell vorgestellt (z.B. Poster, Rollenspiel, Collage, Interview...). • Die Kinder überlegen sich Reimwörter und stellen in gemeinsamen Überlegungen Gemeinsamkeiten und Unterschiede verschiedener zueinander passender Reimwörter heraus. Die Darstellung der Unterschiede wird auf einem Poster veranschaulicht. • Die Kinder überlegen gemeinsam, ob sie Reime kennen und wo sie diese kennengelernt haben. • Die Kinder erhalten die Hausaufgabe einen oder mehrere Reime zum nächsten mal mitzubringen und vorzustellen. Die Kinder begründen, welcher Reim (weniger) gut gefällt.	• Das Kind erklärt, was Reime sind. • Das Kind nennt folgende Reime/ Reimwörter ... • Das Kind findet zu einer Bildkarte (keine) Worte, die sich reimen. • Das Kind erklärt den Unterschied zwischen zwei Reimwörtern. • Das Kind erfindet Phantasiebegriffe, die sich reimen und erläutert Ideen zu möglichen Bedeutungen.
• Den Kindern werden einige Wörter genannt. Sie sollen andere Reimwörter dazu finden, z.B. zu den Wörtern: Haus, Kahn, Fluss, See, Rose, Tonne, Sturm, Seife, Tanne, Schwert, Fliege, usw. • Den Kindern werden einige Wörter genannt. Einige reimen sich, andere nicht, z.B. Kahn, Hahn, Henne, Schwan. Die Kinder nennen die Wörter, die sich reimen. • Die Kinder schreiben die Reimwörter untereinander auf.	• Das Kind findet zu einem Wort andere Reimwörter. • Das Kind setzt Körpersprache ein, und macht sich darüber ver-

Was fällt ihnen jeweils beim Schreiben auf? (z.B. …)

- Die Kinder schreiben die Reimwörter auf Karten und spielen anschließend das Spiel „Memory" mit den Wortkarten.
- Die Kinder notieren die Reimwörter auf Karteikarten und legen sich eine Lernkartei an oder erweitern ihre Lernkartei um diese Begriffe.
- Die Kinder sehen sich Bildkarten mit Abbildungen von Reimwörtern an:
  - Die Kinder finden zu den Bildkarten Begriffe, die sich reimen. Sie sortieren die Bildkarten nach den Begriffen, die sich reimen.
  - Die Kinder erstellen selber Bildkarten zu Begriffen, die sich reimen. Zum Finden von Reimwörtern können sie auch Lexika verwenden.
  - Die Kinder spielen mit den Bildkarten das Spiel „Memory".
  - Die Kinder erfinden zu den Reimwörtern weitere Phantasiebegriffe, die sich reimen. Sie überlegen, was die ausgedachten Begriffe bedeuten könnten.
  - Die Kinder überlegen sich in einer Kleingruppe zu ausgewählten Reimwörtern auf den Bildkarten eine lustige, traurige oder spannende Geschichte und schreiben sie auf. Anschließend lesen sie die Geschichte den anderen Kindern vor. Können die Kinder die Reimwörter so verwenden, dass es sich lustig, traurig oder spannend anhört?

Reimwörter beschreiben:

- Jedes Kind bekommt eine Bildkarte, auf der ein Reimwort dargestellt ist. Die Kinder sollen herausfinden, welches der anderen Kinder die Bildkarte hat, dessen Darstellung sich mit ihrem Begriff reimt, ohne zu sprechen.
- Die Kinder stellen ihren Begriff den anderen Kindern pantomimisch vor.
- Die Kinder beschreiben ihren Begriff, ohne ihn zu nennen. Die anderen Kinder versuchen den Begriff durch gezielte Fragen zu erschließen.

ständlich.

- Das Kind erklärt seinen Begriff wortreich/mit wenigen Worten, durch einen anderen Begriff.
- Das Kind erinnert sich beim Memoryspiel, an welcher Stelle eine oder mehrere Karten liegen.
- Das Kind schreibt folgende Wörter lautgetreu …
- Das Kind beachtet beim Schreiben folgende Rechtschreibregeln …
- Das Kind erfindet eine Geschichte, die lustig, traurig, spannend, nachvollziehbar, ohne erkennbare Handlung, etc. ist.
- Das Kind zeigt Freude bei der Zusammenarbeit mit anderen Kindern.
- Das Kind beteiligt sich aktiv an einer Gruppenarbeit.

Wortkarten: Reimwörter

Haus	Maus	Laus
Kahn	Hahn	Schwan
Fluss	Schluss	Guss
Feier	Geier	Eier
Schnee	Fee	Tee
Pfanne	Kanne	Tanne
Sonne	Wonne	Tonne
Rose	Dose	Lose
Sturm	Wurm	Turm
Seife	Schleife	Pfeife

Schwert	Herd	Pferd
Fliege	Wiege	Liege

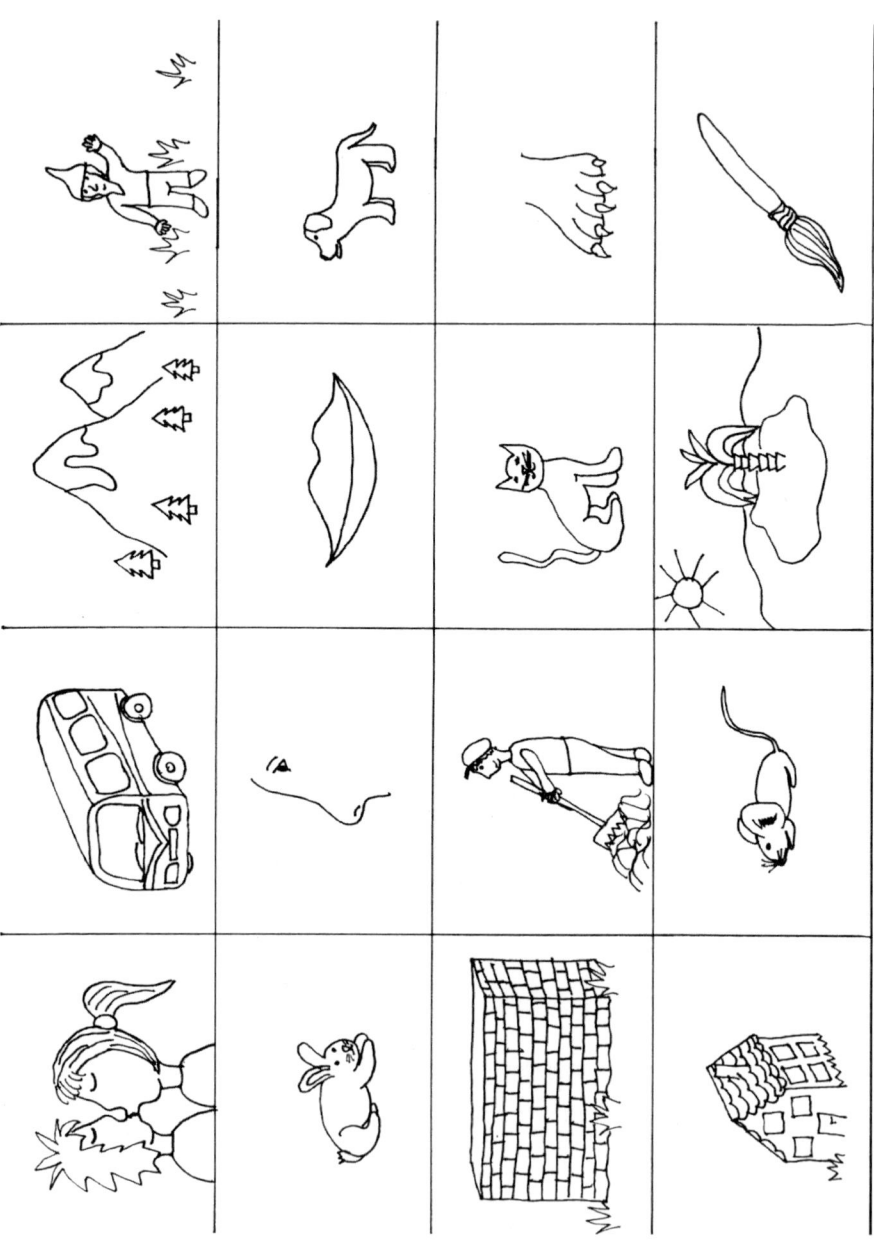

Spiele mit gegensätzlichen Begriffen

Empfohlene Klassenstufe (RRL)	1./2. Klasse
Fach	Deutsch
Angesprochene Inhaltsbereiche (RRL)	- Mündliches Sprachhandeln - Schriftliches Sprachhandeln - Umgang mit Texten und Medien - Sprache reflektieren
Aufgabenschwerpunkte (RRL)	- Verstehendes Zuhören, sachbezogenes Sprechen, szenisches Spiel - Alltägliches Schreiben, sachbezogenes Schreiben, Rechtschreiben - Informierendes Lesen - Reflexion des schriftlichen Sprachhandelns
Methodenschwerpunkte	Kommunikation, Kooperation, Reflexion, Bewegung, Lernkartei, Lerntypen (verbal-sprachlich, körperlich-bewegungsbezogen, visuell-räumlich)
Materialien	Spielplan, Spielfiguren, Papier, Stifte, Blankokarten, verschiedene Groß- und Kleingeräte oder Möbel (Stühle, Tische)
Sozialform	E + G
Quelle (Ursprung der Aufgabe)	Krampe/ Mittelmann (2001)

Ursprungsaufgabe

Auf einem Spielfeld gibt es Felder, in die Gegensatzpaare eingetragen sind und einige Ereignisfelder. Die Kinder würfeln und gehen mit ihrer Spielfigur entsprechend der Augenzahl vorwärts. Dort lesen sie das Wort und suchen den gegensätzlichen Begriff auf dem Spielfeld. Finden und benennen sie ihn, setzen sie ihre Figur auf das Feld. Wer zuerst das Ziel erreicht hat, hat gewonnen.

Aufgabe und Differenzierungen	Mögliche Beobachtungen im Lernprozess
• Die Kinder sammeln Ideen, was Gegensätze sind. Wo treten Gegensätze auf? Wodurch werden diese erkennbar? • Die Kinder besprechen, was Gegensatzbegriffe sind: Woran erkennen sie gegensätzliche Begriffe? Zu welchen Wortarten gehören die gegensätzlichen Begriffe, die sie gefunden haben, z.B. Wie-Wörter (Adjektive), Hauptwörter (Nomen)? • Die Kinder nennen Begriffe, zu denen sie gegensätzliche Begriffe finden können. • Sie suchen zu Begriffen selber gegensätzliche Begriffe, z.B. kalt/ heiß, weiß/ schwarz, hell/ dunkel, usw. • Die Kinder suchen zu einem Begriff den Gegensatzbegriff aus mehreren genannten Begriffen heraus. • Die Kinder haben die Aufgabe Bildkarten zu Gegensatzpaaren zu erstellen. Sie können hier selbst zeichnen oder passende Fotos aus Zeitschriften nutzen. • Sie spielen das Spiel (s. Vorlage) mit den Bildkarten.	• Das Kind zeigt einen vielfältigen Wortschatz. • Das Kind nennt zu folgenden vorgegebenen Begriffen … gegensätzliche Begriffe. • Das Kind ordnet aus einer Anzahl an Begriffen gegensätzliche Begriffe einander zu. • Das Kind führt gegensätzliche Handlungen aus, z.B. … • Das Kind erklärt

- Die Kinder spielen „Memory" mit den Gegensatzpaaren.
- Die Kinder erstellen Dominokarten mit Gegensatzpaaren.

Gegensatzspiele dienen der Verfestigung und dem Verständnis von gegensätzlichen Begriffen.
- Immer zwei Kinder gehen zusammen. Eines der Kinder erfindet einen Satz zu einem Begriff, zu dem es einen gegensätzlichen Begriff kennt. Das andere Kind wiederholt den Satz nur mit dem gegensätzlichen Begriff.
- Die Kinder gehen zu zweit zusammen. Ein Kind erfindet eine Geschichte, in der mehrere Begriffe vorkommen, zu denen sich gegensätzliche Begriffe finden lassen. Das andere Kind erzählt die Geschichte mit den gegensätzlichen Begriffen.
- Die Kinder führen immer die gegensätzliche Handlung zu der aus, die genannt wird, z.B. zu verschiedenen Arbeitsaufträgen (z.B. „Nehmt die kleine Karte", „Geht zum Anfang des Satzes", „Holt das schwere Buch").

Aufschreiben der Gegensatzpaare:
- Die Kinder schreiben Gegensatzpaare auf Karten und erstellen sich damit eine Lernkartei oder ergänzen eine bereits vorhandene Lernkartei um die Gegensatzpaare.
- Die Kinder bilden aus den Gegensatzpaaren Quatschsätze, die sie aufschreiben und anschließend den anderen Kindern vorlesen.

Bewegung:
- Pantomime: Die Kinder ziehen jeweils eine Bildkarte von einem Stapel mit Gegensatzpaaren. Sie gehen im Raum umher und versuchen durch Pantomime das Kind zu finden, dass den gegensätzlichen Begriff zu dem eigenen gezogen hat.
- Hindernislauf: Die Kinder stellen sich in zwei Schlangen auf. Auf ein Startzeichen hin laufen die ersten beiden Kinder möglichst schnell (über Hindernisse) zur Tafel und schreiben einen Begriff daran. Dann laufen sie zurück und das zweite Kind der Schlange läuft zur Tafel und schreibt den gegensätzlichen Begriff daran *und* einen neuen Begriff. Die Kinder der Gruppe, die zuerst alle einmal gelaufen sind, sind „Gegensatz-Hindernislauf-Sieger".

folgendermaßen, was gegensätzliche Begriffe sind ...
- Das Kind nennt die Wortart, zu der ein Begriff gehört, z.B. Verb, Adjektiv, Nomen.
- Das Kind entwickelt folgende Ideen zu eigenen Sätzen (einer Geschichte) ...
- Das Kind bildet aus Gegensatzpaaren (Quatsch-) Sätze.
- Das Kind schreibt lautgetreu.
- Das Kind stellt folgendermaßen pantomimisch einen Begriff dar ..., z.B. durch folgenden Einsatz von Mimik, Gestik, Körperhaltung ...
- Das Kind sagt, dass es (gerne) mit anderen Kindern zusammen arbeitet.
- Das Kind zeigt eine direkte Reaktion, reagiert nach ... Sek., sieht erst den anderen Kindern zu, bevor es reagiert.

Mögliche gegensätzliche Begriffe:

klein	groß	dunkel	hell
dick	dünn	schnell	langsam
schwer	leicht	breit	schmal
kurz	lang	geschlossen	offen
spitz	stumpf	eckig	rund
viel	wenig	kalt	heiß
schwarz	weiß	natürlich	künstlich
bunt	einfarbig	leise	laut
schmutzig	sauber	gesund	krank

Spielplan mit gegensätzlichen Begriffen:

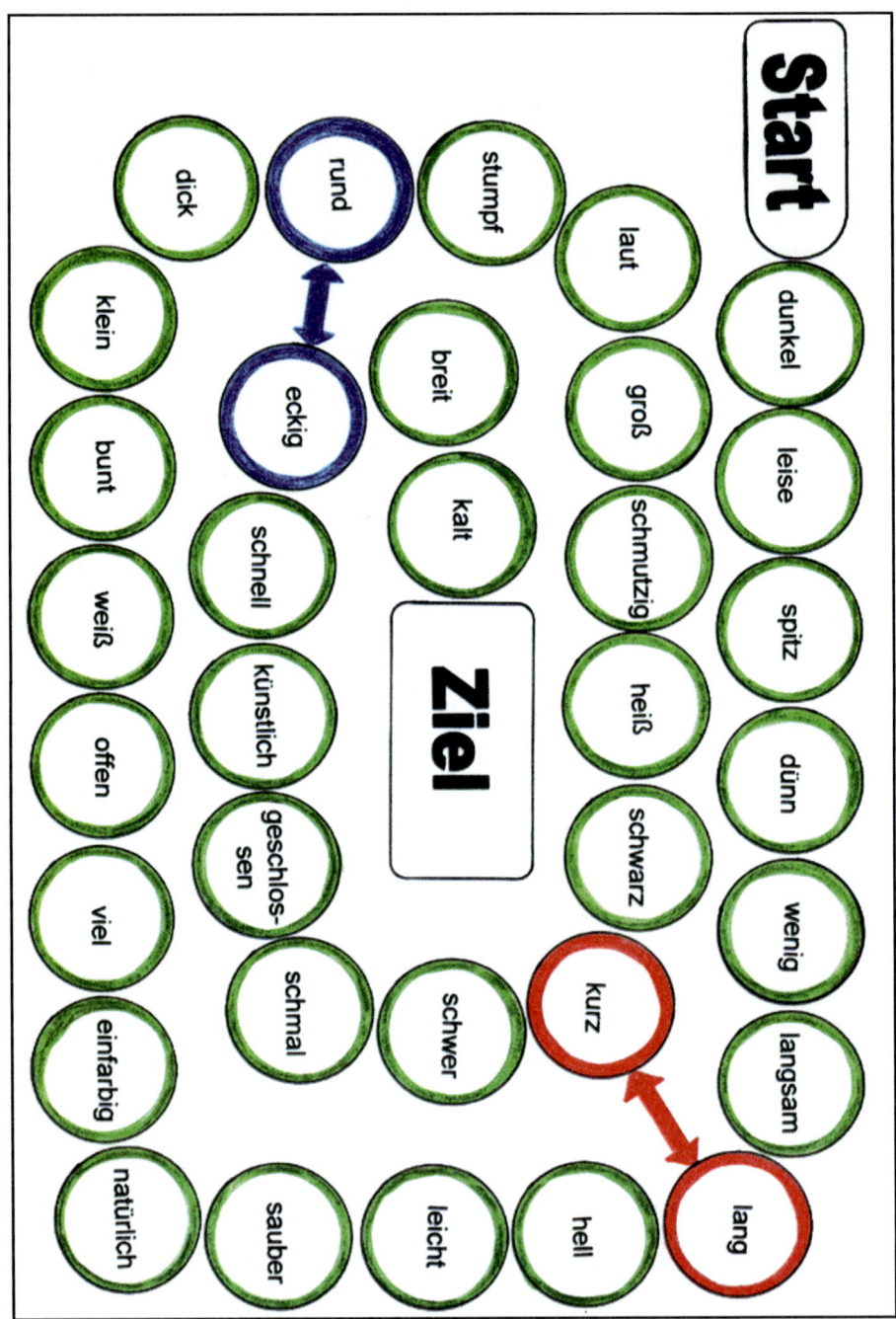

Spielplan blanko

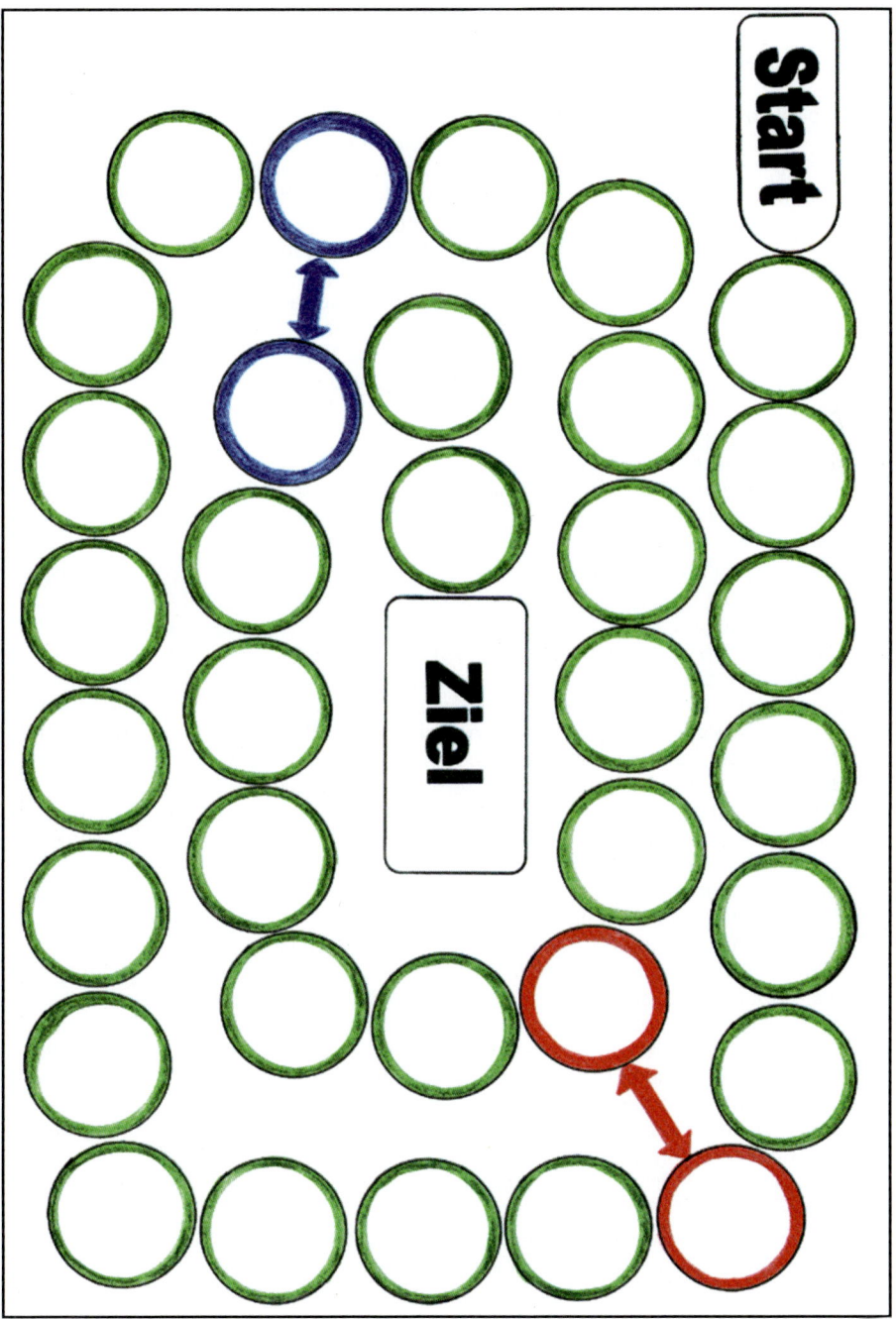

Lernwörter lerntypenspezifisch lernen

Empfohlene Klassenstufe (RRL)	1.-4. Klasse
Fach	Deutsch
Angesprochene Inhaltsbereiche (RRL)	- Mündliches Sprachhandeln - Sprache reflektieren
Aufgabenschwerpunkte (RRL)	- Verstehendes Zuhören, demokratisches Miteinandersprechen - Reflexion des mündlichen Sprachhandelns
Methodenschwerpunkte	Kommunikation, Reflexion, Lerntypen (visuell-räumlich, musikalisch- rhythmisch, körperlich-bewegungsbezogen, naturbezogen, verbal-sprachlich, logisch- mathematisch, interpersonal, intrapersonal), Arbeitsplan
Materialien	Lerntagebuch, bunte Stifte, Papier, Bildkarten, Verschiedene Materialien (z.B. Seile, Knete, Holz, etc.), Naturmaterialien
Sozialform	E + G
Quelle (Ursprung der Aufgabe)	

Ursprungsaufgabe
Die Kinder nutzen verschiedene Lernwege, um zu Lernen (z.B. Lernwörter). Sie finden heraus, über welchen Lernweg/ welche Lernwege sie besonders gut lernen können.

Aufgabe und Differenzierungen	Mögliche Beobachtungen im Lernprozess
• Gemeinsam werden mit den Kindern verschiedene Lernmethoden thematisiert. • Die Kinder überlegen zunächst allein, was für sie individuell optimale Voraussetzungen zum Lernen sind. Anschließend tauschen sich in Kleingruppen über ihre persönlichen Bedürfnisse aus. Die Kinder systematisieren/ ordnen die individuellen Vorstellungen und erstellen ein Poster zur Veranschaulichung. - In welchem Raum kannst du gut lernen? (Größe, Raumgestaltung, Sitzgelegenheiten…) - Wie ist dein Vorgehen beim Lernen? - Gibt es Einfluss- oder Störfaktoren? (z.B. Musik, Autolärm) - Wird ein Arbeits-/ Lernplan erstellt? (Vorgehen, Strategien) • Die Kinder überlegen, ob es Situationen gibt/gab, in denen sie besonders gut lernen konnten. Was war an diesen Situationen besonders? Die Kinder schreiben auf Karteikarten ihre Vorlieben und Bedingungen für einen unterstützenden Lernort. Anschließend systematisieren sie die Wünsche unter ausgewählten und selbst bestimmten Kriterien. • Die Kinder berichten über ihre alltäglichen Erfahrungen bzgl. des Lernortes. Welches sind hemmende und/oder förderliche Bedingungen? • Was würden die Kinder individuell gerne verändern oder ausprobieren? Was ist für die Kinder jeweils wichtig, damit sie gut lernen können? Diese Wünsche werden auf andersfarbige Kar-	• Das Kind berichtet von folgenden eigenen Lernerfahrungen … • Das Kind beschreibt Situationen, in denen es gut lernen kann folgendermaßen … • Das Kind entwickelt folgende Strategie, um … zu lernen … • Das Kind probiert neue Strategien aus. • Das Kind

teikarten aufgeschrieben und der obigen Systematik zugeordnet.

- Den Kindern wird eine Einführung in das Thema der „Lerntypen" gegeben. Es schließen sich zwei Selbsterfahrungssequenzen an, die Hinweise auf eigene Vorlieben geben können:
- Die Kinder führen ein Lerntypenexperiment durch. Dazu versuchen sie z.B. 10- 15 jeweils beliebig ausgewählte Wörter zu erinnern, die immer über einen anderen Lernweg präsentiert werden. Die Wörter werden für jeden Lerntyp ca. 60 – 120 Sekunden präsentiert (siehe unten). Danach legen die Kinder ihre Hilfsmittel (Stifte, Plakate, Karten, Materialien, …) zur Seite und werden abgelenkt, z.B. durch eine Kopfrechenaufgabe oder ein Quizz. Anschließend notiert jedes Kind die Wörter, an die es sich erinnert. Im Anschluss an alle lerntypenspezifischen Präsentationen besprechen die Kinder das Experiment und vergleichen, über welchen Weg sie viele/ wenige Wörter behalten haben. Die Wörter können für die unterschiedlichen Lernwege z.B. folgendermaßen präsentiert werden:
  - für den visuell-räumlichen Lerntyp können die Wörter in unterschiedlichen Farben, Schriftgrößen und vielleicht bildhaft verziert auf ein Plakat oder auf Karten geschrieben werden.
  - für den musikalisch- rhythmischen Lerntyp können die Wörter rhythmisch gesprochen oder gesungen werden (z.B. in unterschiedlichen Tempi, Lautstärken oder Tonlagen).
  - für den körperlich- bewegungsbezogenen Lerntyp können die Wörter an Bewegung gekoppelt werden (z.B. mit einer Geste verbunden werden).
  - für den naturbezogenen Lerntyp können Begriffe aus der Natur gewählt oder 10 bis 15 Naturgegenstände präsentiert werden (z.B. Tannenzapfen, Holz, Steine, Moos, Rinde, Blätter, Blumen, …).
  - für den verbal- sprachlichen Lerntyp können die Kinder sich die vorgestellten Begriffe vorsprechen oder ihrem Sitznachbarn mitteilen.
  - für den logisch- mathematischen Lerntyp können die Kinder die Wörter in eine Ordnung/ ein System bringen (z.B. indem sie Kategorien bilden oder sich eine Tabelle anlegen).
  - für den interpersonellen Lerntyp (Menschen- Lerntyp) können die Kinder die Wörter mit anderen gemeinsam ansehen, besprechen, sortieren, …
  - für den intrapersonellen Lerntyp (Ich-Lerntyp) sind Ideen bereits bei den ersten Lerntypen zu finden. Falls er zusätzlich angesprochen werden soll, können sich die Kinder die Wörter alleine ansehen, sie aufschreiben, …
- Den Kindern wird näher erklärt, was unter verschiedenen Lerntypen zu verstehen ist und wie diese sich unterscheiden.
- Die Kinder wiederholen und reflektieren die Merkmale in einer Gruppe und versuchen durch gezieltes gegenseitiges Nachfragen zu einer begründeten Selbsteinschätzung zu gelangen. Über welchen Lernweg/ welche Lernwege können sie am besten lernen? Zu welchen Lerntypen gehören sie nach den ge-

beschreibt, dass ihm folgende Rahmenbedingungen und Methoden beim Lernen helfen …

- Das Kind schätzt ein, dass es zu dem Lerntyp … gehört.
- Das Kind nennt, dass es beim Lerntypenexperiment folgende Erfahrungen gemacht hat …
- Das Kind benennt, dass es gerne mit … lernt.
- Das Kind benennt, dass es sich gerne einen Plan macht.
- Das Kind äußert, dass es gerne alleine, zusammen mit anderen Kindern, seinen Eltern oder Großeltern, etc. lernt.
- Das Kind nennt Freude daran, unterschied-

sammelten Informationen?	liche Methoden/ Lernwege auszuprobieren.
• Die Kinder probieren unterschiedliche methodische Wege aus, um etwas zu lernen (z.B. Lernwörter). Sie nutzen z.B. für den Zeitraum von einer Woche die Methoden eines Lerntyps, um damit zu lernen.	
• Nach einer Woche setzen sich die Kinder zusammen und reflektieren ihre Erfahrungen.	• Das Kind entwickelt folgende eigene Ideen fürs Lernen ...
- Die Kinder berichten von ihren Erfahrungen.	
- Sie halten ihre Erfahrungen in einem Lerntagebuch/ in einer Tabelle schriftlich fest.	
- Sie entwickeln eigene Ideen, Strategien oder Methoden, die ihnen beim Lernen hilfreich sind.	
- Die Kinder stellen Zusammenhänge zwischen dem Lernweg und ihrer Person her.	
• Der Pädagoge stellt für die Vermittlung der Lerninhalte verschiedene methodische Zugangswege bereit. Die Kinder können sich individuell entscheiden und im Verlauf der Zeit für sich feststellen, welchen Lerntypen sie am meisten verbunden sind.	

Philipp sieht und fühlt Natumaterialien und bildet Begriffe dazu

Entstehung und Bedeutung der Schrift

Empfohlene Klassenstufe (RRL)	1.-4. Kasse
Fach	Deutsch
Angesprochene Inhaltsbereiche (RRL)	- Mündliches Sprachhandeln - Schriftliches Sprachhandeln - Umgang mit Texten und Medien - Sprache reflektieren
Aufgabenschwerpunkte (RRL)	- Alltägliches miteinander Sprechen, sachbezogenes Sprechen, - Alltägliches Schreiben, sachbezogenes Schreiben, Veröffentlichen von Texten, Rechtschreiben - Informierendes Lesen, interpretieren, Nutzen von Medien - Mündliches Sprachhandeln, schriftliches Sprachhandeln
Methodenschwerpunkte	Kommunikation, Kooperation, Reflexion, Projektwoche, Mind-Mapping, Lernkartei
Materialien	Papier, Stifte, Literatur, Lernkartei, Karteikarten, Blankokartenspiel
Sozialform	E + G
Quelle (Ursprung der Aufgabe)	

Ursprungsaufgabe
Die Kinder lernen Ursprünge von Schrift und deren Bedeutung im kulturellen Kontext kennen.

Aufgabe und Differenzierungen	Mögliche Beobachtungen im Lernprozess
• Die Kinder erarbeiten in einer Projektwoche das Thema „Schrift". • Die Kinder überlegen in Kleingruppen, was ihnen alles zum Thema Schrift einfällt und versuchen, dies zunächst zu systematisieren und visuell zu veranschaulichen (Mind-Mapping). • Die Kinder bilden verschiedene Arbeitsgruppen, die sich mit speziellen Unterthemen zur „Schrift" beschäftigen (z.B. Geschichte, Zweck, Arten von Schriftzeichen, Rechtschreibung …)	• Das Kind macht folgende Aussagen über die Schrift … • Das Kind nennt andere Schriftzeichen, z.B. … • Das Kind nennt folgende Gründe, warum eine einheitliche Schreibweise von Wörtern, etc. (für es) (nicht) wich-
Erfindung/Geschichte: • Seit wann gibt es die Schrift? • Wer hat die Schrift erfunden? • Inwiefern hat sich die Schrift verändert? • Warum hat sich die Schrift verändert? • Könnten wir noch Schriftzeichen in Form von Bildern benutzen? Was würde das für den Alltag bedeuten?	
Schriftzeichen: • Was waren erste Schriftzeichen? • Welche Arten von Schriftzeichen gab und gibt es auf der Welt? • Wie unterscheiden sich Schriftzeichen kulturell bedingt? • Seit wann schreiben wir lateinische Schriftzeichen?	
Zweck:	

	tig ist …
• Warum haben die Menschen Schriftzeichen erfunden? • Wo wurden und werden Schriftzeichen festgehalten? • Wer hat den Buchdruck wann erfunden? Wie funktioniert der Buchdruck? • In welchen Berufen ist die Schrift/ das Schreiben sehr wichtig (Schriftsteller, Bürokauffrau, Verkäuferin, …)?	• Das Kind nennt folgende Rechtschreibregeln …
Rechtschreibung: • Welche Vereinbarungen über die Schrift/ die Rechtschreibung kennen die Kinder (z.B. Zuordnungen von Buchstaben-Lauten, Schreibverarbeitungsrichtung von links nach rechts, spezielle Rechtschreibregeln, …)? • Welche Vorteile hat die Gleichschaltung der Rechtschreibung? • Was würde passieren, wenn jeder so schreiben würde, wie er es will? • Wie hat sich die Schrift in den letzten Jahrzehnten und Jahrhunderten verändert? • Welche Rechtschreibregeln kennen die Kinder und welche Regeln beachten sie?	• Das Kind benennt als Ursache für (keine) Fehler beim Schreiben … • Das Kind benennt folgende Ziele im Bereich der Rechtschreibung …
• Die Kinder der einzelnen Gruppen bearbeiten die Fragestellungen auf verschiedenen Wegen (Literatur, Internet, Museumsbesuch, Erstellung von Lernkarteien, Erstellung von Kartenspielen, …). • Am Ender der Projekttage werden die Ergebnisse in einer Ausstellung mit Vorträgen präsentiert.	• Das Kind sagt, dass es sich die Schreibweise von Wörtern, Rechtschreibregeln, etc. über folgendes Vorgehen gut merken kann …
• Während oder nach den Projekttagen findet ein Forum für den internen Austausch der Arbeitsergebnisse und Erfahrungen statt. • Der Bezug zum Unterricht, zum Lesen- und Schreibenlernen, wird hergestellt sowie die gesellschaftliche und persönliche Bedeutung thematisiert. • Die Kinder reflektieren zum Beispiel: - Wie wichtig ist mir, dass ich richtig schreiben kann? - Warum finde ich es (nicht) wichtig, dass ich korrekt schreiben kann? - Was fällt mir beim Schreiben leicht? - Wobei habe ich Schwierigkeiten? - Woran liegt es, wenn ich wenige/ keine/ viele Fehler beim Abschreiben, bei Diktaten, eigenen Texten, … mache? - Welche Rechtschreibregeln kann ich mir (weniger) merken? - Wie kann ich mich an die Schreibweise von Wörtern oder an Rechtschreibregeln einfacher erinnern? - Wie gehe ich vor, wenn ich unsicher bin beim Schreiben, z.B. bei einem Wort, beim Setzen von Satzzeichen, bei der Groß- und Kleinschreibung, …? - Wie gehe ich vor, wenn ich einen Brief, eine eigene Geschichte, ein Gedicht, … schreiben möchte? - Was sind meine Ziele im Bereich der Rechtschreibung? - Welche Bedeutung hat das Lesen und Schreiben für meine weitere Zukunft? - Welchen Wert hat das Lesen und Schreiben in unserer Gesell-	• Das Kind geht folgendermaßen vor, wenn es äußert, dass es unsicher ist beim Schreiben …

schaft, in unserem Land?	
- Was passiert, wenn ich nicht lesen und/oder schreiben kann?	

Christopher und Moritz beim Erkunden der Schrift

Begriffsbeschreibungen	
Empfohlene Klassenstufe (RRL)	1.-4. Klasse
Fach	Deutsch
Angesprochene Inhaltsbereiche (RRL)	- Mündliches Sprachhandeln - Schriftliches Sprachhandeln - Sprache reflektieren
Aufgabenschwerpunkte (RRL)	- Verstehendes Zuhören, sachbezogenes Sprechen - Alltägliches Schreiben, sachbezogenes Schreiben - Reflexion des mündlichen Sprachhandelns
Methodenschwerpunkte	Kommunikation, Kooperation, Reflexion, multisensorisches Lernen, Lerntypen (logisch-mathematisch, verbal-sprachlich, körperlich-bewegungsbezogen, visuell-räumlich), Mind-Mapping
Materialien	Papier, Stifte, Karteikarten, Lexikon, Bücher, Internet
Sozialform	E + G
Quelle (Ursprung der Aufgabe)	

Ursprungsaufgabe
Die Kinder beschreiben Begriffe und Gegenstände. Es geht darum, dass die Kinder miteinander sprechen, sich zuhören, sich verständigen und austauschen.

Aufgabe und Differenzierungen	Mögliche Beobachtungen im Lernprozesses
• Der Pädagoge nennt eine Beschreibung zu einem Begriff, z.B. - „Er wird groß, trägt Früchte und Blätter und spendet Schatten." (Baum), - „Man legt sie um den Arm und sie tickt." (Armbanduhr). • Die Kinder versuchen zu erkennen, welche Begriffe gemeint sein können. - Sie zeichnen die Begriffe auf. - Sie schreiben die Begriffe auf. - Sie schreiben die Begriffe einem anderen Kind auf den Rücken. - Sie nennen die Begriffe. Das Kind, welches den Begriff als erstes genannt hat, darf als nächster einen Begriff umschreiben. • Die Kinder reflektieren, woran sie bestimmte Begriffe erkannt haben. Welche Merkmale sind entscheidend, um einen Begriff zu erschließen? • Die Kinder finden sich in Kleingruppen zusammen und überlegen Beschreibungen von Begriffen aus dem Alltag, die sie folgend einer anderen Gruppe vorstellen. Sie schreiben ihre Begriffsumschreibungen auf Karteikarten, die dann von den anderen Kindern gezogen werden. • Die Begriffe werden einer anderen Gruppe vorgelesen	• Das Kind nennt den gesuchten Begriff ... anhand der Beschreibung ... • Das Kind erläutert eine eigene Beschreibung ... zu dem Gegenstand ... • Das Kind nennt folgende drei beschreibende, kennzeichnende Begriffe zu einem Begriff ... • Das Kind nennt folgende Unterbegriffe zu Oberbegriffen/ Kategorien ... • Das Kind nennt zu Unterbegriffen

und diese versucht die beschriebenen Begriffe zu erkennen.

- Die Kinder überlegen sich drei zentrale Merkmale für einen Begriff, z.B. „Apfel" = „Obst, rund, saftig". Sie stellen ihre Begriffe den anderen Kindern vor, die dann erschließen, welcher Begriff gemeint sein könnte.
- Die Kinder stellen die Begriffe pantomimisch dar. Die anderen Kinder versuchen zu erkennen, welche Begriffe gemeint sein könnten. Woran haben sie erkannt, welcher Begriff gemeint ist? Was hat geholfen, den Begriff zu erkennen?
- Immer zwei Kinder suchen gemeinsam einen ihnen unbekannten Begriff aus dem Lexikon heraus, ohne die Erklärung zu lesen. Die Kinder sammeln Ideen, was dieser Begriff bedeuten könnte und einigen sich auf eine vermutete Bedeutung. Sie formulieren eine Beschreibung ihrer Bedeutung.
- Die Kinder schreiben anschließend sowohl ihre als auch die reguläre Bedeutung auf die Rückseite einer Karteikarte. Auf der Vorderseite steht der Begriff.
- Die Karteikarten mit Begriffen von allen Kindern werden gemischt und jedes Kind zieht eine Karte und sucht Argumente pro und contra für beide Begriffsbeschreibungen.
- In der Großgruppe kann besprochen und diskutiert werden, welche Bedeutungen die einzelnen Begriffe haben. Woher stammen die Begriffe? Was bezeichnen die Begriffe? Erinnern die Begriffe an ähnliche Begriffe? …
- Die Kinder gehen zu viert in eine Gruppe und ziehen von einem Kartenstapel einen Begriff (z.B. Fahrzeuge, Obst, Schule, Spielzeuge). Die Aufgabe ist, mittels Mind-Mapping Kategorien zu finden, die diesen Begriff kennzeichnen.
  - Gibt es Unterkategorien dessen, was der Begriff bezeichnet?
  - Kann man das, was der Begriff meint, hören/ riechen/ schmecken/ fühlen …?
  - Welche Eigenschaften kennzeichnen das, was hinter dem Begriff steht?
  - Wozu braucht man das, was der Begriff meint?
  - Gibt es den Begriff allein in unserer oder auch in anderen Kulturkreisen?
  - Kennzeichnet der Begriff etwas, auf das wir angewiesen sind?
  - Welche weiteren Wörter gibt es für diesen Begriff?
  - Welche persönliche Bedeutung hat das, was der Begriff meint, für mich und mein Leben?
- Die Kinder erstellen ein Mind-Mapping und stellen dies aus. Dabei ist der Begriff zunächst verdeckt und die anderen Kinder versuchen zu erkennen, um welchen Begriff es

folgende Oberbegriffe/ Kategorien …
- Das Kind bildet eigene Kategorien wie folgt …
- Das Kind spricht in Sätzen mit einer … Satzstruktur (z.B. Zweiwortsätze, Nebensätze, …).
- Das Kind drückt sich so aus, dass es von … (nicht) verstanden wird.
- Das Kind denkt sich eine eigene Bedeutung … für einen unbekannten Begriff …
aus.
- Das Kind formuliert folgende Fragen zu einem Begriff …
- Das Kind fragt gezielt nach …
- Das Kind findet zu einem Begriff … verschiedene Merkmale …
- Das Kind beschreibt einen Begriff wie folgt …
- Das Kind nennt folgende Teekesselchen …
- Das Kind schreibt folgende Wörter/ Sätze … lautgetreu.
- Das Kind beachtet folgende Rechtschreibregeln …
- Das Kind bringt sich wie folgt in

107

sich handelt. Sie begründen mündlich oder schriftlich argumentativ ihre Vermutungen.
- Abschließend präsentieren die Kinder ihr Mind-Mapping.
- In der gesamten Gruppe werden Merkmale/ Kategorien benannt, woran Begriffe besonders gut erkannt wurden und erkannt werden können.

- Die Kinder überlegen sich einen Begriff aus dem Alltag. Sie denken sich drei Fragen dazu aus, durch die die anderen Kinder den Begriff herausfinden sollen (z.B.: Wo habe ich gerade rausgesehen? Woran kann ich meine Nase plattdrücken? Wodurch erkenne ich, dass draußen die Sonne scheint? Antwort „Fenster"). Sie stellen den anderen Kindern die Fragen vor. Woran können die anderen Kinder den Begriff erkennen? Welche zusätzlichen Beschreibungen gäbe es?
- Die Begriffe und die Fragen zu ihnen können auf Karteikarten geschrieben werden. Alle Karten liegen auf einem Stapel und ein Kind zieht eine Karte und liest die Fragen vor. Das Kind, welches als erstes den Begriff gefunden hat, bekommt die Karte oder darf als nächstes eine neue Karte ziehen.

- Die Kinder spielen das Spiel „Begriffe raten". Dazu überlegt sich ein Kind einen Gegenstand aus dem Lernraum, einer Bewegungsbaustelle, einem Raum, den alle Kinder kennen (z.B. Turnhalle).
- Die anderen Kinder dürfen eine vereinbarte Anzahl von Fragen stellen, um den Begriff herauszufinden.

Die Kinder nennen „Teekesselchen":

- Die Kinder überlegen im Brainstorming, was „Teekesselchen" sind. Sie halten die Ideen dazu auf einem Flipchart fest.
- Die Kinder recherchieren im Internet/Lexika/Bücher, was „Teekesselchen" sind.
- Die Kinder beschreiben, was „Teekesselchen" sind.
- Die Kinder berichten über Erfahrungen mit und nennen Beispiele von „Teekesselchen".
- Die Kinder spielen gemeinsam „Teekesselchen"-Raten: Sie suchen einen Begriff aus einer Anzahl an möglichen Begriffen aus, der zu zwei Beschreibungen passt (z.B. Beschreibungen: „Etwas, worauf man sich setzen kann" und „Geld ist dort sicher aufgehoben"; Wortauswahl: „Stuhl, Bank, Spardose, Boot"). Das Spiel kann mit und ohne Wortauswahl gespielt werden.
- Sie schreiben die Bedeutungen eines „Teekesselchens" auf.
- Die Kinder erstellen mit den Beschreibungen der „Teekesselchen" Karteikarten. Hier können sie zu jederzeit nachschlagen, welche „Teekesselchen" es gibt und diese anderen erklären.

die Arbeitsgruppe ein …
- Das Kind nennt folgende Argumente für …
- Das Kind nennt folgende Bedeutung(en) für einen Begriff …
- Das Kind formuliert einen persönlichen Bezug zu …
- Das Kind bringt folgende Ideen ein …

Geschichten mit Bildern und Comics

Empfohlene Klassenstufe (RRL)	1.-4. Klasse
Fach	Deutsch
Angesprochene Inhaltsbereiche (RRL)	- Mündliches Sprachhandeln - Schriftliches Sprachhandeln - Umgang mit Texten
Aufgabenschwerpunkte (RRL)	- Erzählendes Sprechen, sachbezogenes Sprechen, demokratisches Miteinandersprechen, szenisches Spielen - Erzählendes Schreiben, sachbezogenes Schreiben, Schreibprozess planen - Interpretieren
Methodenschwerpunkte	Kommunikation, Kooperation, Reflexion, Arbeitsplan
Materialien	Comics, Bildkarten, z.B. mit Abbildungen von Gegenständen, Tieren, Pflanzen, Tätigkeiten, verschiedene Großmaterialien (Matte, Kasten, Bank, etc.)
Sozialform	E + G
Quelle (Ursprung der Aufgabe)	Klein (2002), Reichenbach/ Lücking (2007)

Ursprungsaufgabe

Die Sprechblasen eines Comics werden mit Tipp-Ex entfernt. Die Kinder schreiben selber etwas in die Sprechblasen.

Aufgabe und Differenzierungen	Mögliche Beobachtungen im Lernprozess

• Den Kindern werden Bildkarten vorgelegt. Die Kinder erzählen zu den einzelnen Bildern:
  - Was finden sie interessant/ schön/ nicht schön?
  - Wie beschreiben sie die Bilder?
  - In welcher Reihenfolge würden sie die Bilder anordnen?
  - Welche Handlungen erkennen sie auf den Bildern? Woran erkennen sie im Detail die Handlungen?
  - Welche Überschrift könnte zu einem Bild passen?
  - Wie könnte eine Geschichte lauten, die zu den Bildern passt?
  - Gibt es weitere/ andere Ideen?
• Die Kinder malen selber eine Bildergeschichte, z.B. mit 4 -8 Bildern.
  - Sie malen die Bilder zu einer Geschichte, die der Pädagoge erzählt oder vorliest.
  - Der Pädagoge gibt den Anfang einer Geschichte vor. Die Kinder überlegen alleine/ zu zweit/ zu dritt, wie die Geschichte enden könnte. Die Kinder begründen argumentativ das von ihnen gewählte Ende anhand der vorliegenden Bilder.
• Die Kinder schneiden aus Zeitungen oder Zeitschriften Bilder aus.
• Die Kinder erfinden in einer Kleingruppe eine Geschich-
	• Das Kind erzählt in vollständigen Sätzen.
	• Das Kind schmückt seine Erzählungen mit … aus.
	• Das Kind beschreibt die Bilder wie folgt …
	• Das Kind bringt die Bilder in (k)eine Reihenfolge.
	• Das Kind schmückt die Handlung der Geschichte folgendermaßen aus …
	• Das Kind erfindet zu den Bildern eine eigene Geschichte mit einem Handlungsstrang.

te/ einen Comic dazu. Sie überlegen und diskutieren gemeinsam den Handlungsablauf in der Geschichte.
- Sie überlegen und berichten, ob sie bereits ähnliche Situationen erlebt haben und wie diese geendet sind.
- Die Kinder berichten, wie sie selbst handeln würden oder sich wünschen würden, wie jemand handelt.
- Jedes Kind äußert, ob es sich ein positives oder negatives Ende der Geschichte wünscht.
- Sie erzählen eine Geschichte zu den Bildern.
- Sie schreiben Sprechblasen und kleben sie zu den Bildern auf.
- Sie schreiben eine Geschichte zu den Bildern auf.
- Immer drei oder vier Kinder schreiben zusammen eine Bildergeschichte. Sie erstellen alleine/ gemeinsam einen Arbeitsplan für die Aufgabe.
  - Der Arbeitsplan verdeutlicht, welches Kind welche Aufgaben übernimmt, wie das Vorgehen ist, wie viel Zeit eingeplant wird, welches Material sie brauchen, …
  - Die Kinder visualisieren den Arbeitsplan bildhaft, indem sie Bilder für die einzelnen Arbeitsschritte zeichnen und diese aufhängen.
  - Die Ausführung der Planung wird mittels Video und/ oder Fotos festgehalten und dokumentiert.
  - In einem Reflexionsgespräch besprechen die Kinder: Wie haben sie die gemeinsame Zusammenarbeit empfunden? Waren die Aufgaben gleichmäßig verteilt? Konnte sich jedes Kind einbringen? Konnte sich jedes Kind in der Gruppe wohl fühlen? Haben die Kinder die Ideen einzelner Kinder mit Interesse aufgenommen? Hat jedes Kind die Verantwortung mitgetragen? Möchten sie die Zusammenarbeit wiederholen? Gibt es Ideen für eine neue Planung und/ oder Zusammenarbeit?
- Die Kinder spielen die Geschichte/ einen Comic nach. Einige Kinder stellen die Handlung in mehreren Szenen pantomimisch dar. Andere Kinder lesen den Text (Sprechblasen) vor.
- Die Kinder erfinden „Flaschengeschichten": Die Kinder sitzen in einem Sitzkreis, in dem sich eine Flasche und drei Felder mit den Bezeichnungen (z.B. „Lösungen/ Ideen", „Probleme/ Aufgaben", „frei") um die Flasche herum befinden. Der Pädagoge gibt den Anfang einer Geschichte vor, z.B. „Hans und Marina spielen jeden Tag im Wald. Sie klettern auf Bäume und bauen Buden. Doch heute ist ein besonderer Tag, denn …".
Das erste Kind dreht die Flasche. Je nachdem, auf welches Feld der Flaschenhals zeigt, setzt das erste Kind die Geschichte um einige Sätze fort, dann dreht der Sitznachbar des Kindes die Flasche und führt die Ge-

- Das Kind baut beim Erzählen einen Spannungsbogen auf.
- Das Kind setzt den Handlungsstrang einer vorgegebenen Geschichte wie folgt fort …
- Das Kind bringt folgende Ideen bei der Erstellung eines Arbeitsplanes ein …
- Das Kind bringt sich folgendermaßen in eine Arbeitsgruppe ein …
- Das Kind benennt, dass es den Arbeitsplan als hilfreich, zusätzliche Arbeit, … empfindet.
- Das Kind verhält sich anderen Kindern gegenüber folgendermaßen …
- Das Kind folgt den Ausführungen eines anderen Kindes und ergänzt diese durch folgende, eigene Ideen …
- Das Kind klebt die Sprechblasen zu den Bildern, so dass die Geschichte einen erkennbaren Sinn ergibt.
- Das Kind schreibt folgende Wörter lautgetreu …
- Das Kind hält beim Schreiben folgende Rechtschreibregeln ein …
- Das Kind nennt,

schichte weiter, usw. Zeigt der Flaschenhals auf:

- „Probleme/ Aufgaben", entwickelt das Kind einen Handlungsverlauf, der durch (neue, weitere) Probleme und/ oder Aufgaben gekennzeichnet ist,
- „Lösungen/ Ideen", ergänzt das Kind die Geschichte so, dass die Figuren, Personen, etc. in der Geschichte ein Problem oder eine Aufgabe lösen können,
- „frei", entscheidet das Kind frei den weiteren Handlungsverlauf.

Die Geschichte ist zu Ende, wenn

- die Kinder entscheiden, dass ein gutes/ spannendes/ lustiges, … Ende für die Geschichte gefunden ist.
- alle Kinder einmal die Geschichte ergänzt haben.

dass es folgende Situation …, die in einer Geschichte beschrieben wird aus eigener Erfahrung kennt und benennt folgende Gefühle/ Wünsche, etc. dazu …

Gespräche unter die Lupe nehmen	
Empfohlene Klassenstufe (RRL)	1.-4. Klasse
Fach	Deutsch
Angesprochene Inhaltsbereiche (RRL)	- Mündliches Sprachhandeln - Sprache reflektieren
Aufgabenschwerpunkte (RRL)	- Verstehendes Zuhören, alltägliches miteinander Sprechen, erzählendes Sprechen, szenisches Spielen, über das Sprechen reden - Reflexion des mündlichen Sprachhandelns
Methodenschwerpunkte	Kommunikation, Kooperation, Reflexion, Arbeitsplan, Mind-Mapping
Materialien	Papier, Stifte, Videokamera, Plakate
Sozialform	E + G
Quelle (Ursprung der Aufgabe)	Vopel (1994), Eggert/ Reichenbach /Bode (2003), Steffen (2004)

Ursprungsaufgabe
Die Kinder kommunizieren miteinander. Sie erleben ihren Ausdruck, ihre Körpersprache, Mimik, Gestik und reflektieren diese.

Aufgabe und Differenzierungen	Mögliche Beobachtungen im Lernprozess
Gespräche über Gespräche führen: • Die Kinder führen Gespräche zu unterschiedlichen Themen, z.B. ein Gespräch über ihr Lieblingsspiel, ein Streitgespräch darüber, wer zuerst ein Spiel beginnen darf, ein Gespräch, in dem sie gemeinsam ein Problem lösen wollen, etc. • Die Kinder sprechen darüber, wie die Gespräche verlaufen und systematisieren die Eindrücke: - Wie verhalten sich die Kinder in den unterschiedlichen Gesprächen? Wer hört eher zu? Wer ist redeführend? - Gibt es Gemeinsamkeiten und/oder Unterschiede zwischen den Gesprächen bezogen auf das Redetempo, den Ton, die Körperhaltung, die Mimik und/ oder die Gestik? - Die Kinder beschreiben ihre unterschiedlichen Erfahrungen mit Gesprächen. • Die Kinder führen ein Gespräch über ein bekanntes Thema. Das Gespräch wird per Video aufgezeichnet. Anschließend schauen sich die Kinder das Video an und versuchen Merkmale eines Gesprächs individuell zu bestimmen und zu kategorisieren. Eine Systematisierung kann mittels Mind-Mapping erfolgen und visualisiert werden. In einer Reflexion bringen die Kinder Veränderungsideen ein und begründen diese. • In einem erneuten Gespräch achten die Kinder bewusst auf ihre Körpersprache und versuchen, diese gezielt einzusetzen. • Die Kinder spielen ein Gespräch mehrfach nach, welches sich in einer speziellen Lernsituation ereignet hat. Die Kinder nehmen jeweils unterschiedliche Rollen ein. Wie fühlen sich die Kinder in den unterschiedlichen Rollen? Wie können sich die Kinder auf die Rollen einlassen? Was fällt ihnen auf? Wie erleben sie die ande-	• Das Kind verhält sich in einem Gespräch folgendermaßen … • Das Kind setzt in einem Gespräch Körpersprache ein, z.B. indem es … • Das Kind benennt nach der Beobachtung eines Gesprächs folgende Aussagen über Körper-

ren Kinder in ihrer Rolle? Verlaufen die Gespräche gleich oder ergeben sich Unterschiede? Die Ergebnisse der Reflexion werden in einer Übersicht zusammengefasst.

- Die Kinder bekommen den Anfang eines Streitgesprächs/ freundschaftlichen Gesprächs/ Lösungsgesprächs vorgegeben und überlegen sich einen weiteren Verlauf des Gesprächs. Anschließend tauschen sie sich in der Gruppe aus und begründen ihre Überlegungen. Gibt es Parallelen/ Unterschiede? Wie viele unterschiedliche Fortsetzungen/ Verläufe sind möglich? Wovon hängt ein Verlauf ab? Welcher Verlauf gefällt den Kindern gut? Was würden sie in einem vergleichbaren Gespräch sagen? Wie würden sie reagieren? Was würden sie sich wünschen, wie Andere in dem Gespräch reagieren sollten?
- Die Kinder sammeln, wie sie sich in unterschiedlichen Gesprächen verhalten: Wie verhalten sie sich in Gesprächen mit Freunden, Eltern, Geschwistern, Großeltern, Lehrern, Fremden, dem besten Freund/ der besten Freundin. Verhalten die Kinder sich unterschiedlich? Wenn ja, woran liegt das?
- Die Einnahme verschiedener Rollen in unterschiedlichen Kontexten wird thematisiert.
- Die Kinder führen ein Gespräch, in dem ein Thema aus unterschiedlichen Rollen/ Positionen betrachtet werden soll: Die Kinder nehmen unterschiedliche Rollen ein, z.B. sind sie Zuhörer, Erzähler, Kind, Jugendlicher, Schüler, Freund/in, Sohn/ Tochter, Schwester/ Bruder, Lehrer, Trainer, Star (z.B. Sänger, Fußballer, Sportler) und bringen sich ihrer Rolle nach in das Gespräch ein. Wie fühlen sich die Kinder in den unterschiedlichen Rollen? Auf welche Rollen können sich die Kinder jeweils einlassen? Kann die Rolle im Gespräch beibehalten werden? Wovon ist meine Rolle abhängig? Die Kinder sammeln Argumente und treten in eine Diskussion.

Begründungen finden und anbringen:
- Die Kinder lernen, argumentativ Fragen zu beantworten z.B.: Wie geht es dir heute? Was möchtest du heute Nachmittag gerne unternehmen? Warum ist es wichtig, dass Kinder im Haushalt helfen? Warum sollen Kinder (keine) Hausaufgaben machen? Sollen Kinder im Kinderzimmer alleine über alles bestimmen dürfen? Wie viel Taschengeld sollte ein Kind erhalten?
  - Die Kinder äußern ihre Sichtweise zu den Fragen und begründen diese. Dazu nutzen sie die Begrifflichkeiten „weil, denn, deshalb, da, aufgrund …".
  - Die Kinder finden Argumente pro und contra.
  - Die Kinder reflektieren, welche Begründungen glaubwürdig, gewichtig, einleuchtend, aussagekräftig, etc. sind. Woran machen die Kinder ihre Einschätzungen fest? Haben die Kinder alternative Vorschläge für Begründungen?
- Die Kinder gehen zu zweit/ dritt zusammen. Sie überlegen gemeinsam Begründungen/ Argumentationen. Sie suchen Oberbegriffe für ihre Begründungen, die sie aufschreiben. Diese können sie zu Hilfe nehmen, wenn sie den anderen Kindern ihre Begründungen erklären.

sprache, Tonfall, Redetempo, Redefluss …
- Das Kind nennt folgende Begründungen zu einer Aussage …
- Das Kind stellt gezielte/ vage Fragen.
- Das Kind nimmt eine andere Rolle … ein als … und führt das Gespräch mit folgenden Aussagen …, der Körperhaltung …, der Mimik und Gestik …
- Das Kind nennt folgende Gesprächsregeln als wichtig …
- Das Kind hält folgende Gesprächsregeln ein/ nicht ein …
- Das Kind begründet eine Aus-

Andere beim Sprechen ansehen:
- Die Kinder überlegen Merkmale/ Kriterien, auf die ein Mensch in einem Gespräch achten sollte, z.B. Blickkontakt, Position im Raum, Körperhaltung, Gestik, Mimik …
- Die Kinder erproben sich in Gesprächen, in dem sie bewusst darauf achten, den Gesprächspartner (nicht) anzusehen, ihre Körperhaltung verschlossen/ offen zu halten, ihre Mimik (des-) interessiert einzusetzen, …
  - Welche Erfahrungen machen die Kinder in den Gesprächen?
  - Wie gut können die Kinder die Aussagen des Gesprächspartners einschätzen?
  - Wie fühlen sich die Kinder im Gespräch?
  - Wie fühlen sich die Gesprächspartner?
- Die Kinder überlegen zu zweit, warum es wichtig ist, den Gesprächspartner anzuschauen und wie sie daran denken können, sich gegenseitig im Gespräch anzusehen. Sie schreiben mögliche Gründe und Hinweise auf Karten und stellen sie den anderen Kindern vor.

Mit den Kindern eine Gesprächskultur entwickeln:
- Die Kinder berichten über verschiedene Ereignisse aus der „Ich-Perspektive" und benutzen die Begrifflichkeiten: „ich finde, ich denke, ich meine, … meine Meinung, aus meiner Sicht…, etc.
- Sie berichten über gemeinsame Erlebnisse aus einer anderen Perspektive, z.B. indem sie den Standpunkt eines anderen Kindes einnehmen.
- Die Kinder berichten von einem gemeinsamen Erlebnis (der Pause, einer Lernstunde). Ein Kind beginnt und gibt nach einigen Sätzen an das nächste Kind ab. Dieses fasst das Gesagte des ersten Kindes in einem Satz noch einmal zusammen und berichtet dann weiter, bis es an das nächste Kind weitergibt, das ebenfalls das Gesagte in einem Satz zusammenfasst, bevor es weiter erzählt, usw.
  - Fällt es den Kindern leicht/ schwer, das Gesagte des Vordermannes in eigenen Worten zu wiederholen?
  - Haben die Kinder Ideen, warum es gut sein kann das Gesagte des Vordermannes zu wiederholen?
- Die Kinder sammeln Gesprächsregeln, die sie für besonders wichtig halten:
  - Die Kinder gehen zu zweit/ zu dritt zusammen. Sie tauschen sich über Gesprächsregeln aus: Welche Erfahrungen haben sie mit einzelnen Regeln gemacht? Welche Regeln halten sie für wichtig? Warum? Sie schreiben drei aus ihrer Sicht wichtige Regeln auf Karten. Das erste Kind bringt seine Karte so an oder legt sie so hin, dass die anderen Kinder sie gut sehen können, dann begründet es die Regel und übergibt an das zweite Kind, das die nächste Regel anbringt und begründet, usw.
  - Die Kinder erstellen zusammen eine Rangliste mit den wichtigsten Regeln.
- Die Kinder erstellen gemeinsam eine Ausstellung zum Thema

sage wie folgt …
- Das Kind findet keine/ folgende Oberbegriffe für Argumente …
- Das Kind spricht im Gespräch aus der Ich-Perspektive/ es verwendet die Bezeichnung „man"/ es wechselt die Rollen, etc.
- Das Kind sieht den Gesprächspartner während des Gesprächs (nicht) an.
- Das Kind benennt, dass es sich in Gesprächen mit folgenden Personen … verhält.
- Das Kind schildert seine Erfahrungen in einem Gespräch, z. B. Streitgespräch, Lösungs-

| Gesprächskultur:
- Sie erstellen einen Arbeitsplan mit den einzelnen Arbeits-
schritten. Diese können z.B. sein: Plakate/ Collagen mit den
Gesprächsregeln, die sie für wichtig halten und die sie in der
Gruppe einhalten möchten, erstellen; Dokumentation der Er-
fahrungen in unterschiedlichen Gesprächen; Gespräche auf
Video aufnehmen; Fotos zu unterschiedlichen Körperhaltun-
gen/ Mimiken/ Gestiken machen; Pantomimespiele zur Ge-
sprächskultur überlegen; Interviews mit Geschäftsleuten, ih-
ren Eltern, anderen Kindern führen;
- Die Kinder präsentieren ihre Ausstellung, z.B. im Rahmen ei-
ner Feier, eines Elternnachmittages, ...
• Die Kinder erkunden die Gesprächskulturen in anderen Ländern.
Welche Begrüßungsrituale gibt es? Wie begegnen sich die Men-
schen dort? Welche Gesprächs- und Verhaltensregeln gibt es
dort? Welche Verhaltensweisen gelten als freundlich, welche als
unhöflich? Welche Gemeinsamkeiten und welche Unterschiede
gibt es zu unserem Gesprächsverhalten?
• Die Kinder bewegen sich frei im Raum. Wenn sie einem anderen
Kind begegnen, führen sie Begrüßungsrituale anderer Länder
aus (z.B. Verbeugen, Kopfnicken, Umarmen, ...).
• Die Kinder erstellen eine Collage über Gesprächskulturen in an-
deren Ländern. | gespräch,
etc. ...

• Das Kind
verhält
sich wäh-
rend einer
Präsenta-
tion/ Aus-
stellung
wie folgt
... |

Formen erkennen	
Empfohlene Klassenstufe (RRL)	1./2. Klasse
Fach	Mathematik
Angesprochene Inhaltsbereiche (RRL)	- Geometrie
Aufgabenschwerpunkte (RRL)	- Raum - Ebene Figuren - verständlicher Umgang mit Formen, Lagebezeichnungen - Aspekt der Lebenswirklichkeit
Methodenschwerpunkte	Kommunikation, Kooperation, Reflexion, Bewegung, multisensorisches Lernen
Materialien	Verschiedene Formen in unterschiedlicher Größe und Farbe, unterschiedliche Kleinmaterialien (Seile, Plättchen, Knete, Wolle, Steine, Schmiergelpapier, ...), Schere, Papier, bunte Stifte
Sozialform	E + G
Quelle (Ursprung der Aufgabe)	Kutzer (2001), Reichenbach/ Lücking (2007)

Ursprungsaufgabe
Die Kinder sehen sich auf Karten geometrische Formen an und benennen die Formen.

Aufgabe und Differenzierungen	Mögliche Beobachtungen im Lernprozess
Die Kinder benennen die Formen, die sie kennen, z.B. Rechteck, Dreieck, Quadrat, Kreis. • Gemeinsam wird überlegt: Wie können die Formen gezeichnet, erkannt, und/oder unterschieden werden? Welche Eigenschaften haben die Formen? Welche Namen haben die Formen? • Die Kinder sortieren die Formen, z.B. nach Gestalt, Größe, Farbe, etc. • Die Kinder sortieren die Formen nach zwei Eigenschaften, z.B. nach Form und Farbe.	• Das Kind nennt folgende Formen ... • Das Kind benennt folgende Eigenschaften von Formen ... (z.B. Flächen, Kanten, Form, Größe, Farbe, etc). • Das Kind äußert folgende Ideen ... für den Namen der geometrischen Form ... • Das Kind bildet folgende

Die Kinder sammeln, welche Formen sie kennen, z.B. Rechteck, Dreieck, Quadrat, Kreis.

- Die Kinder sammeln, wo sie in dem Lernraum (Klassenraum) oder in ihrem Umfeld (Spielplatz, Kinderzimmer, etc.) Gegenstände finden, die ähnliche oder gleiche Formen haben. Woran erkennen sie, dass die Formen ähnlich aussehen? Worin unterscheiden sich die Formen von den Gegenständen?
- Die Kinder bilden eine oder mehrere Kategorien zu den verschiedenen Formen, z.B. die Kategorie „viereckig", „rund", „flach".
  - Die Kinder ordnen verschiedene Formen der/ den gefundenen Kategorie(n) zu.
  - Die Kinder überlegen, welche Alltagsgegenstände sie der/ den gefundenen Kategorie(n) zuordnen können.

Die Kinder legen vorgegebene Figuren (z.B. auf Vorlagen) mit Plättchen oder unterschiedlichem Material (Stoff, Steine, Wolle, Schmiergelpapier, Naturmaterialien, …) nach.

- Die Kinder können die Vorlage die ganze Zeit über ansehen.
- Die Kinder sehen eine Vorlage nur kurz und legen die Form dann „aus dem Gedächtnis heraus" nach (z.B. mit Streichhölzern).

Die Kinder erstellen selber Formen:

- Sie erstellen eigenständig verschiedene Formen: Welche Ideen haben die Kinder, um z.B. ein Quadrat zu erstellen?
- Die Kinder schneiden Formen aus. Sie drehen die Formen und beschreiben, wie die Formen in unterschiedlichen Positionen aussehen (durch Veränderung ihrer Lage im Raum).
- Die Kinder schneiden Formen auseinander. Sie selbst setzen die Form wieder zusammen oder ein anderes Kind setzt die Form (als Puzzle) wieder zusammen.
  - Die Kinder erstellen aus Formen ein Puzzle mit X Puzzleteilen.
- Die Kinder erstellen Formen aus unterschiedlichem Material (aus Knete, Holz, Seilen, Stoff, Steine, Wolle, Schmiergelpapier, …) und in unterschiedlicher Größe. Andere Kinder befühlen die Formen mit geschlossenen Augen und versuchen zu erkennen, um welche Form es sich handelt.

Kategorien … für die Formen (z.B. alle eckigen, flachen, runden Formen).

- Das Kind sortiert die Formen entsprechend ihrer Form und/oder ihrer Farbe.
- Das Kind nennt Namen/ Bezeichnungen der Formen.
- Das Kind beschreibt folgende Beobachtungen … bei Veränderung der Lage des Körpers im Raum (z.B. durch Drehen einer Form).
- Das Kind äußert, dass es folgende Formen … aus anderen Kontexten kennt und beschreibt Erfahrungen oder Unterschiede folgendermaßen …
- Das Kind legt eine Form mit Plättchen / Streichhölzern nach.
- Das Kind äußert folgende Ideen dazu, wie es Formen selbständig herstellen kann …
- Das Kind setzt eine Form aus einer bestimmten oder vorgegebenen Anzahl von Puzzleteilen zusammen.
- Das Kind benennt, dass eine Form trotz veränderter Länge, Größe (Eigenschaft) ihren Namen, z.B. „Rechteck", behält.
- Das Kind zeichnet folgende Figur … aus folgenden Formen …
- Das Kind findet aus einer Vorlage mit verschiedenen (evtl. auch übereinander liegenden) Formen eine Form heraus und fährt die Linie nach.
- Das Kind zeigt Freude an der Bewegung.

Die Kinder legen oder zeichnen Figuren, z.B. Fantasiehäuser, Tiere, etc. indem sie verschiedene Formen miteinander kombinieren:
- Sie malen einzelne Formen farbig an, z.B. alle Kreise rot, Vierecke blau, etc.
- Sie malen nur eine Form farbig an, z.B. die, die sich in der unteren Ecke rechts befindet oder die, die sich ganz oben befindet.

Die Kinder suchen aus einer Vorlage mit verschiedenen Formen eine Form heraus, z.B. alle Kreise:
- Sie fahren die Linie der Formen mit dem Finger oder einem bunten Stift nach und/oder malen die Formen farbig aus.
- Sie suchen aus verschiedenen, übereinanderliegenden Formen eine Form heraus und malen sie aus oder umfahren die Linie.

Die Kinder verknüpfen die Formen mit Bewegung.
- Sie legen mit unterschiedlichem Material z.B. mit Seilen, Stäben, Schaumstoffklötzen, Bierdeckeln, etc. verschiedene Formen flächig auf den Boden im Raum.
  - Die Kinder gehen oder fahren die Formen nach, z.B. mit einem Pedalo oder Rollbrett.
  - Die Kinder nehmen unterschiedliche Positionen im Raum ein und betrachten die Formen. Sie besprechen, dass sich die Form nicht verändert auch wenn sie ihre Position verändern.
  - Die Kinder beschreiben die Formen aus unterschiedlichen Positionen heraus.
- Sie erfahren die dreidimensionalen Körper im Raum:
  - Die Kinder bauen mit großen Schaumstoffwürfeln oder aus Stäben und Seilen verschiedene Körper wie z.B. Würfel, Quader, Pyramiden etc.
  - Die Kinder bewegen sich im und außerhalb der Körper.
  - Die Kinder beschreiben ihre Bewegungen und nutzen dazu Raumdimensionen wie oben, unten, neben, …
- Die Kinder spielen ein Reaktionsspiel. Sie bewegen sich frei im Raum und nehmen nach einem vereinbarten Signal möglichst schnell die Position neben, unter, auf, zwischen, hinter, … einen Körper ein (z.B. Klatschen = auf den Würfel, Knackfrosch = unter die Pyramide, Tamburin = zischen Quader und Säule).

- Das Kind beschreibt die Körper … folgendermaßen …
- Das Kind nennt Raumdimensionen wie oben, unten, über, neben, …
- Das Kind führt die Bewegung(en) (nicht) aus, die einem Signal/ mehreren Signalen zugeordnet wurden.

Lernkartei zur Automatisierung des Rechnens im Zahlenraum bis 20/ 100	
Empfohlene Klassenstufe (RRL)	1./2. Klasse
Fach	Mathematik
Angesprochene Inhaltsbereiche (RRL)	- Arithmetik
Aufgabenschwerpunkte (RRL)	- Zahlvorstellungen, Operationsvorstellungen schnelles Rechnen, Zahlenrechnen, Ziffernrechnen, flexibles Rechnen
Methodenschwerpunkte	Lernkartei, Kommunikation, Reflexion, Kooperation, Mind-Mapping, Lerntypen (logisch-mathematisch, verbal-sprachlich, visuell-räumlich)
Materialien	Karteikarten, Karteikasten mit 5 Karteikartenreitern, Alltagsmaterial (Bauklötze, Perlen, etc.), strukturiertes Material (Steckwürfel, Einerwürfel und Zehnerstangen, etc.), Stifte, Papier
Sozialform	E + G
Quelle (Ursprung der Aufgabe)	Gerster/Schulz (2004)

Ursprungsaufgabe

Auf der Vorderseite einer Karteikarte wird eine Rechenaufgabe ohne Ergebnis aufgeschrieben, auf der Rückseite wird die Aufgabe noch einmal mit dem Ergebnis notiert.

Die Karteikarten können je nach Schwierigkeitsgrad unterschieden und gestaltet werden:

- Grundaufgaben (die Aufgabe alleine mit doppelter visueller Unterstützung) z.B. auf blauen Karteikarten
- Ableitungsaufgaben (die Aufgabe und eine Nachbaraufgabe mit visueller Unterstützung) z.B. auf gelben Karteikarten
- Abrufaufgaben (eine Aufgabe ohne visuelle Unterstützung) z.B. auf weißen Karteikarten

Beispiel:

     Vorderseite   Rückseite

Grundaufgaben:

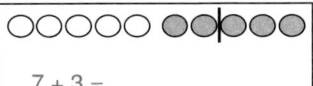

$7 + 3 =$

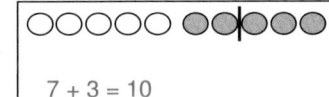

$7 + 3 = 10$

Ableitungsaufgaben:

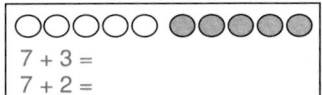

$7 + 3 =$
$7 + 2 =$

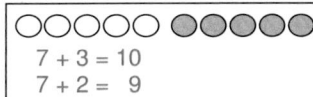

$7 + 3 = 10$
$7 + 2 = \ 9$

Abrufaufgaben:

$7 + 3 =$

$7 + 3 = 10$

Aufgabe und Differenzierungen	Mögliche Beobachtungen im Lernprozess

• Die Kinder führen ein Gespräch über allgemeine und persönliche Rechenfertigkeiten:
  - Wo können die Kinder im Alltag/ außerhalb des Lernortes ihre Rechenfertigkeiten nutzen und einbringen?
  - Welche Vorteile sehen die Kinder in der Fertigkeit, schnell, sicher und flexibel rechnen zu können?
  - Über welche kleinen Teilfertigkeiten müssen die Kinder für sicheres, schnelleres, flexibles Rechnen verfügen? (Anzahlen erfassen, Mengen zerlegen, mathematische Fragestellungen erkennen und lösen, ...)
  - Welche persönlichen Ziele formulieren die Kinder, z.B. darüber, wie viele Aufgaben sie in einer vereinbarten Zeit lösen möchten, wie sie sich vor dem Lösen von Aufgaben, währenddessen und im Anschluss fühlen möchten (Selbstkonzept in Bezug auf Erfolgserwartung, Selbsteinschätzung, Fähigkeitskonzept)?
  - Wozu möchten die Kinder schnell und sicher rechnen können? Sie finden Argumente für und gegen die Fähigkeit, schnell Rechnen zu können.
  - Die Kinder stellen Zusammenhänge zwischen Aufgaben her, z.B. zwischen „Verdoppeln/Halbieren" und/oder „einer mehr/einer weniger". Sie sammeln Argumente für die von ihnen gebildeten Zusammenhänge und überprüfen z.B. exemplarisch an einer/ mehreren Aufgaben ihre Argumente/ Überlegungen. Sie erstellen zu den von ihnen hergeleiteten Beziehungen ein Mind-Mapping, welches sie anderen Kindern/ ihren Eltern, etc. vorstellen.
  - Die Kinder schätzen ihre eigenen Rechenfertigkeiten ein. Sie überlegen wie/wodurch/durch wen die Kinder Unterstützung bekommen können und wie die Unterstützung gestaltet werden sollte oder sie erwägen, wie sie ihre Stärken nutzen und einbringen können, z.B. um andere Kinder zu unterstützen?
  - In Bezug auf die unterschiedlichen Rechenoperationen (z.B. Addition/ Subtraktion/ Multiplikation, ...) beschreiben die Kinder ihr zugrundeliegendes Verständnis. Sie nutzen ihr Verständnis, um Aufgaben korrekt zu lösen und/oder sie erklären anderen Kindern Zusammenhänge.
• Die Kinder lösen Aufgaben.
• Die Kinder nennen die Aufgabe zu einem Punktebild oder einer gelegten Aufgabe mit strukturiertem Material (Steckwürfel oder Einerwürfel und Zehnerstangen).
  - Die Kinder nennen alle Aufgaben, die zu dem
	• Das Kind schätzt seine Rechenfertigkeiten wie folgt ein ...
	• Das Kind benennt folgende persönliche Ziele ... für das Rechnen.
	• Das Kind stellt Zusammenhänge zwischen Aufgabe ... und Aufgabe ... wie folgt her ...
	• Das Kind nennt die Aufgabe zu einem Punktebild, welches ihm gezeigt wird, (nicht) spontan.
	• Das Kind zählt die Punkte einzeln ab und nennt dann die Aufgabe.
	• Das Kind benennt folgende Beziehungen zwischen Aufgaben ... und Rechenstrategien ...
	• Das Kind erklärt seinen Lösungsweg für die Aufgabe ... folgendermaßen ...
	• Das Kind erläutert die Begriffe "Verdoppeln"/ „das Doppelte von"/ „doppelt so viele" folgendermaßen ...
	• Das Kind erklärt die Begriffe "Halbieren"/"die Hälfte von"/halb so viele" folgendermaßen ...
	• Das Kind erklärt folgende Rechenstrategien ... (z.B. „5er-Trick", „Rechnen mit der Null oder 10", „Eins mehr/zwei

Punktebild/ dem gelegten Material möglich sind.
- Die Kinder notieren die Aufgaben zu der durch Material dargestellten Aufgabe.
• Ein Punktebild oder die durch Material dargestellte Aufgabe wird den Kindern sehr kurz (1-2 Sekunden lang) gezeigt. Die Kinder benennen möglichst spontan („blitzblick-artig") die Aufgabe.
• Die Kinder werden aufgefordert, das Punktebild zu visualisieren, d.h. es vor dem „inneren" Auge/einer „inneren" Leinwand zu sehen (hilfreich kann dabei sein, dass die Kinder einen bestimmten Punkt an der Wand/auf dem Tisch anschauen oder die Augen schließen). Sie können die Aufgabe dabei laut aussprechen.

• Die Kinder lösen Aufgaben mit doppelter visueller Unterstützung:
- Die Kinder sehen sich die Aufgaben auf der Vorderseite der Karteikarten an und legen sie mit Alltagsmaterial (z.B. Stifte, Perlen, Bauklötze, Naturmaterialien) oder mit strukturiertem Material (z.B. Steckwürfel oder Einerwürfel und Zehnerstangen) nach.
- Die Kinder notieren auf der Karteikarte zu den Grundaufgaben die Umkehraufgaben, z.B. zu der Aufgabe „7+8" die Aufgabe „8+7".
- Die Kinder erstellen sich selber Karteikarten.
- Die Kinder erfinden zu Karteikarten mit Grundaufgaben selbst mögliche Ableitungsaufgaben, z.B. zu der Grundaufgabe „7+8" die Ableitungsaufgaben „8+8", „7+7" usw.
• Die Kinder erfinden zu den Aufgaben Rechengeschichten und notieren sie zu den Karteikarten. So können sich die Kinder entscheiden.
• Die Kinder erstellen gemeinsam/ jeder für sich einen Arbeitsplan, in dem es Zeiten festlegt, in denen es mit der Lernkartei arbeiten möchte. Wie soll dazu der Raum gestaltet werden? Welches Material benötigen die Kinder dazu? ...
• Die Kinder besprechen: Welches Kind kann wie viele Aufgaben in einer vorgegebenen Zeit lösen? Wie schafft es das? Welche Strategien hat es? Wie viele Aufgaben haben die Kinder gemeinsam in der vereinbarten Zeit gelöst? Können die Kinder jeweils die persönliche Anzahl an gelösten Aufgaben mit der Zeit steigern?

• Die Kinder stellen Verknüpfungen zwischen einzelnen Aufgaben und Rechenstrategien her: Die Kinder bekommen eine Anzahl an Karteikarten mit Abrufaufgaben (Aufgaben ohne visuelle Unterstützung):
- Die Kinder notieren zu einer Abrufaufgabe mehrere

mehr", „Verdoppeln plus 1/2 ", „Zehnersummen", „8er-Trick", „9er-Trick") folgendermaßen ...
• Das Kind löst in dem Zeitraum von ... Minuten folgende Additions- und/oder Subtraktionsaufgaben ...
• Das Kind äußert, dass es (keine) Freude daran habe, mit anderen Kindern zusammenzuarbeiten.
• Das Kind nennt Ergebnisse ...
• Das Kind nutzt die Lernkartei selbständig zum Üben.
• Das Kind fordert Unterstützung von anderen Kindern/ dem Pädagogen in folgender Form ein ...
• Das Kind äußert eigene Ideen/Ziele ... zu der Arbeit mit der Lernkartei.
• Das Kind entwickelt folgende Strategie/ Systematik in der Arbeit mit der Lernkartei ...

Rechenstrategien, z.B. zu der Abrufaufgabe „7+8" die Rechenstrategien „das Doppelte von 7 plus 1", „das Doppelte von 8 minus 1", „5er-Trick" (8+ 5+2), usw.	

• Die Kinder arbeiten regelmäßig mit der Lernkartei, um darüber mit der Zeit eine zunehmende Automatisierung von Aufgaben zu erreichen.
  - Die Kinder üben/ wiederholen Aufgaben jeden Tag ca. 5 min. alleine mit der Lernkartei. Dazu bekommen sie entweder die Karten mit Grundaufgaben, oder Ableitungs- oder Abrufaufgaben oder erstellen sich selber entsprechende Karteikarten.
  - Sie unterteilen einen Karteikasten durch 5 Karteikartenreiter in 5 Felder (z.B. Felder mit den Bezeichnungen von 1 bis 5 oder z.B. für Fußballfans die Bezeichnungen: Feld 1 = „Vorrunde", Feld 2 = „Achtelfinale", Feld 3 = „Viertelfinale", Feld 4 = „Halbfinale" und Feld 5 = „Finale").
  - Jeden Tag lösen die Kinder die Aufgaben, die sie bei richtigem Lösen ein Feld weiter nach hinten einsortieren können.	

Die Lernkartei kann erweitert werden durch Aufgaben des kleinen Einsminuseins/ durch Aufgaben im Zahlenraum bis 100/ durch Aufgaben des kleinen Einmaleins/ durch Aufgaben des Einsdurcheins.	

Alexander rechnet

Karteikarten für die Automatisierung des Rechnens im Zahlenraum bis 10

Grundaufgaben:

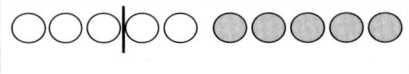

3 + 7 =

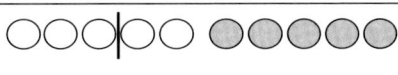

3 + 7 = 10

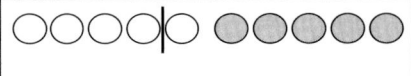

4 + 6 =

4 + 6 = 10

5 + 5 =

5 + 5 = 10

6 + 4 =

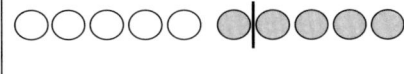

6 + 4 = 10

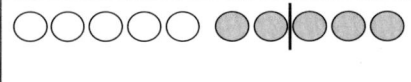

7 + 3 =

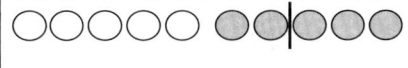

7 + 3 = 10

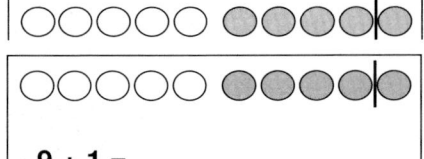

9 + 1 =

9 + 1 = 10

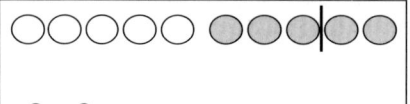

8 + 2 =

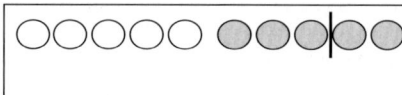

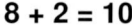

8 + 2 = 10

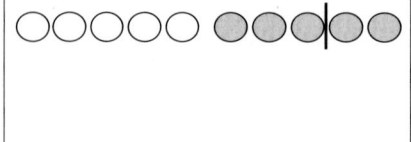

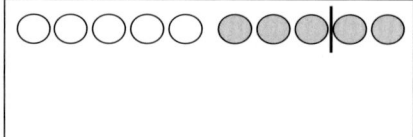

Bewegung im Zahlenraum bis 20

Empfohlene Klassenstufe (RRL)	1.-4. Klasse
Fach	Mathematik
Angesprochene Inhaltsbereiche (RRL)	- Arithmetik
Aufgabenschwerpunkte (RRL)	- Zahlenvorstellungen, Operationsvorstellungen, Zahlenrechnen
Methodenschwerpunkte	Kommunikation, Reflexion, Lernen über Bewegung, Mind-Mapping, Lernkartei, multisensorisches Lernen, Lerntypen (visuell-räumlich, körperlich- bewegungsbezogen, naturbezogen)
Materialien	20 Teppichfliesen, Blankowürfel, Stifte, Papier, Karteikarten
Sozialform	E + G
Quelle (Ursprung der Aufgabe)	Ganser/Schindler/Schüller (2003), Reinecke (2007)

Ursprungsaufgabe
Die Kinder ordnen die Teppichfliesen in zwei Reihen à 10 an (wie im Zwanzigerfeld) und legen entsprechende Ziffernkarten daneben (evtl. auch Perlenstangen mit entsprechender Anzahl an Perlen oder Steckwürfelstangen). Die Kinder gehen die Teppichfliesen vorwärts und rückwärts ab und zählen dabei.

Aufgabe und Differenzierung	Mögliche Beobachtungen im Lernprozess
• Die Kinder erhalten die Aufgabe, so viele unterschiedliche Informationen wie möglich zu „Zahlen" und „Ziffern" (z.B. Bedeutung von Zahlen, Wert einer Zahl, Nutzen von Zahlen, Zeichen für Zahlen,...) bei verschiedenen Personen zu erfragen: 　- Die Kinder berichten den anderen Kindern, welche Informationen sie von welchen Personen über Zahlen und Ziffern erhalten haben. 　- Die Kinder erstellen ein Plakat, auf dem sie ihre Informationen veranschaulichen. Die Kinder sammeln und suchen Materialien (in Zeitungen, Zeitschriften, im Internet,...) nach Bildern, die mit dem Thema „Zahlen" und „Ziffern" zu tun haben. Diese werden von den Kindern den erhaltenen Informationen über „Zahlen" und „Ziffern" zugeordnet und erstellen daraus ein Plakat mit verschiedenen Informationsfeldern. • Die Kinder recherchieren in Büchern/Lexika oder im Internet zu spezifischen Fragestellungen: 　- Wie lange gibt es bereits Zahlen? 　- In welchem Kulturkreis wurden die ersten Zahlen genutzt? 　- Wie werden die Zahlen in den unterschiedlichen Ländern/ Kulturkreisen geschrieben? 　- Welche Zahlen gab es im Verlauf der Jahrtausende in unserem Kulturkreis? 　- Seit wann schreiben wir in unserem Kulturkreis arabische Zahlen? 　- Kennen die Kinder noch andere Schreibweisen von Zahlen, z.B. römische Zahlen?	• Das Kind nennt folgende Informationen ..., die es über Zahlen und Ziffern erhalten hat. • Das Kind begründet einen Zusammenhang zwischen Bild ... und „Zahlen"/ „Ziffern" folgendermaßen ... • Das Kind stellt folgende Fragen zu „Zahlen"/„Ziffern"... • Das Kind verhält sich bei der Recherche folgendermaßen ... • Das Kind be-

- Die Kinder überlegen, wo sie in ihrem Alltag Zahlen finden, z.B. in der Klasse, auf Verpackungen, bei Würfel- und Brettspielen, …
- Die Kinder berichten von eigenen Alltagserfahrungen und -situationen, in denen Zahlen eine Rolle gespielt haben.
- Die Kinder überlegen, in welchen Berufen Zahlen eine große Bedeutung spielen. Die Kinder tauschen sich untereinander aus, weshalb Zahlen in diesen Berufen eine große Rolle spielen und eine große Bedeutung haben.
- Die Kinder überlegen Argumente für die Bedeutung von Zahlen im Alltag. Es können zwei Gruppen gebildet werden, die eine Gruppe überlegt sich Argumente für „eine Welt ohne Zahlen" und die andere Gruppe Argumente für „eine Welt mit Zahlen". Die Kinder diskutieren anschließend über die Bedeutung von Zahlen in der Welt. Anschließend wird ein Plakat mit Bildern erstellt, welche Gegenstände enthalten, die es mit Zahlen gibt und Gegenstände, die es ohne Zahlen geben würde.
- Die Kinder erfahren unterschiedliche Zahlaspekte. Dazu:
  - nennen die Kinder für sie persönlich bedeutsame Zahlen und begründen, wieso ihnen die Zahl besonders gefällt bzw. besonders viel bedeutet (z.B. Alter, Geburtstag, Lieblingszahl (z.B. Rückennummer des Lieblingsfußballspielers), Telefonnummer (individuelle Zahlbedeutung), …).
  - stellen die Kinder die Zahlen als Zahlwortfolge dar, z.B. am Zahlenstrahl, der mit 0 beginnt und an dem dann 1, 2, 3 … folgen (Zählzahlaspekt).
  - stellen die Kinder die Zahlen als Menge dar, z.B. 5 Finger, 2 Augen, … (Kardinalzahlaspekt).
  - machen sie die Beziehungen zwischen den Zahlen deutlich, z.B. am Zahlenstrahl durch einen Pfeil von der 2 bis zur 5, … (Operatoraspekt).
- Die Kinder erstellen selber Zahlen aus unterschiedlichen Materialien (z.B. Holz, Papier, Watte, Federn, …) und/oder in unterschiedlichen Größen oder Schriften.
- Die Kinder wählen zu speziellen Zahlen jeweils ein Tier oder einen Gegenstand aus und malen diesen auf eine Karteikarte. Der Gegenstand wird entweder entsprechend der Menge der Zahl abgebildet oder enthält ein Merkmal, welches die Zahl symbolisiert (dieser wird bei der Zeichnung besonders betont). Auf die Rückseite der Karte schreiben die Kinder die ausgewählte Zahl. Die Karten werden auf einem Tisch ausgebreitet und die Kinder überlegen gemeinsam, welche Zahl in diesem Bild wieder zu finden ist (z.B. 2 = Ente (zwei Füße)).
- Die Kinder gestalten eine Zahlenausstellung. Dazu gestalten sie die Informationen aus der Recherche und aus ihren Zahldarstellungen auf Plakaten oder erstellen dazu ein Mind-Mapping.
- Die Kinder bewegen sich im Zahlenraum bis 20: Sie ordnen die Teppichfliesen in je 2 Reihen zu jeweils 10 Teppichfliesen an.
  - Sie gehen die Teppichfliesen vorwärts ab .Sie zählen bei

- nennt folgende Zahlen, die es aus dem Alltag kennt …
- Das Kind nennt folgende Rollen … die Zahlen in Berufen… einnehmen.
- Das Kind nennt folgende Argumente… für den Erhalt / die Abschaffung von Zahlen in der Welt.
- Das Kind nennt folgende Zahl(en) …, zu denen es einen persönlichen Bezug hat und begründet dies wie folgt …
- Das Kind wählt folgenden Gegenstand … für die Zahl … aus und begründet den Zusammenhang wie folgt …
- Das Kind benennt die Zahlwortfolge.
- Das Kind zählt vorwärts, rückwärts von … bis …
- Das Kind benennt die Nachbarzahlen von … sofort, nach einiger Zeit,

jedem Schritt deutlich „eins", „zwei", „drei", ...(hierbei ist auf eine klare Abgrenzung der Schritte und Zählzahlen zu achten, damit die Kinder die Eins-zu-Eins-Zuordnung erfahren).

- Die Kinder gehen die Teppichfliesen rückwärts ab. Auch hierbei sollte auf eine klare Abgrenzung der Schritte und Zählzahlen geachtet werden, damit die Kinder die Eins-zu-Eins-Zuordnung erfahren. Die Kinder begleiten das Rückwärtslaufen durch Rückwärtszählen.

- Die Kinder betreten jeweils nur jede 2te, 5te, ... Teppichfliese und zählen z.B. in Zweier- oder Fünferschritten.

- Ein Kind stellt sich auf eine Teppichfliese und die anderen Kinder nennen möglichst schnell die Nachbarzahlen. Das Kind, welches die Zahlen zuerst nennt, darf sich als nächstes auf eine Teppichfliese stellen, so dass die anderen Kinder erneut die Nachbarzahlen nennen können.

- Die Kinder stellen sich auf eine Zahl in diesem Zwanzigerfeld. Sie würfeln mit einem „Blanko-Würfel" (Würfel mit beschreibbaren Seitenflächen). Auf die beschreibbaren Flächen des Würfels schreiben die Kinder Rechenaufforderungen, z.B. „+3", „-2", usw. Die Kinder würfeln mit dem Würfel und gehen entsprechend der Rechenanweisung in dem Zwanzigerfeld vor/zurück.

- Die Kinder überlegen:
  - Hat jede Zahl eine feste Position?
  - Wo befindet sich die Zahl ... im Zwanzigerfeld?
  - Welche Zahl ist größer/ kleiner als ...?
  - Wie viele Schritte sind notwendig von der Zahl ... zum nächst höheren/ niedrigen Zehner?
  - Welche Rechenzeichen (welche Rechenoperation) werden durch Vorwärtslaufen, welche durch Rückwärtslaufen dargestellt?
  - Was sind die Nachbarzahlen von ...?
  - Wie kommen die Kinder von der Zahl ... zu der Zahl ...?
  - Was ist die Differenz zwischen der Zahl ... und Zahl ...(z.B. zwischen 3 und 13)?
  - Was sind Zehner-, was Einerzahlen?

- Die Kinder tauschen sich über diese Fragen aus. Sie diskutieren über die Fragen. Sie finden Begründungen für ihre Aussagen und eigene Beispiele aus dem Alltag dazu. Die Kinder einigen sich auf Aussagen und halten diese schriftlich fest.

- Sie notieren die Informationen über die Zahlen auf Karteikarten, so dass sie jederzeit auf ihr Wissen über Zahlen zurückgreifen können.

nachdem es auf dem 20er Feld nachgesehen hat.

- Das Kind gibt die Differenz zweier Zahlen an.

- Das Kind unterscheidet „Einer" und „Zehner" und erläutert sie durch folgende Beispiele ...

- Das Kind stellt folgende Beziehungen zwischen den Zahlen her ..., z.B. Größer-Kleiner- Beziehungen, das Doppelte von, weniger als, usw.

- Das Kind hält beim Abgehen der Teppichfliesen die Eins-zu-Eins-Zuordnung (nicht) ein.

- Das Kind läuft ... vorwärts und/ oder rückwärts über die Teppichfliesen

Ricarda & Alexander bewegen sich zusammen im Zahlenraum

Einmaleins - Suche

Empfohlene Klassenstufe (RRL)	2.-4. Klasse
Fach	Mathematik
Angesprochene Inhaltsbereiche (RRL)	Arithmetik
Aufgabenschwerpunkte (RRL)	- Operationsvorstellung, schnelles Rechnen, Zahlenrechnen, Ziffernrechnen - Verständnis, Sicherheit, Flexibilität im Umgang mit Zahlen und Rechenoperationen - Befähigung zur Lösung mathematischer Probleme - Freude an der Mathematik und eine positive Einstellung zur Mathematik
Methodenschwerpunkte	Bewegung, Kooperation, Interaktion, Reflexion, Mind-Mapping, Lerntypen (visuell-räumlich, körperlich-bewegungsbezogen), multisensorisches Lernen
Materialien	verschiedene Schachteln (z.B. Streichholzschachteln, Schuhkartons, etc.), Schreibmaterial, Karten mit Einmaleinsaufgaben
Sozialform	E + G
Quelle (Ursprung der Aufgabe)	Webersberger (2001)

Ursprungsaufgabe
Die Stühle der Kinder werden z.B. zu Vierer-, Fünfer-, Sechser- Häuser zusammengestellt. Die Kinder bewegen sich im Raum. Der Pädagoge nennt eine Zahl, z.B. 30 und die Kinder bewegen sich zu dem Haus, durch das die genannte Zahl teilbar ist, hier z.B. das Fünfer- und/oder Sechser- Haus.

Aufgabe und Differenzierungen	Mögliche Beobachtungen im Lernprozess
• Die Kinder bewegen sich frei im Raum. Der Pädagoge nennt eine Zahl zwischen 1 und 10. Die Kinder finden sich möglichst schnell zu der Anzahl zusammen, z.B. immer zu viert, fünft, etc. Dann gehen sie wieder auseinander und das Spiel geht weiter. - Anschließend überlegen die Kinder gemeinsam: Welche Zahl geht in der Gruppe auf? Wie viele Gruppen können mit welchen Zahlen gebildet werden? Wie viele Kinder bleiben bei welcher Zahl über und bilden „den Rest"? Kann der „Rest" durch bestimmte Operationen „verwertet" werden? (z.B. wenn immer 5 Kinder von 24 Kindern zusammengehen und 4 Kinder über bleiben... 4 Kinder + 1 Pädagoge = eine weitere 5er Gruppe) - Die Kinder erhalten eine Packung Gummibärchen. Die Kinder zählen nach, wie viele Gummibärchen in der Tüte sind. Die Kinder überlegen, wie viele Gummibärchen sie am Tag (in einer Stunde / in einer Woche /…) essen dürfen, wenn sie 1 Woche (einen Tag/eine Woche/…) halten sollen.	• Das Kind bewegt sich frei im Raum und reagiert auf die Ansagen des Pädagogen wie folgt … • Das Kind bewegt sich im Raum folgendermaßen … (z.B. es nutzt den ganzen Raum, bewegt sich in einem kleinen Bereich des Raumes, …) • Das Kind orientiert sich im Raum. • Das Kind geht zu vollständigen

129

Einmaleinsreihe:
- Die Kinder gestalten ein Plakat mit dem Einmaleins.
  - Die Kinder schreiben in Kleingruppen das Einmaleins auf.
  - Die Kinder überlegen, wie sie das Einmaleins auf einem Plakat anordnen und darstellen könnten. Die Kinder skizzieren ihre Ideen auf einem Blatt. Anschließend tauschen sie ihre Ideen aus. Die Kinder diskutieren darüber, welche Vor- und Nachteile einzelne Darstellungsformen haben (z.B. untereinander, nebeneinander, in Tabellenform,...).
  - Die Kinder erstellen ein Mind-Mapping mit allen genannten Darstellungsformen des Einmaleins auf einem Plakat.
  - Jedes Kind sucht sich die Darstellungsform(en) aus, die es besonders ansprechend und verständlich empfindet. Das Kind erstellt in der ausgewählten Form ein Plakat mit dem Einmaleins. Die Kinder präsentieren ihre Plakate den anderen Kindern und begründen ihre Wahl für bestimmte Darstellungsformen und nennen die von ihnen empfundenen Vorteile dieser Art der Veranschaulichung. Die Kinder nehmen das Plakat mit nach Hause und können es sich in ihr Zimmer hängen, um das Einmaleins zu verinnerlichen.
- Eine Einmaleinsreihe, z.B. „1 mal 5", wird gemeinsam vereinbart. Die Kinder bewegen sich frei im Raum. Der Pädagoge/ein Kind nennt eine Zahl, z.B. „35". Kommt sie in der vereinbarten Einmaleinsreihe vor (wie im Beispiel), setzen sich die Kinder möglichst schnell auf den Boden oder treffen sich auf einer Matte, etc. Lässt sich die genannte Zahl nicht durch die verabredete Zahl teilen, bewegen sich die Kinder weiter frei im Raum.

Operationsverständnis in Bezug auf die Einmaleins- und Einsdurcheinsreihen:
- Die Kinder bauen aus verschiedenen kleinen oder großen Schachteln (z.B. Streichholzschachteln, Schuhkartons) Einmaleinshäuser. An jedem Karton befestigen sie eine „Hausnummer" (die Bezeichnung einer Reihe). In die Häuser legen sie Karten mit verschiedenen Aufgaben zu der Einmaleins- und Einsdurcheinsreihe (so werden Beziehungen zwischen den Multiplikations- und Divisionsaufgaben deutlich (z.B. 8 x 3/ 3 x 8/ 24 : 3/ 24 : 8).

Gruppen nicht mehr dazu.
- Das Kind geht zu den „Häusern", durch die die genannte Zahl teilbar ist.
- Das Kind benennt, wie viele gleich große Portionen mit einer benannten Anzahl an Elementen gebildet werden können (z.B. „5 mal 3 Kinder können sich in einer Gruppe von 15 Kindern treffen").
- Das Kind benennt bei einer Aufgabe, die nicht aufgeht, die restliche Menge.
- Das Kind schreibt das Einmaleins vollständig auf.
- Das Kind nennt folgende Ideen ..., wie das Einmaleins auf einem Plakat dargestellt werden kann.
- Das Kind reagiert wie folgt auf vorgeschlagene Darstellungsformen ...
- Das Kind nennt

Drei Darstellungsebenen sollten dabei genutzt werden:
1. Bildhafte Darstellung, z.B. Darstellung der Aufgabe auf einem Hunderterfeld oder einem Zahlenstrahl, etc.
2. Darstellung einer Handlung, z.B. Darstellung der Aufgabe 8 x 3 durch eine Rechengeschichte, die die Kinder selber ausführen könnten (z.B. Fabian verteilt einige Tennisbälle. Er gibt 8 Kindern jeweils 3 Bälle. Wie viele Bälle verteilt er?)
3. Symbolische Darstellung, z.B. Darstellung der Aufgabe durch Ziffern (z.B. 8 x 3 = ?).
   - Die Kinder bearbeiten alleine/ mit anderen Kindern zusammen die Aufgaben der verschiedenen Einmaleinshäuser.
   - Die Kinder erfinden neue Aufgaben zu den Einmaleinsreihen und legen sie dann ebenfalls in das Häuschen.
   - Die Kinder ergänzen die Darstellungsebene um eine Aufgabe (z.B. eine symbolische Darstellung der Aufgabe 3 x 4) durch die anderen Darstellungsformen (bildlich und auf Handlungsebene).

Spiele zum Einmaleins:
- Die Kinder stellen sich zu zweit gegenüber und sprechen ab, wer von ihnen welche Einmaleinsreihe vertritt, z.B. ein Kind vertritt die Reihe „1 mal 6", das andere Kind die Reihe „1 mal 4". Nun nennt der Pädagoge Zahlen. Immer wenn die genannte Zahl durch 6 teilbar ist, versucht dieses Kind die Hände seines Gegenspielers „abzuklatschen", bei Zahlen, die durch 4 teilbar sind, versucht das andere Kind die Hände des Gegenspielers „abzuklatschen". Wenn eine Zahl durch keine Zahl teilbar ist, warten beide Kinder bis die nächste Zahl erfolgt.
- Eine Zahl wird gemeinsam vereinbart, z.B. die Zahl 24. Der Pädagoge nennt nun verschiedene Einmaleinsaufgaben, z.B. 7 x 8, 9 x 3, etc. Ist das Ergebnis größer als die abgesprochene Zahl (in diesem Beispiel die Zahl 24), stehen die Kinder auf. Ist sie kleiner, hocken sich die Kinder auf den Boden. Ergibt das Ergebnis genau die abgesprochene Zahl, tauschen alle Kinder ihre Plätze.
- Die Kinder entwickeln selbst Spiele zum Einmaleins.
   - Die Kinder sammeln in Kleingruppen bekannte Klatsch- und Fangspiele, erklären sich den Ablauf der Spiele gegenseitig und schreiben diese auf.

folgende Vorteile/ Nachteile der Darstellungsform … zum Einmaleins.
- Das Kind begründet die Wahl für die Darstellungsform … des Einmaleins wie folgt …
- Das Kind führt die Bewegung aus, die auf ein passendes Ergebnis einer Einmaleins- oder Einsdurcheinsaufgabe schließen lässt. Welche?
- Das Kind nimmt während der Bewegungen mit anderen Kindern durch … Kontakt auf.
- Das Kind kann die Aufgaben … der Einmaleinsreihe … (schnell, langsam, nicht, …) lösen.
- Das Kind benennt folgende Beziehungen zwischen Multiplikations- und Divisionsaufgaben …
- Das Kind wechselt zwischen

- Die Kinder diskutieren, wie der Ablauf der Spiele mit Rechenaufgaben zum Einmaleins verknüpft werden kann. Die Kinder probieren die Spiele aus und diskutieren anschließend darüber, welche aus ihrer Sicht gut geklappt und welche weniger gut geklappt haben. Sie tauschen ihre Eindrücke untereinander aus. Sie überlegen, was die Ursachen dafür sind, dass bestimmte Vereinbarungen/Abkommen gut oder weniger gut geklappt haben. - Die Kinder überlegen, wie das gleiche Spiel schwieriger/ leichter, schneller/ langsamer, … gestaltet werden kann (z.B. durch Veränderung/ Mischung der Rechenoperationen, längere Aufgabe, …)	den Darstellungsformen und stellt Beziehungen zwischen den Ebenen wie folgt her … (Operationsverständnis). • Das Kind zeigt (k)eine schnelle Reaktionsfähigkeit.

Maßeinheiten	
Empfohlene Klassenstufe (RRL)	1.-4. Klasse
Fach	Mathematik
Angesprochene Inhaltsberei- che (RRL)	- Geometrie - Sachrechnen
Aufgabenschwerpunkte (RRL)	- Raum, ebene Figuren, Körper, Zeichnen - Sachzusammenhänge, Daten und Häufigkeiten, Größenvorstellungen, Umgang mit Größen
Methodenschwerpunkte	Kommunikation, Kooperation, Reflexion, Mind-Mapping Bewegung, Arbeitsplan, Projektarbeit, Lerntypen (lo- gisch-mathematisch, verbal-sprachlich, körperlich- bewegungsbezogen, visuell-räumlich)
Materialien	Verschiedene Gegenstände im Raum, unterschiedliche Messinstrumente (Waage, Zollstock, Maßband, Stopp- uhr, Waage), Papier, Stifte, kariertes Papier, verschie- dene Werkzeuge und Werkstoffe (z.B. Holz, ...)
Sozialform	E + G
Quelle (Ursprung der Aufga- be)	Kutzer (2001), Reichenbach/ Lücking (2007)

Ursprungsaufgabe	
Die Kinder erfahren unterschiedliche Größen. Sie erschließen die Eigenschaften von Gegenständen und beschreiben sie, z.B. deren Form, Umfang, Farbe, Fläche, etc.	

Aufgabe und Differenzierungen	Mögliche Beo- bachtungen im Lernprozess

• Die Kinder benennen in einem gemeinsamen Gespräch ihnen bekannte Maßeinheiten.
  - Woher kennen sie die Maßeinheiten?
  - Welche Maßeinheiten gibt es?
  - Wozu gebraucht man Maßeinheiten?
  - Wozu sind Maßeinheiten wichtig?
  - In welchen Lebensbezügen haben die Kinder bereits Maß- einheiten kennengelernt (z.B. beim Ausmessen eines Zim- mers, Bau eines Vogelhäuschens, ...)?
  - In welchen Lebenskontexten treten Maßeinheiten auf (Beruf des Schreiners, Laufpensum eines Fußballspielers, ...)?
  - Haben die Kinder eine Maßeinheit, zu der sie einen persön- lichen Bezug herstellen?
• Die Kinder erschließen sich, welche Maßeinheiten in anderen Ländern/Kulturkreisen existieren.
  - Durch welche Maßeinheiten werden in anderen Ländern Formen, Umfänge, Flächen, etc. erfasst?
  - Gibt es in anderen Ländern/ Kulturkreisen andere Messin- strumente als bei uns?
• Die Kinder sammeln Erkenntnisse darüber, wie die Menschen vor Jahrtausenden oder Jahrhunderten Maßeinheiten bestimmt haben. Sie führen einen kritischen Diskurs über die Bedeutung für das Leben in vergangener und in gegenwärtiger Zeit. Wie haben sich die Messinstrumente im Laufe der Zeit verändert?
	• Das Kind nennt folgen- de Maßeinhei- ten ...
	• Das Kind hat mit folgenden Maßeinheiten ... bereits fol- gende Erfah- rungen ... ge- sammelt.
	• Das Kind er- klärt, welche Eigenschaften es mit wel- chen Maßein- heiten messen kann.
	• Das Kind ref- lektiert die Gegebenhei- ten in vergan- gener Zeit mit

Waren die Messinstrumente früher jedem zugänglich? Wie haben die Menschen z.B. ohne Zentimetermaß gemessen? Wie haben sich die Bezeichnungen/Begriffe verändert? Welche Bedeutung hat der alltägliche Umgang mit Maßen und Messinstrumenten für sie persönlich und ihr Leben?

- Die Kinder gehen immer zu zweit/dritt zusammen und erstellen zu Maßeinheiten ein Mind-Mapping. Sie tragen alle Informationen, die sie über Maßeinheiten durch Recherchen (in Büchern, Internet), durch Interviews, die sie mit Personen (z.B. aus bestimmten Berufsgruppen, die viel mit Maßeinheiten arbeiten, wie Schreiner, Tischler, Maurer, Architekt, …) geführt haben oder durch eigene Erfahrungen gemacht haben, in das Mind-Mapping ein.
- Die Kinder sammeln, welche Eigenschaften, z.B. Länge, Breite, Höhe, Gewicht, Volumen (Inhalt) durch welche Maßeinheiten benannt werden können, z.B. kann eine Länge oder Entfernung in Zentimeter, Meter, usw. / ein Gewicht in Kilogramm, Gramm etc. angegeben werden.
- Die Kinder überlegen was sie in ihrem Lernraum (Klasse, Kinderzimmer, …) (ver)messen können, z.B. die Länge des Tisches, die Breite einer Tafel, die Liter in einer Gießkanne, das Gewicht einer Topfblume, etc.
- Die Kinder schreiben die Maßeinheiten auf Karten und bringen sie an den Gegenständen an, z.B. Länge, Größe, Gewicht, Flüssigkeit, Abstand, etc.
- Die Kinder vergleichen unterschiedliche Gegenstände in Bezug auf eine gleiche Eigenschaft, z.B. Länge des Tisches, der Tafel, einer Fensterbank: Was ist gleich lang, länger, kürzer?
  - Sie vergleichen die Gegenstände direkt, z.B. in dem sie die Gegenstände nebeneinander stellen oder legen.
  - Sie schätzen, welche Gegenstände länger, kürzer, etc. sind und begründen ihre Vermutungen …
  - Die Kinder messen, welche Gegenstände länger, kürzer, etc. sind und vergleichen die Ergebnisse mit ihren Schätzungen im Vorfeld.
- Die Kinder protokollieren ihre Ergebnisse und tragen sie z.B. in eine Tabelle ein. So können die Kinder ihre Ergebnisse systematisieren.
- Analog zu dem Spiel „Ich sehe was, was du nicht siehst…", sucht ein Kind sich einen Gegenstand aus und beschreibt ihn: „mein Gegenstand ist ca. … cm lang, ca. … kg schwer, länger als …, kürzer als …". Die anderen Kinder versuchen zu erkennen, welchen Gegenstand das Kind meint.
- Die Kinder untersuchen verschiedene Gegenstände bezüglich ihres Umfangs. Dazu stellen die Kinder gemeinsame Überlegungen an oder erschließen/ experimentieren jeder für sich. Sie teilen ihre Überlegungen verbal den anderen Kindern mit oder halten sie schriftlich fest:
  - Was bedeutet der Begriff „Umfang"?
  - Woher kennen sie den Begriff (vielleicht Bauchumfang oder Körperumfang beim Kleidungseinkauf)?

der heutigen Zeit und zieht folgende Schlüsse daraus …

- Das Kind nennt folgende länderspezifische Maßeinheiten …
- Das Kind äußert Freude, die Länge, das Gewicht, etc. zu messen.
- Das Kind schätzt Längen, Höhen, Gewichte, etc. folgendermaßen ein …
- Das Kind nennt folgende … Erfahrungswerte, Merkmale eines Gegenstandes etc., an denen es sich bei seiner Einschätzung orientiert.
- Das Kind bildet beim Messen Kategorien, z.B. …
- Das Kind zeichnet ein Feld nach vorgegebenen Maß- oder Kästcheneinheiten.
- Das Kind arbeitet wie folgt mit anderen Kindern zusammen …
- Das Kind benutzt folgende

• Die Kinder sehen sich verschiedene Formen oder Gegenstände an (z.B. von einem Würfel, einem Schuhkarton, ...) und erschließen sich die Eigenschaften des Gegenstandes:
  - Sind alle Seiten gleich lang?
  - Welche Seiten sind unterschiedlich lang?
  - Wie können die Kinder den Umfang herausbekommen? Dazu nutzen sie Recherchen im Internet oder führen eine Befragung durch.
• Die Kinder binden um einen/mehrere Gegenstände ein Schleifenband/ oder einen Faden oder umwickeln es/sie mit Geschenkpapier. Anschließend nehmen die Kinder das Band/ Papier wieder ab. Sie vergleichen die verschiedenen Bänder/ Papiere miteinander. Welche sind länger, kürzer, gleich lang? Was bedeutet das in Bezug auf den Umfang?
	Messinstrumente ...
	• Das Kind nennt seine Vorstellungen vom Umfang/ Fläche ...
	• Das Kind bringt seine Ideen ein.
	• Das Kind formuliert folgende Arbeitsschritte/ folgendes Vorgehen ...

• Die Kinder untersuchen verschiedene Gegenstände bezüglich ihrer Fläche. Sie überlegen:
  - Was bedeutet der Begriff „Fläche"?
  - Welche Flächen kennen die Kinder (z.B. Rasenflächen, Spielflächen)?
• Die Kinder malen die Flächen von Formen aus.
• Die Kinder übertragen die Grundflächen von unterschiedlichen Gegenständen (z.B. Flaschen, Würfel, Gläser, ...) auf Papier, indem sie die Gegenstände auf das Papier legen/ stellen und sie mit einem Stift umranden. Anschließend nehmen sie die Gegenstände herunter und schneiden die umrandeten Flächen aus. Diese können sie nun durch Übereinanderstapeln miteinander vergleichen.
• Die Kinder überlegen, wie sie die Grundfläche von Gegenständen messen können, z.B. durch Zählen von Papierkästchen, Auslegen mit einem vereinbarten Material, ...
	• Das Kind sieht während der Arbeitsschritte auf den Arbeitsplan.
	• Das Kind beschreibt seine Erfahrungen mit dem Arbeitsplan folgendermaßen ...
	• Das Kind nennt in einem Reflexionsgespräch folgende Aussagen zu seinem Arbeitsverhalten, zur Kommunikation in der Gruppe und zur Kooperation in der Gruppe, ...
	• Das Kind nennt folgende Ideen, in welche anderen Lebensbereiche es das Gelernte übertragen kann ...

Nathalie schätzt die Maße der Materialien und vergleicht diese

• Die Kinder messen mit Messinstrumenten die Maße verschiedener Gegenstände: - Sie überlegen, welche Messinstrumente sie kennen.

- Sie berichten, in welchen Situationen/ anderen Lebensbereichen sie Messinstrumente, wie z.B. … kennengelernt haben. - Sie schätzen das Gewicht/ die Länge/ Breite/ Höhe etc. des Gegenstandes … folgendermaßen ein …, bevor sie messen. - Sie tauschen sich über ihre Schätzwerte und über die Messergebnisse aus. Welche Ergebnisse haben sie erwartet, was hat sie überrascht? Warum? An welchen Merkmalen haben die Kinder ihre Schätzungen vorgenommen? Was hat ihnen besonders in ihrer Schätzung geholfen? • Die Kinder tragen ihre Ergebnisse in eine vorgegebene Tabelle ein oder sie entwickeln eigenständig oder zu zweit oder unter Anleitung eine Tabelle, in welche sie die Ergebnisse eintragen: - Sie stellen ihre Tabelle den anderen Kindern vor. - Sie begründen ihre Wahl für den Aufbau der Tabelle. - Sie fassen die Ergebnisse, die sie in die Tabelle eingetragen haben, zusammen z.B. „Eine Blumenvase hat eine Höhe von … cm und wiegt … kg. Ihre Farbe ist blau, ihr Fassungsvermögen beträgt … Liter, …".	
• Die Kinder zeichnen ein vorgegebenes Feld oder mehrere unterschiedlich große Felder, die sie sich selber ausdenken, auf kariertes Papier, z.B. ein Feld mit der Größe von 4 Kästchen nach rechts und 4 Kästchen nach oben (2 x 2 cm), etc. - Sie vergleichen ihre Felder. Sehen alle Felder gleich aus? Wie haben sie die Felder gezeichnet? Wie sind sie vorgegangen? Gab es Schwierigkeiten? Was hat ihnen geholfen? Was war für sei eine hilfreiche Orientierung? - Die Kinder überlegen sich eigene Größen und zeichnen das Feld entsprechend. Sie beschreiben ihr individuelles Feld den anderen Kinder, z.B. „mein Feld ist … Kästchen (cm) lang, … Kästchen (cm) breit", etc. Die anderen Kinder zeichnen das Feld nach.	
• Die Kinder führen ein Projekt durch, in dessen Rahmen sie Maßeinheiten gebrauchen. • Die Kinder bauen gemeinsam z.B. ein Vogelhaus, eine Wunschbox, etc. Dazu erstellen sie einen Arbeitsplan, in dem sie gemeinsam festhalten, wer welche Aufgaben übernimmt, welche Materialien sie benötigen, wie sie die Zeit einplanen, … • Die Kinder führen das Projekt gemeinsam durch. • Sie reflektieren anschließend ihre Zusammenarbeit: - Wie haben sie die Zusammenarbeit mit den anderen Kindern empfunden? Waren Aufgaben gleichmäßig verteilt? Konnten sie sich in der Projektarbeit wohl fühlen? Möchten sie gerne eine Zusammenarbeit wiederholen? Haben sie Wünsche für eine zukünftige Zusammenarbeit? - Was haben die Kinder Neues gelernt? Welche Bedeutung hat das Gelernte für sie? In welche anderen Lebenskontexte können sie das Gelernte übertragen? In welchen Lebenskontexten können sie das Gelernte gebrauchen? - Hat der Arbeitsplan eine Hilfe dargestellt?	

Würfelaugen addieren	
Empfohlene Klassenstufe (RRL)	1.-4. Klasse
Fach	Mathematik
Angesprochene Inhaltsbereiche (RRL)	- Arithmetik
Aufgabenschwerpunkte (RRL)	- Zahlenvorstellungen, Operationsvorstellungen, schnelles Rechnen, flexibles Rechnen
Methodenschwerpunkte	Kommunikation, Reflexion, Mind-Mapping, Lernkartei, Arbeitsplan
Materialien	Spielkarten, Würfel, Papier, Stifte, Karteikarten
Sozialform	E + G
Quelle (Ursprung der Aufgabe)	Krüger (2000)

Ursprungsaufgabe
Die Kinder würfeln abwechselnd mit 3 Würfeln. Die Punkte des Wurfes werden addiert. Dazu werden die Würfel möglichst zweckmäßig angeordnet, um das Ergebnis (schnell und auf einen Blick) visuell zu erfassen. Das Ergebnis kann für eine Gewinnberechnung aufgeschrieben werden.

Aufgabe und Differenzierungen	Mögliche Beobachtungen im Lernprozess
• Die Kinder besprechen, woher sie Würfel kennen (z.B. von unterschiedlichen Gesellschafts- oder Brettspielen). • Die Kinder setzen sich mit verschiedenen Würfeln und Darstellungsformen von Ziffern auseinander: - Sie schauen sich gemeinsam verschiedene Würfel mit unterschiedlichen Ziffern an. Sie benennen die Darstellungsformen (römische Ziffern, arabische Ziffern, Mengendarstellung (Punkte), europäische Ziffern...) der Ziffern auf den Würfeln. Die Kinder teilen mit, welche weiteren Darstellungsformen von Ziffern sie kennen. - Die Kinder vergleichen Würfel mit verschiedenen Darstellungsformen und diskutieren Vor- und Nachteile der verschiedenen Darstellungsweisen. Anschließend begründen sie, welche Darstellungsform ihnen am besten gefällt. - Die Kinder schauen sich die Anordnung der Ziffern genau an. Die Kinder suchen nach Gemeinsamkeiten hinsichtlich der Anordnung. (die gegenüberliegenden Seiten eines Würfels ergeben in der Regel die Zahl 7). - Die Kinder vergleichen Würfel mit verschiedenen Formen und schauen, wie die Ziffern bei diesen angeordnet sind. - Die Kinder recherchieren im Internet/Büchern, woher es kommt, dass die gegenüberliegenden Zahlen immer 7 ergeben. Werden die Zahlen ausschließlich in Deutschland so angeordnet oder in anderen Ländern auch? Kinder, die Bekannte oder Verwandte im Ausland haben, versuchen dies in Erfahrung zu bringen.	• Das Kind nennt folgende Darstellungsformen ... • Das Kind sieht folgende Vorteile ... in Darstellungsform ... • Das Kind findet Darstellungsform ... besonders gut und begründet dies wie folgt ... • Das Kind kennt folgende Rechenhilfen ... • Das Kind notiert folgende Arbeitsschritte ... auf seinem Arbeitsplan. • Das Kind äußert folgende Punkte ..., die bei der Planung der Rechenhilfe wichtig sind. • Das Kind nennt die Zahlwörter für

- Die Kinder tauschen aus, welche Darstellungsformen von Ziffern auf Würfeln ihnen von anderen Materialien oder in Bezug auf das Rechnen bekannt sind (z.B. von Spielkarten, Rechentafel (Abakus),...)	die Anzahl an gewürfelten Augen.
- Die Kinder bauen oder erstellen selbst Rechenhilfen, die verschiedenen Darstellungsformen von Ziffern entsprechen (z.B. die Kinder Fädeln auf einen festen Faden 10 Kugeln und verknoten die Enden; in eine Box werden verschieden farbige Murmeln gelegt; Balken in verschiedenen Größen werden aus Pappe ausgeschnitten,...). Die Kinder erstellen zunächst einen Arbeitsplan auf dem sie Ziel, Vorgehen, benötigte Materialien, ... notieren oder zeichnen. Die Kinder stellen ihren Plan einer Kleingruppe vor. Die Kleingruppe diskutiert, ob alle Schritte bedacht wurden, über die Gestaltung des Arbeitsplans, ... Anschließend fertigen die Kinder die Rechenhilfen an und probieren nach Fertigstellung die erstellten oder gebauten Rechenhilfen aus und reflektieren Vor- und Nachteile (hinsichtlich verschiedener Rechenformen).	• Das Kind begleitet seine Rechenhandlung sprachlich folgendermaßen ...
• Die Kinder gehen immer zu zweit zusammen. Ein Kind würfelt und das andere Kind nennt die Anzahl der Würfelaugen (Mengendarstellungsform). Nach einer vereinbarten Zeit tauschen die Kinder ihre Rollen:	• Das Kind erklärt die Rechenstrategie ... folgendermaßen ...
- Das andere Kind benennt die Augenzahl, nachdem es sie mit dem Finger angetippt hat.	• Das Kind benennt eigene Ideen zur übersichtlichen Anordnung mehrerer Würfel.
- Das andere Kind nennt möglichst spontan die Anzahl der Würfelaugen.	• Das Kind benennt folgende Vorteile und Nachteile ... zu folgender Anordnung der Würfel ...
- Das Kind nennt die Anzahl. Es erklärt, wie es die Anzahl erfasst hat, z.B. durch Zählen „mit den Augen", ...	
• In einem gemeinsamen Gespräch tauschen die Kinder ihre Erfahrungen aus: Wie haben sie die Anzahl jeweils erfasst (z.B. spontan, durch abzählen und/ oder antippen)? Die Kinder geben sich gegenseitig Anregungen zu den verschiedenen Erfassungsmöglichkeiten. Die Kinder suchen für die unterschiedlichen Möglichkeiten pro und contra. Sie wählen individuell eine Möglichkeit aus, die für sie am günstigsten ist, überlegen Argumente und begründen ihre Auswahl (z.B. „die Möglichkeit X geht am schnellsten, mit der Möglichkeit X fühle ich mich sicher, weil ...).	• Das Kind nennt die Augenzahl des Würfels spontan, nachdem es die Augen gezählt, angetippt hat, ...
• Die Kinder erfahren über die Würfel Zusammenhänge über Zahlbeziehungen.	• Das Kind hält beim Zählen die Eins-zu-Eins-Zuordnung ein.
- Die Kinder gehen immer zu zweit/ dritt zusammen. Ein Kind würfelt verdeckt. Es nennt den anderen Kindern die beiden Nachbarzahlen, woraufhin diese die gewürfelte Zahl aufschreiben, z.B. bei „zwei und vier" = „3". (Nachbarzahlen erfahren)	• Das Kind nutzt eine bestimmte Systematik zur Addition mehrerer Würfelaugen, z.B. „größere Augenzahl als ersten Summanden", ...
- Ein Kind würfelt und die anderen Kinder haben die Aufgabe, die gewürfelte Zahl so zu ergänzen, dass 10 herauskommt , z.B. sagen die Kinder bei einer gewür-	• Das Kind nutzt folgende Rechenstrategie (n), z.B. „5er-Trick", „Verdoppeln", „Rechnen mit der Null oder 10", „Eins mehr/ zwei mehr",

felten 3: „3 plus 7 sind 10". Das Kind, das die Ergänzung zum nächsten Zehner am schnellsten benennt, darf als nächstes würfeln. (Zehnerergänzung)

- Die Kinder sprechen darüber, welche Beziehungen zwischen Zahlen sie bereits kennen (z.B. „12 setzt sich zusammen aus 10 und 2", „12 ist das Doppelte von 6"). Wie können die Kinder die Beziehungen zwischen den Zahlen nutzen (z.B. durch Anwenden von Rechentricks)?
- Die Kinder besprechen in einem Reflexionsgespräch: Welche Rechentricks kenne ich? Welche kann ich sicher anwenden? Welche möchte ich gerne lernen? Wer könnte mich in meinem Wunsch unterstützen? Wie sind meine Erfahrungen mit unterschiedlichen Tricks? Welche Tricks wende ich persönlich gerne an? Warum wende ich sie gerne an (Gefühl von Sicherheit, Schnelligkeit…)?
- Sie sammeln gemeinsam unterschiedliche Erklärungen zu einer Strategie an der Tafel. Sie einigen sich anschließend argumentativ auf eine erklärende Beschreibung, die sie mit der Strategiebezeichnung und Beispielen auf einem Plakat festhalten.
- Die Kinder notieren alle Rechentricks, die sie kennen (z.B. in ihrem Heft) und schreiben Bespiele dazu.
- Aufgabe ist es, ein Mind-Mapping zu bestimmten Rechentrick(s) anzufertigen, die dann in einer Ausstellung anderen Kindern oder ihren Eltern vorgestellt werden.

- Die Kinder vereinbaren eine Rechenstrategie, z.B. „Verdoppeln", „5er-Trick", „Eins mehr/zwei mehr", etc. Ein Kind würfelt, die anderen Kinder nennen das Ergebnis, das mit der erwürfelten Zahl im Zusammenhang mit der Rechenstrategie herauskommt, z.B. bei einer gewürfelten 3 und dem „5er Trick" ist das Ergebnis 2 (Ergänzung zur 5) oder einer gewürfelten 6 und der Strategie „Eins/zwei mehr" ist das Ergebnis 7 oder 8.
- Die Kinder gehen zu dritt/viert zusammen und würfeln reihum mit drei Würfeln: Ein Kind beginnt: es würfelt und ordnet die Würfel nach dem Wurf so an, dass es das Ergebnis leicht sehen kann und begleitet das Anordnen sprachlich, z.B. beim Wurf der Augen 3, 6, 1: „Drei und einer mehr sind zusammen vier. Vier und sechs ergeben zusammen 10, das kenne ich vom 10er Trick."
- Die Kinder überlegen gemeinsam: Wären die anderen Kinder genauso vorgegangen? Gibt es andere Möglichkeiten, um die Würfel übersichtlich anzuordnen? Wie viele Möglichkeiten gibt es überhaupt?
- Die Kinder notieren die Ergebnisse und vergleichen am Ende eines Durchgangs/ einer vereinbarten Anzahl an Durchgängen wer die höchste/ niedrigste Augenzahl gewürfelt hat.

„Verdoppeln plus 1", „Verdoppeln plus 2", „Zehnersummen", „8er/ 9er -Trick".

- Das Kind bewertet folgende Rechenstrategie … als besonders hilfreich.
- Das Kind äußert, folgende Rechenstrategie … gerne/ häufig/ selten, etc. anzuwenden und begründet dies folgendermaßen …
- Das Kind nennt selbständig folgende Beispiele … für die Rechenstrategie …
- Das Kind begründet die Wahl der Rechenstrategie … für Rechenaufgabe … wie folgt …
- Das Kind bildet aus den gewürfelten Augenzahlen … selbständig die Aufgabe …
- Das Kind notiert die Aufgaben … folgendermaßen …

Alexander & Ricarda addieren Würfelaugen und vergleichen sie mit dem Wert der Spielkarte

Treppensteigen

Empfohlene Klassenstufe (RRL)	1./2. Klasse
Fach	Mathematik
Angesprochene Inhaltsbereiche (RRL)	- Arithmetik
Aufgabenschwerpunkte (RRL)	- Zahlenvorstellungen, Operationsvorstellungen, flexibles Rechnen
Methodenschwerpunkte	Bewegung, Kommunikation, Reflexion
Materialien	Vorlage (Bild einer Treppe mit 12 (oder mehr) Stufen, 3 Würfel, Spielfiguren für jeden Spieler, Teppichfliesen oder Bierdeckel, Treppe
Sozialform	E + G
Quelle (Ursprung der Aufgabe)	Botermans, J./ Van Delft, P./ Van Den Hobbelsteen, R. (1981)

Ursprungsaufgabe

Die Kinder spielen mit 3 Würfeln und einer Spielvorlage, auf der eine Treppe mit 12 Stufen abgebildet ist. Die Kinder würfeln reihum mit 3 Würfeln und versuchen aus den Würfelaugen durch Addition oder Subtraktion Aufgaben mit den Summen von 1 bis 12 zu bilden (z.B. 6 – 3 – 2 = 1). Kann ein Kind die Summe „1" bilden, stellt es seine Spielfigur auf die erste Treppe und versucht dann mit den Würfeln des gleichen Wurfs die Summe 2 zu bilden, usw. Die Kinder nutzen die Augen des eigenen Wurfes so lange, bis sie jeweils die nächste erforderliche Summe nicht mehr bilden können, dann würfelt das nächste Kind. Das Kind, welches zuerst die Stufe 12 erreicht, ist „Treppensieger".

Aufgabe und Differenzierungen	Mögliche Beobachtungen im Lernprozess

Benennen der Augenzahlen:
Die Kinder würfeln mit drei Würfeln.
• Die Kinder nennen die Würfelaugen von einem/ zwei/ drei Würfeln.
• Die Kinder legen die Würfel nebeneinander und benennen, wie sie die Anzahl der Augenmengen erfassen, z.B. sagen sie bei 3 und 2: „ich sehe drei und rechne zwei weiter, das sind fünf" oder ….
  - Die anderen Kinder oder der Pädagoge zeigen Alternativen auf, z.B. zeigen sie, wie sie die Würfel nebeneinandergelegt und gerechnet hätten.
  - Die Kinder schreiben sich die verschiedenen Strategien auf und probieren diese aus.
  - Die Kinder tauschen sich über Vor- und Nachteile einzelner Strategien aus.
Anwenden von Rechenstrategien:
• Der Pädagoge gibt eine/ mehrere Rechenstrategien vor und erklärt die Strategien. Die Kinder wenden diese Rechenstrategie(n) anschließend selber an.
  - Die Kinder lösen eine und dieselbe Aufgabe durch mehrere/ alle Rechenstrategien. Anschließend diskutieren sie darüber, wie sie das Rechnen der Aufgabe mit den einzelnen Rechenstrategien empfunden haben.
	• Das Kind nennt folgende Würfelaugen simultan (auf einen Blick) …
	• Das Kind nimmt zum Rechnen die Finger zu Hilfe.
	• Das Kind benutzt bei Additions- und/oder Subtraktionsaufgaben folgende Hilfsmittel …
	• Das Kind nennt folgende Vorteile bei der Verwendung des Hilfsmittels…beim Rechnen.
	• Das Kind probiert folgende Hilfsmittel aus…und äußert sich wie folgt dazu …
	• Das Kind löst im

- Die Kinder suchen sich eine Strategie aus und begründen, warum sie sich für diese Rechenstrategie entschieden haben.
- Die Kinder nutzen bespielweise die Strategien für Additionsaufgaben: z.B. „Verdoppeln", „5er-Trick", „Rechnen mit der Null oder 10", „Eins mehr/zwei mehr", „Verdoppeln plus 1/2".
- Die Kinder nutzen die Rechenstrategien für Subtraktionsaufgaben, z.B. „Subtrahiere 0,1,2", „Unterschied 0,1,2", „Halbiere", „Kraft der 5", „Subtrahiere 10,9,8", „Unterschied 10,9,8".

Zahlenraum bis … (z.B. 10/ 20) Additionsaufgaben/ Subtraktionsaufgaben selbständig.

- Das Kind äußert, dass es die Aufgaben … im Kopf rechnet.

Rechnen mit Bewegung:
Das Spielfeld wird mit Teppichfliesen, Bierdeckeln, etc. gelegt oder eine reale Treppe mit ca. 10 bis 15 Stufen wird als Spielfeld genutzt. Die Kinder würfeln (mit 3 Würfeln) und bilden Aufgaben, wie in der Ursprungsaufgabe beschrieben:

- Die Kinder gehen immer zu zweit als Team zusammen. Mehrere Teams spielen gegeneinander. Dazu „stellt" ein Kind eines Teams jeweils die Spielfigur dar und geht von einer Teppichfliese/Stufe zur nächsten, während das andere Kind mit mehreren Würfeln/ Schaumstoffwürfeln würfelt.
  - Nur jeweils das Kind, das würfelt, darf eine Aufgabe bilden.
  - Beide Kinder können sich jeweils die Aufgaben überlegen.
- Die Kinder notieren ihre Aufgaben auf bunten Karten (z.B. ein Kind auf rote, das andere Kind auf blaue Karten). Diese befestigen sie auf der Teppichfliese/ Stufe, z.B. als Ersatz für die Spielfiguren.

- Das Kind nennt folgende Rechenstrategien …
- Das Kind äußert, dass es folgende Rechenstrategien … gerne/nicht gerne und/oder oft/selten anwendet.
- Das Kind nutzt Aufgaben des kleinen Einmaleins/ Einsdurcheins.
- Das Kind bildet Kettenaufgaben.
- Das Kind nennt folgende Ergebnisse der Einmaleins-/ Einsdurcheinsaufgaben … sofort.

Erweiterung des Spielfeldes und der Rechenwege:
Die Kinder erweitern das Spiel:

- Das Spielfeld wird z.B. so verändert, dass es aus 15, 20, 25 Stufen besteht. Die Kinder würfeln mit entsprechend mehr Würfeln, z.B. mit 4/5 Würfeln.
- Die Kinder spielen das Spiel nicht nur mit Additions- und Subtraktionsaufgaben, sondern nutzen auch Aufgaben des kleinen Einmaleins und Einsdurcheins.
- Sie nutzen Kettenaufgaben, um eine angestrebte Summe zu erreichen, z.B. bei einer erforderlichen 8 und den Würfelaugen 6, 6 ,4: „6 plus 6 sind 12, 12 minus 4 sind 8".

- Das Kind äußert, dass es gerne in einem Team spielt.
- Das Kind teilt seine Ideen nachvollziehbar mit.

Moritz und Florian beim „Treppensteigen"

Lagebezeichnungen	
Empfohlene Klassenstufe (RRL)	1.- 4. Klasse
Fach	Mathematik
Angesprochene Inhaltsbereiche (RRL)	- Geometrie - Sachrechnen
Aufgabenschwerpunkte (RRL)	- Raum, zeichnen - Sachzusammenhänge, Größenvorstellungen
Methodenschwerpunkte	Kommunikation, Bewegung, Reflexion, Visualisierung, multisensorisches Lernen, Arbeitsplan, Projektarbeit
Materialien	Verschiedene Gegenstände im Raum, (z.B. Tische, Stühle, Tafel, etc.), Teppichfliesen, Augenbinde, Sandsäckchen, kariertes Papier, Stifte, Holz, Pappmaché, Schachteln, Eisstiele
Sozialform	E + G
Quelle (Ursprung der Aufgabe)	Kutzer (2001), Eggert/ Reichenbach/ Bode (2003), Reichenbach/ Lücking (2007)

Ursprungsaufgabe
Die Kinder planen Alltagshandlungen (zum Beispiel ein Frühstück) und besprechen, an welchen Orten diese ausgeführt werden sollen und wo sich die benötigten Materialien befinden (zum Beispiel in der Schublade, auf dem Schrank, neben der Tür).

Aufgabe und Differenzierungen	Mögliche Beobachtungen im Lernprozess

• Die Kinder tauschen sich darüber aus, welche geometrischen Begriffe sie kennen. Bevor sie gemeinsam über ihre Erfahrungen sprechen, beantworten die Kinder z.B. folgende Fragen leise für sich:
  - Welche geometrischen Begriffe kenne ich?
  - Woher kenne ich geometrische Begriffe?
  - Fallen mir Bespiele für geometrische Begriffe ein?
  - Welche Situationen kann ich aus dem Alltag heraus benennen, in denen es wichtig ist, dass ich geometrische Begriffe verstehe und einzuordnen weiß.
• Die Kinder tragen zusammen, welche geometrischen Begriffe sie kennen. Die Kinder versuchen für die geometrischen Begriffe Kategorien zu finden (z.B. Begriffe, die sich auf die Horizontale beziehen, Relationsbegriffe, Präpositionen, ...). Die Kinder finden selbständig Beispiele zu den unterschiedlichen Kategorien.
• Die Kinder nennen jeweils ein Beispiel für die Wichtigkeit des Verständnisses von Präpositionen, z.B. Situationen, in denen sie die Bedeutung geometrischer Begriffe selber erlebt haben oder die sie aus ihren Alltagserfahrungen ableiten können.
• Die Kinder treffen für die Gestaltung eines Plakates eine begründete Auswahl an Beispielen, Erfahrungsberichten, Beschreibungen, ...
• Die Kinder legen sich ein Rechentagebuch an. Sie erstellen ein Tagebuch für die ganze Lerngruppe, in dem die Kinder
	• Das Kind nennt folgende geometrische Begriffe ...
	• Das Kind wendet folgende geometrische Begriffe an ...
	• Das Kind führt Handlungen aus, die sich (nicht) auf geometrische Begriffe beziehen.
	• Das Kind begründet seine Positionswahl (Mitte des Raumes, Oben, etc.) folgendermaßen ...
	• Das Kind orientiert sich auf einem Feld folgendermaßen

immer abwechselnd ihre Lernerfahrungen in der Gruppe eintragen. Oder die Kinder gestalten ihr persönliches Lerntagebuch, in das sie eigene und/oder in der Lerngruppe erlebte Lernerfahrungen aufzeichnen.

- Die Kinder erleben geometrische Begriffe, wie z.B. oben, unten, rechts, links, hinten, vorne, in der Mitte, über, unter, neben, etc., indem sie sich im Raum bewegen. Durch die Verknüpfung der geometrischen Begriffe mit Bewegung sollen die Kinder in ihrer Fähigkeit unterstützt werden, sich schnell im Raum zu orientieren und auf sich im Raum ergebene Veränderungen spontan zu reagieren.
- Die Kinder führen unterschiedliche Bewegungen mit anderen Kindern im Raum aus.
  - Die Kinder bewegen sich frei im Raum. Der Pädagoge ruft in den Raum, in welche Position sich die Kinder möglichst schnell begeben sollen, z.B. „in eine Ecke", „in eine Mitte", „nach oben", „nach unten", „nach rechts", etc. Die Kinder laufen z.B. in die Ecke, begeben sich zur Mitte einer Wand, legen sich auf den Boden, klettern auf Materialien, etc., bevor sie sich dann alle wieder frei im Raum bewegen.
  - Das Kind, das als letztes die angesagte Position einnimmt, gibt die neue Anweisung.
- Die Kinder legen ein Feld aus Teppichfliesen, z.B. 6 x 4 Teppichfliesen. Sie gehen immer zu zweit zusammen. Ein Kind verbindet sich die Augen. Das andere Kind führt dieses Kind durch verbale Anweisungen über das Feld (z.B. „gehe einen Schritt vorwärts/ rückwärts, gehe einen Schritt nach links, ...").
  - Das Kind mit den verbundenen Augen beginnt auf einer Startfliese und führt ein anderes Kind so durch das Feld, dass es auf einer Zielfliese ankommt.
- Die Kinder setzen den eigenen Körper in Relation zu Begrifflichkeiten. Zum Beispiel halten sie das Knie neben den Tisch (Körper- Material), oder halten die Hand über den Kopf (Körper- Körper) oder stellen den eigenen Fuß zwischen die Beine eines anderen Kindes (mein Körper und andere Körper).
- Die Aufgabe besteht darin, dass die Kinder einen Grundriss zu ihrem Traumhaus zeichnen.
- Mehrere Kinder gehen zusammen. Sie entwickeln Ideen, wie sie sie sich ihr Traumhaus vorstellen würden:
  - Welche Personen sollten mit ihnen in ihrem Traumhaus leben?
  - Welche Räume würde sich das Kind wünschen?
  - Welche Funktionen sollten bestimmte Räume haben?
  - Für welche Personen sollte Platz für Besuche sein?
- Die Kinder beschreiben sich gegenseitig ihre Vorstellungen, Ideen. Anschließend zeichnet jedes Kind seinen eigenen Grundriss auf oder immer zwei Kinder einigen sich zusammen auf einen Grundriss und zeichnen den Grundriss ihres

…
- Das Kind bewegt sich folgendermaßen im Raum … (z.B. sicher, frei, langsam, vorsichtig, stößt an, mit Übersicht, etc.)
- Das Kind gibt exakte Anweisungen.
- Das Kind ordnet Begriffe entsprechenden Raumrichtungen zu.
- Das Kind benutzt die Lagebezeichnungen in folgenden Situationen (nicht) entsprechend …
- Das Kind äußert, dass es sich gedanklich einen Raum vorstellen kann.
- Das Kind beschreibt verbal, durch eine Zeichnung, … einen Weg und nutzt für die Beschreibung folgende Begriffe …
- Das Kind beschreibt einen Gegenstand von seinem Standpunkt aus, z.B. exakt, detailliert, (un-) systematisch.
- Das Kind beschreibt einen Gegenstand von einer Posi-

gemeinsamen „Traumhauses" auf kariertes Papier. (Wo wären welche Zimmer? Wie groß wären die Zimmer? Was würden sie in die Zimmer hineinstellen? Wie viel Platz nähmen die Gegenstände ein? etc.).

- Die Kinder stellen sich gegenseitig ihre Traumhäuser vor, z.B. „mein Traumhaus ist ... cm/m lang und ... cm/m breit. Das Wohnzimmer hat eine Fläche von ...cm²/m², usw.
- Die Grundrisse werden genutzt. Z.B. „versteckt" ein Kind „gedanklich" einen Schatz in dem Haus. Die anderen Kinder versuchen Fragen zu formulieren, durch die sie die Position des Schatzes herausfinden können. Gelingt dies den Kindern?
- Ein Kind verbalisiert eine „Führung" durch das Haus. Dazu nutzt es einen/ keinen Grundriss. Es kann besprochen werden, ob die anderen Kinder dem Kind gedanklich folgen können. Welche Hinweise sind für die Kinder besonders wichtig und/oder hilfreich, z.B., um der Beschreibung folgen zu können. Welche Beschreibungen/ Hinweise fehlen den Kindern, damit diese sich gedanklich in dem Haus bewegen können.

• Ein Weg, den alle Kinder kennen (z.B. den Weg in das Schulgebäude, Schwimmbad, etc.), wird beschrieben.
- Die Kinder gehen den Weg vorher/ nachher ab.
- Die Kinder werden aufgefordert, den Weg während der Beschreibung „gedanklich" mitzugehen (sich vorzustellen). Die Kinder sprechen anschließend über ihre Erfahrungen. Konnten sie sich den Weg gut vorstellen? Haben sie erkannt, um welchen Weg es sich handelt? Welches sind wichtige Hinweise? Welche Hinweise könnten noch ergänzt werden?
- Ein Kind beschreibt einen Weg. Die anderen Kinder versuchen zu erkennen, welcher Weg dies sein könnte oder wo der Anfangs-/ Zielpunkt sein könnte.

• Die Kinder beschreiben die Lage von verschiedenen Gegenständen im Raum, z.B. „der Tisch steht ..., seine Seiten befinden sich ..., er steht parallel zur Wand, neben ihm stehen ...".
- Die Kinder beschreiben den Gegenstand von einem Standpunkt aus, dann wechseln sie den Standort und beschreiben den gleichen Gegenstand erneut. Was fällt auf? Wo steht das Kind jetzt?
- Die Kinder beschreiben einen Gegenstand von einer anderen Position aus, als von der, in der sie sich befinden (z.B. aus der Position eines Freundes/des Pädagogen).
- Die Kinder besprechen: Von welchen Kriterien ist die Beschreibung der Lage im Raum abhängig? Wie würde die Beschreibung des gleichen Gegenstandes von einem anderen Standort ausfallen?

tion aus, die es selbst nicht einnimmt (Perspektivwechsel).

• Das Kind strukturiert einen Raum folgendermaßen ...

• Das Kind strukturiert eine Fläche folgendermaßen ...

• Das Kind bewegt sich zielgerichtet/ (un-) systematisch in einem Hunderterfeld.

• Das Kind äußert gezielte Anweisungen/ Anregungen.

• Das Kind begleitet seine Handlungen sprachlich folgendermaßen ...

Zahlen zerlegen und zusammenfügen

Empfohlene Klassenstufe (RRL)	1.-4. Klasse
Fach	Mathematik
Angesprochene Inhaltsbereiche (RRL)	- Arithmetik - Sachrechnen
Aufgabenschwerpunkte (RRL)	- Zahlvorstellungen, Operationsvorstellungen, schnelles Rechnen, flexibles Rechnen - Sachzusammenhänge, Sachaufgaben
Methodenschwerpunkte	Bewegung, Kommunikation, Reflexion, Multisensorisches Lernen, Lernkartei, Mind-Mapping, Lerntypen (visuell-räumlich, verbal-sprachlich, logisch-mathematisch, körperlich-bewegungsbezogen)
Materialien	Unterschiedliches strukturiertes und unstrukturiertes Material (Perlen- oder Steckwürfelreihen, Einerwürfel, Zehnerstangen, Stifte, Bauklötze, Muggelsteine, …), evtl. Matten, Kasten, Zahlwortkarten, Ziffernkarten, Stifte, Papier
Sozialform	E + G
Quelle (Ursprung der Aufgabe)	Ganser/Schindler/Schüller (2003)

Ursprungsaufgabe
Die Kinder erkennen Mengen. Sie sammeln Erfahrungen zu der Mächtigkeit von vorgegebenen Anzahlen und stellen Beziehungen zwischen unterschiedlichen Zahlen her. Dazu legen die Kinder Perlentreppen, z.B. ordnen sie Perlenreihen von 1 – 10 nebeneinander an, so dass sie die zunehmende Menge erkennen können.

Aufgabe und Differenzierungen	Mögliche Beobachtungen im Lernprozess

- Die Kinder sammeln Erfahrungen mit Zahlen. Die Kinder gehen in einer Kleingruppe zusammen und legen eine Anzahl an ungeordneten Gegenständen (z.B. Stifte, Bauklötze) vor sich auf den Tisch. Sie überlegen gemeinsam, wie sie ermitteln können, wie viele Gegenstände dort liegen:
  - Haben die Kinder eine Idee, wie sie vorgehen können? (Welche Vorgehensweisen sind den Kindern bekannt? Wie sind sie dabei vorgegangen? Welche Erfahrungen haben sie dabei gemacht?)
  - Aus welchen Alltagssituationen kennen die Kinder solche oder ähnliche Aufgaben?
  - Können die Kinder Beobachtungen schildern, wie andere Personen (ältere Geschwister, Eltern, …) die Anzahl erfassen würden?
  - Können die Kinder zählen? Können die Kinder vorwärts/ rückwärts zählen? Können die Kinder die Zahlwortreihe korrekt aufsagen (z.B. ohne Auslassungen/ Hinzufügungen von Zahlworten)?
  - Wie weit können die Kinder zählen?
  - Wozu ist es wichtig, dass sie zählen können?
- Die Kinder zählen die Gegenstände.
  - Sie berühren jeden Gegenstand und nennen ein Zahlwort dazu (Dabei ist auf eine Eins-zu-Eins-Zuordnung zu achten).
  - Die Kinder tauschen sich aus, wonach die Gegenstände sortiert werden können.
  - Die Kinder bringen die Gegenstände in eine Ordnung, z.B. ordnen sie sie nebeneinander an oder in Form von Würfelbildern und zählen dann die Gegenstände.
  - Die Kinder diskutieren Vor- und Nachteile einzelner Ordnungssysteme (allgemein, wann sie sich anbieten (z.B. Menge und Anzahl an Gegenständen, Art der Gegenstände (Größe, Form,…),…).
  - Die Kinder zählen die Gegenstände laut und ohne sie zu berühren.
  - Die Kinder zählen die Gegenstände leise und ohne Berührung.
- Die Kinder legen die Anzahl einer Menge mit unterschiedlichem Material.
- Die Kinder tauschen sich darüber aus, welche Rechenmaterialien sie kennen:
  - Woher kennen die Kinder unterschiedliche Rechenmaterialien, z.B. aus dem Alltag oder von älteren Geschwistern?
  - Wie gut können die Kinder die Anzahl über ein bestimmtes Material erfassen (z.B. 20 strukturiert angeordnete Punkte auf einem Zwanzigerfeld im Vergleich zu 20 Muggelsteinen, die auf einem Haufen liegen)? Welche Eigenschaften des Materials sind dazu besonders hilfreich (z.B. Farbe, klare Strukturen, …)?
  - Sie sammeln Argumente für und gegen bestimmte Ma-

- Das Kind berichtet von folgenden Erfahrungen mit Mengen …
- Das Kind benennt die Idee, die Anzahl einer Menge durch … zu erfassen.
- Das Kind nennt folgende ihm bekannte Ordnungssysteme …
- Das Kind kennt folgende Ordnungssysteme … aus folgenden Alltagssituationen/ Personen …
- Das Kind ordnet die Gegenstände nach folgenden Merkmalen … der Gegenstände.
- Das Kind zählt von … bis … in korrekter Reihenfolge.
- Das Kind tippt beim Zählen die Gegenstände an.
- Das Kind bringt eine ungeordnete Menge in folgende Ordnung/ Struktur, bevor es zählt …
- Das Kind begründet wie folgt, dass die Fähigkeit des Rechnens

terialien und halten diese auf einem Plakat fest.
- Sie begründen persönliche Vorlieben für ein bestimmtes Material.
- Die Kinder legen neben die Perlenreihen/ Steckwürfel entsprechende Ziffernkarten.

- Die Kinder legen Perlen- oder Steckwürfelreihen (z.B. von 1 - 10 oder von 1- 20) auf den Tisch. Sie haben die Aufgabe, die Perlenreihen in einer aufsteigenden/absteigenden Reihenfolge anzuordnen.
  - Sie überlegen gemeinsam, was die Begriffe „aufsteigend"/"absteigend" bedeuten. Woher kennen die Kinder die Begriffe? Können sie andere Begriffe für diese finden (z.B. größer/ kleiner werdend)?
  - Die Kinder legen die aufsteigenden/ absteigenden Mengen mit unstrukturiertem Material (Bleistiften, Muggelsteinen).
  - Die Kinder suchen sich ein strukturiertes Material aus (z.B. Steckwürfel, Einerwürfel, Zehnerstangen, …) und legen die Menge in aufsteigender/ absteigender Reihenfolge.
- Die Kinder besprechen, ob sie die aufsteigenden/ absteigenden Mengen erkennen: Wie müssen sie die Mengen anordnen, dass sie z.B. den direkten Vergleich haben? Um wie viel erhöht sich die Menge von Steckwürfelreihe zu Steckwürfelreihe?
- Die Kinder teilen eine Perlen- oder Steckwürfelreihe in unterschiedliche Teile und erfahren darüber das „Teile-Ganzes-Konzept".
  - Sie zerlegen/teilen eine Perlen- oder Steckwürfelreihe einmal und nennen die Zerlegung, z.B. in der Form: „aus sieben mache ich drei und vier" oder „10 sind gleich 5 und 5".
  - Die Kinder zerlegen/teilen die Perlen- oder Steckwürfelreihen mehrere Male und nennen die Zerlegung, z.B. „10 sind gleich 3 und 3 und 4".
  - Die Kinder fügen mehrere kleinere Perlenreihen zu einer großen Perlenreihe zusammen, z.B. „3, 7, 2" in die Reihe mit 12 Perlen (umgekehrte Handlung).
- Die Kinder halten alle Zerlegungsmöglichkeiten zu einer bestimmten Anzahl schriftlich fest, z.B. indem sie sie auf einem Flipchart notieren oder ein Mind-Mapping daraus erstellen.
- Die Kinder notieren alle Zahlzerlegungsmöglichkeiten zu einer Zahl auf eine Karteikarte. Zu einer vereinbarten Anzahl an Zahlen erstellen die Kinder solche Karteikarten und legen sich damit eine Lernkartei an. So haben die Kinder jederzeit die Möglichkeit, nachzuschauen, in welche Teile eine Zahl zerlegt werden kann oder aus welchen Teilen sich eine Zahl zusammensetzen lässt.
  - Um die Zerlegungsmöglichkeiten von Zahlen weiter zu festigen und somit bei den Kindern ein sicheres und fle-

wichtig für es ist …
- Das Kind legt die Perlenreihen in aufsteigender, absteigender Reihenfolge oder durcheinander.
- Das Kind geht beim Legen der Perlenreihen folgendermaßen vor …
- Das Kind lässt beim Legen der Perlenreihen folgende Struktur … erkennen.
- Das Kind bildet aus einer (ganzen) Menge zwei/ mehrere Teilmengen (Teile-Ganzes-Konzept).
- Das Kind begleitet das Zerlegen einer Menge folgendermaßen sprachlich …
- Das Kind äußert, dass es gerne folgendes Material … nutzt.
- Das Kind legt beim Hören der Rechengeschichte folgende Perlenreihen/ Steckwürfelreihen …
- Das Kind kooperiert mit anderen Kindern folgendermaßen …

xibles Verständnis von Zahlbeziehungen aufzubauen, können die Kinder diese Lernkartei alleine oder gemeinsam nutzen. Sie ziehen eine Karteikarte und nennen möglichst alle Zerlegungsmöglichkeiten zu der Zahl.	• Das Kind fordert von ... folgende Hilfestellungen ein ...
- Die Kinder bilden Kleingruppen. Ein Kind zieht eine Karteikarte und nennt eine Zahl, die anderen Kinder versuchen möglichst schnell die Zerlegungsmöglichkeiten zu nennen oder zu notieren. Das Kind, das als erstes alle Möglichkeiten genannt/aufgeschrieben hat, bekommt die Karte und/oder darf die nächste Karte ziehen.	• Das Kind sagt, dass es Freude an Bewegungsspielen hat.

• Die Kinder führen ein Gespräch über ihre Erfahrungen:
  - Welche Varianten haben die Kinder bei der Zerlegung/Aufteilung der Steckwürfelreihen gefunden?
  - Wie viele Varianten der Zerlegung sind mit einer vorgegebenen Menge an Steckwürfeln möglich?
  - Woher kennen die Kinder aus dem Alltag heraus das Zerlegen/ Aufteilen einer Menge (z.B. Verteilen von X Bonbons an Kinder)?

• Der Pädagoge/ein Kind erzählt eine Rechengeschichte, z.B. „Hans hat Taschengeld bekommen und geht einkaufen. Er kauft 3 Kaugummis, 2 Lutscher, 8 Weingummis. Wie viele Süßigkeiten kauft Hans?"
  - Die Kinder legen stellvertretend für die Objekte in der Rechengeschichte (im Beispiel die genannten Süßigkeiten) z.B. eine Steckwürfelreihe mit der jeweiligen Anzahl an Perlen, die in der Rechengeschichte vorkommen.
  - Die Kinder legen stellvertretend für die Objekte in der Rechengeschichte Karten mit Ziffern oder den Zahlwörtern.
  - Die Kinder schreiben die Rechenaufgabe auf.
  - Die Kinder erfinden zu einer vorgegebenen Rechenaufgabe eine eigene Geschichte und teilen sie den anderen Kindern mit.

• Die Kinder erfahren das „Teile-Ganzes-Konzept" über Bewegung:
  - In einem größeren Raum sind z.B. 2 „Inseln" aufgebaut (z.B. eine Matte, ein Kasten). Eine Gruppe von Kindern, z.B. 20 Kinder, bewegen sich frei im Raum. Auf ein Signal hin (z.B. Schlag auf ein Tamburin, Pfiff mit einer Pfeife) läuft jedes Kind zu einer Insel. Die Kinder schauen, wie viele Kinder sich jeweils auf den Inseln befinden, z.B. halten sich einmal 7 und einmal 13 Kinder auf den Inseln auf (Zahlzerlegung 20= 13 + 7).
  - Sie notieren die Zerlegung auf einem Plakat oder tragen die Zerlegungen in eine Tabelle ein. Dabei kann auch eine Menge von „0" Kindern auf einer Insel vorkommen.

Strategieauswahl beim Rechnen

Empfohlene Klassenstufe (RRL)	1.-4. Klasse
Fach	Mathematik
Angesprochene Inhaltsbereiche (RRL)	Arithmetik
Aufgabenschwerpunkte (RRL)	- Zahlvorstellungen, Operationsvorstellungen, schnelles Rechnen, flexibles Rechnen
Methodenschwerpunkte	Kommunikation, Kooperation, Reflexion, Lernkartei, Lernen über Bewegung, Lerntypen (Logisch-mathematisch, verbalsprachlich, körperlich-bewegungsbezogen, visuell-räumlich)
Materialien	Karten mit Rechenstrategien, Karten mit Rechenaufgaben im Zahlenraum bis 20, verschiedene Groß- und Kleinmaterialien (z.B. Tische, Seile, Rollbretter, Bänke, etc.), kleiner Sortierkoffer für Schrauben aus dem Baumarkt oder Karteikästen, Papier, Stifte
Sozialform	E + G
Quelle (Ursprung der Aufgabe)	

Ursprungsaufgabe
Die Bezeichnungen für Rechenstrategien, z.B. „Verdoppeln", „Halbieren", „Zehnersummen", usw. werden an die Tafel oder auf Karten geschrieben. Jedes Kind erhält einige Karten mit Rechenaufgaben, die es einer Rechenstrategie zuordnet.

Aufgabe und Differenzierungen	Mögliche Beobachtungen im Lernprozess
• Aufgabe ist es, Rechenstrategien zu sammeln. - Die Kinder überlegen gemeinsam, welche Rechenstrategien sie für die Lösung von Additions- und Subtraktionsaufgaben im Zahlenraum bis 20 kennen (z.B. für Additionsaufgaben „Verdoppeln", „5er-Trick", „Rechnen mit der Null oder 10", „Eins mehr/zwei mehr", „Verdoppeln plus 1", „Verdoppeln plus 2", „Zehnersummen", „8er-Trick", „9er-Trick" und für Subtraktionsaufgaben „Subtrahiere 0, 1, 2", „Unterschied 0, 1, 2", „Halbiere", „Kraft der 5", „Subtrahiere 10, 9, 8", „Unterschied 10, 9, 8"). • Die Kinder erläutern in einem gemeinsamen Gespräch ihr Verständnis von einer/ einigen bestimmten Rechenstrategien und versuchen sich die Bedeutung zu erschließen: - Wie verstehen die Kinder die Strategien? - Woher können die Kinder die Strategien ableiten? - Die Kinder sammeln in einem kritischen Diskurs, wie sie die Rechenstrategien erläutern können und schreiben Vorschläge auf. Sie treffen gemeinsam eine Einigung über eine Beschreibung zu einer Rechenstrategie und Schreiben sie auf Karteikarten auf. Dazu notieren sie ein Beispiel aus ihrem Alltag für die Anwendung der Rechenstrategie. So können sie jederzeit nachsehen, was eine Re-	• Das Kind nennt folgende Rechenstrategien … • Das Kind erläutert folgendermaßen … die Rechenstrategien für Additionsaufgaben (z.B. „5er-Trick", „Verdoppeln", „Rechnen mit der Null oder 10", „Eins mehr/ zwei mehr", „Verdoppeln plus 1", „Verdoppeln plus 2",

chenstrategie bedeutet und wie sie sie nutzen können. Dadurch können die Kinder ihr Wissen festigen und die Anwendung der Rechenstrategien erweitern und übertragen.

- Die Kinder suchen sich persönlich eine Strategie aus, die sie anwenden möchten und begründen ihre Auswahl. Sie versuchen, unterschiedliche Aufgaben durch die Strategie zu lösen. Anschließend tauschen sich die Kinder über ihre Erfahrungen aus. Wie sind sie mit der Strategie zurecht gekommen? Können sich die Kinder vorstellen, die Strategie häufiger zu nutzen?
- Die Kinder versuchen die Rechenstrategien zu kategorisieren und tragen Merkmale von Aufgaben, die auf eine Rechenstrategie hindeuten, in eine Übersicht ein. So können sie begründet die Auswahl einer Strategie treffen.
- Die Kinder sammeln und erläutern Vor- und Nachteile bestimmter Rechenstrategien in Bezug zu bestimmten Aufgaben.
- Die unterschiedlichen Rechenstrategien werden von den Kindern angewendet.
  - Alle Kinder bekommen die gleichen Aufgaben (an der Tafel, auf dem Blatt, auf Karteikarten) und ordnen sie für sich alleine einer Rechenstrategie/ unterschiedlichen Rechenstrategien zu. Gemeinsam tauschen sie sich anschließend darüber aus, welches Kind bei welchen Aufgaben welche Rechenstrategie angewendet hat. Sie begründen ihre Auswahl und machen den anderen Kindern ihre Erfahrungen transparent.
  - Die Kinder rechnen unterschiedliche Aufgaben und probieren dabei verschiedene Rechenstrategien aus. Anschließend tauschen sie ihre Erfahrungen aus: Welche Strategie habe ich oft angewendet? Welche Strategie macht mir Spaß? Warum? Welche Strategie wende ich nicht so gerne an? Warum nicht? Welche Strategie erscheint mir bei einer Aufgabe gut, bei einer anderen Aufgabe nicht so gut? Aus welchem Grund?
- Die Kinder systematisieren für sich den Einsatz von Rechenstrategien. Dazu legen sich die Kinder einen eigenen „Rechenkoffer" an (z.B. einen kleinen Sortierkoffer für Schrauben aus dem Baumarkt mit mehreren Fächern oder einen Karteikasten). Sie kleben in jedes Fach eine Karte, auf die sie eine Rechenstrategie notiert haben. Wenn die Kinder nun Additions- oder Subtraktionsaufgaben durch eine Rechenstrategie lösen, schreiben sie die Aufgaben auf Karten und legen sie in dem Fach ihres Koffers ab, das die Rechenstrategie anzeigt.
  - Die Kinder stellen ihren Rechenkoffer anderen Kindern/ ihren Eltern/ dem Pädagogen vor. Befinden sich in einem Fach besonders viele/wenige Aufgaben? Hat das Kind eine Strategie, die es gerne anwendet? Mag es eine Strategie nicht so gerne anwenden? Warum? Wie viele Aufgaben hat das Kind in seinem Rechenkoffer gesammelt?

„Zehnersummen", „8er-Trick", „9er-Trick").

- Das Kind erläutert folgendermaßen … die Rechenstrategien für Subtraktionsaufgaben (z.B. „Subtrahiere 0,1,2", „Unterschied 0,1,2", „Halbiere", „Kraft der 5", „Subtrahiere 10, 9, 8", „Unterschied 10, 9, 8").
- Das Kind nennt folgende eigene Beispiele für die Rechenstrategie …
- Das Kind äußert, dass es die Rechenstrategien … gerne anwendet.
- Das Kind begründet die Auswahl einer Rechenstrategie folgendermaßen …
- Das Kind nutzt unterschiedliche/ oft dieselbe Rechenstrategie.
- Das Kind entscheidet sich sofort/ zögerlich für eine Rechenstra-

- Die Kinder gehen zu zweit/ dritt zusammen und tauschen sich darüber aus, in welchen Fächern sie welche Aufgaben ablegen: Würden sie alle die gleiche Strategie für eine Aufgabe wählen? Gibt es unterschiedliche Strategien für eine Aufgabe? Warum wählt ein Kind eine bestimmte Strategie aus?
- Die Kinder haben so die Möglichkeit, ihren Rechenkoffer immer (auch an unterschiedlichen Lernorten, z.B. zu Hause) zu benutzen und zu ergänzen und darüber zu einem vertieften Verständnis der Strategien zu gelangen.

• Die Kinder schreiben die Rechenaufgaben, die sie durch die verschiedenen Rechenstrategien lösen, auf Karteikarten. Sie legen sich mit den Karten eine Lernkartei an oder ergänzen eine bereits vorhandene Lernkartei durch die Aufgabenkarten.

• Die Kinder nutzen unterschiedliche Rechenstrategien, die an Bewegung gekoppelt sind.
  - Die Kinder schreiben die verschiedenen Rechenstrategien auf Karten. Sie bauen im Raum nebeneinander verschiedene „Wege" auf (3-4 Wege), wie sie von einer Raumseite zur anderen kommen (z.B. unter einem Tisch durchkrabbeln, über ein Seil balancieren, mit einem Rollbrett den Weg abfahren, etc.). An jedem Weg befestigen sie eine Karte mit einer Rechenstrategie, so dass jeder Weg durch eine eigene Rechenstrategie gekennzeichnet ist.
  - Immer zwei Kinder gehen zusammen und begeben sich auf eine Raumseite. Der Pädagoge nennt laut eine Aufgabe und die beiden Kinder entscheiden gemeinsam, wie, d.h. durch welche Rechenstrategie, sie die Aufgabe lösen wollen. Sie gehen gemeinsam den Weg, der ihre ausgewählte Strategie kennzeichnet. Am anderen Ende des Raumes angekommen, erklären die Kinder, warum sie sich für ihren Weg entschieden haben. War das aus Sicht der Kinder die beste Rechenstrategie für diese Aufgabe oder wollten die Kinder einen bestimmten Weg ausprobieren und haben deshalb diese Strategie gewählt?
  - Immer ein Kind löst eine Aufgabe und sucht sich dazu eine Rechenstrategie und den dazugehörigen Weg aus, den es dann zurücklegt. Es können drei/vier (oder alle) Kinder gleichzeitig eine Aufgabe gestellt bekommen. Jedes Kind entscheidet sich allein für eine Strategie und somit einen Weg. Anschließend besprechen die Kinder, wer welchen Weg gewählt hat, welche Gründe für die Wahl bestanden und reflektieren über ihre (gegebenenfalls) unterschiedlichen Gründe.
  - Die Kinder spielen ein Wettkampfspiel: Dazu teilen sie sich in zwei Mannschaften und stellen sich an einer Raumseite auf. Der Pädagoge nennt eine Aufgabe und die ersten Kinder der Schlange wählen einen Lösungsweg, überqueren ihn und lösen dabei die Aufgabe. Am anderen Ende des Raumes angekommen, schreiben die

tegie.

• Das Kind zeigt (keine) Freude an Bewegungsspielen.

• Das Kind geht folgendermaßen mit Erfolg um …

• Das Kind geht folgendermaßen mit Frustration um …

• Das Kind erklärt seine Strategien so, dass andere Kinder äußern, sie verstehen zu können.

• Das Kind stellt (keine) gezielte(n) Fragen.

• Das Kind nennt, dass es einen bestimmten Weg/ein bestimmtes Material bevorzugt (z.B. fährt es gerne Rollbrett, balanciert gerne, etc.).

Kinder die Aufgabe und die gewählte Rechenstrategie auf eine Karte oder an die Tafel und laufen zurück. Dann nennt der Pädagoge die nächste Aufgabe und das zweite Kind in der Schlange läuft los. Am Ende des Spiels werden die gewählten Lösungswege mit den Kindern besprochen. Wird ein Weg/eine Strategie besonders häufig gewählt? Andere weniger? Welche Gründe gibt es dafür? Welches Kind mag bestimmte Rechenstrategien besonders gerne?	
Die Rechenstrategien können auch auf einen höheren Zahlenraum, z.B. bis 100, 1000, etc. erweitert werden.	

Christopher wendet Rechenstrategien an und veranschaulicht diese

Fehlersuche mit einer Handpuppe

Empfohlene Klassenstufe (RRL)	1.-4. Klasse
Fach	Mathematik
Angesprochene Inhaltsbereiche (RRL)	- Arithmetik - Sachrechnen
Aufgabenschwerpunkte (RRL)	- Operationsvorstellungen, flexibles Rechnen - Fehler und Schwierigkeiten als Bestandteile des Lernens akzeptieren und konstruktiv nutzen - Sachzusammenhänge
Methodenschwerpunkte	Visualisierung, Kommunikation, Kooperation, Reflexionsfähigkeit
Materialien	Handpuppe, Tafel, Schreibutensilien, Aufgaben mit Lösungen (mit richtigen und falschen Ergebnissen)
Sozialform	E + G
Quelle (Ursprung der Aufgabe)	

Ursprungsaufgabe
Die Kinder sehen sich Aufgaben mit fehlerhaften Lösungen an und überlegen, wie die fehlerhaften Lösungen entstanden sein können.

Aufgabe und Differenzierungen	Mögliche Beobachtungen im Lernprozess
Der Pädagoge bringt eine Handpuppe mit in die Lernsituation, z.B. „Flo", den Hasen. • Die Kinder schauen sich die Handpuppe an und spielen mit ihr. • Der Pädagoge bezieht die Handpuppe in unterschiedlichen Klassengesprächen oder in Lernsituationen mit ein. Die Handpuppe kann: - <u>Fragen stellen</u>, z.B. Wie habt ihr gerechnet? Wer kennt einen Tipp, wie die Handpuppe an Aufgaben herangehen könnte? Was sollte die Handpuppe in bestimmten Situationen tun? - <u>verschiedene Rollen einnehmen</u>: z.B. Ratgeber, Fragender, Lernanfänger, Modell, Hilfesuchender,.... - <u>Fragen</u> der Kinder <u>beantworten</u>. - <u>Rituale einleiten</u>, begleiten, z.B. durch wiederkehrende Aussprüche. Der Pädagoge nennt eine Rechenaufgabe oder eine Rechengeschichte, die die Kinder rechnen und den Rechenweg notieren. Der Pädagoge nutzt die Handpuppe, um: • die Lösungswege der Kinder zu erweitern, indem die Handpuppe auch einen eigenen/ anderen Lösungsweg vorstellt. • mit den Kindern ein Gespräch zu führen über Lösungswege, Denkwege, Gedächtnisstüt-	• Das Kind zeigt Interesse/ Freude an dem Spiel mit einer Handpuppe. • Das Kind nutzt die Handpuppe, um mit ihr zu spielen/ sprechen. • Das Kind kommuniziert mit der Handpuppe (lässt die Handpuppe sich/andere Kinder anschauen, zunicken, lächeln, ...). • Das Kind interagiert (nonverbal, verbal, in folgender Weise ...) mit anderen Kindern beim Spielen mit der Handpuppe. • Das Kind bezieht die Handpuppe (nicht) in ein Gespräch mit ein. • Das Kind erklärt auf folgende Weise ... seinen Lösungsweg, z.B. mit Hilfe von Rechenmaterial/ anhand eines Rechenstrichs/ am Zahlenstahl/ der Hundertertafel etc. • Das Kind erklärt seinen Lö-

zen, Vor- und Nachteile von Rechenwegen, Vorlieben und Schwierigkeiten der Kinder, Sorgen, Wünsche, die Art der Kooperation/ Interaktion, etc.

Der Pädagoge stellt Aufgaben mit Lösungen vor, die die Handpuppe „angeblich" gerechnet hat. <u>Einige Fehler haben sich dabei eingeschlichen.</u> Die Kinder überlegen:

- Welche Aufgaben korrekt gelöst sind.
- An welcher Stelle sich die Handpuppe verrechnet hat?
- Ob die Handpuppe evtl. mit dem verkehrten Zwischenergebnis korrekt weiter gerechnet hat? Oder ob sich hier weitere Fehler eingeschlichen haben.
- Wie die Handpuppe wohl gerechnet haben könnte? Dazu können sie verschiedene Lösungswege an einer Tafel darstellen oder den Zahlenstrahl, das Zwanzigerfeld oder die Hundertertafel, etc. nutzen.
- Was könnte „Flo" helfen, damit er die Aufgaben beim nächsten Mal alle korrekt lösen könnte?

Die Handpuppe kann Aussagen unterstützen, die den Nutzen und die Wichtigkeit von Fehlern verdeutlichen, z.B. Aussprüche wie: „Hast du heute schon einen Fehler gemacht? Nein, dann hast du heute noch nichts Neues probiert!", „Wenn Fehler verboten sind, kommt nichts Neues auf die Welt.", „Aus Fehlern wird man klug", etc.

sungsweg folgendermaßen …

- Das Kind verbalisiert die Denkhandlung nachvollziehbar oder ohne erkennbares System oder es springt in seinen Gedanken, etc.
- Das Kind äußert, dass es Rechenwege anderer Kinder nachvollziehen kann.
- Das Kind äußert folgende Ideen, die einem anderen Kind oder der Handpuppe bei der Bearbeitung einer Aufgabe helfen könnte …
- Das Kind erklärt folgende Hinweise/ Hilfestellungen/ Denkanstöße …, welche es der Handpuppe oder einem anderen Kind geben würde.
- Das Kind geht auf folgende Art und Weise mit eigenen Fehlern um … (z.B. gelassen, lächelnd, traurig, fragend, wütend, ignorierend …)
- Das Kind geht mit Fehlern von anderen Kindern folgendermaßen um …
- Das Kind äußert Freude daran, zu erforschen, welche Rechenwege/ Denkwege zu einem Ergebnis geführt haben könnten.

Philipp beschäftigt sich mit der Handpuppe

Rechnen mit Geld

Empfohlene Klassenstufe (RRL)	1.-4. Klasse
Fach	Mathematik
Angesprochene Inhaltsbereiche (RRL)	- Arithmetik - Sachrechnen
Aufgabenschwerpunkte (RRL)	- Zahlenvorstellungen, Operationsvorstellungen, überschlagendes Rechnen - Sachzusammenhänge, Sachaufgaben, Größenvorstellungen, Umgang mit Größen
Methodenschwerpunkte	Kommunikation, Kooperation, Reflexion, multisensorisches Lernen, Lerntypen (logisch-mathematisch, verbal-sprachlich, körperlich-bewegungsbezogen, visuell-räumlich)
Materialien	Verschiedene echte Cent-Münzen, Spielgeld, Beutel, Stifte, Papier
Sozialform	E + G
Quelle (Ursprung der Aufgabe)	Kutzer (2001), Wittmann/ Müller (2002)

Ursprungsaufgabe
Die Kinder rechnen mit Geld. Sie zerlegen Geldbeträge und tauschen Münzen mit unterschiedlichem Wert gegeneinander ein.

Aufgabe und Differenzierungen	Mögliche Beobachtungen im Lernprozess
• Die Kinder überlegen gemeinsam welche Münzen sie kennen. - Wo kommen sie in ihrem Alltag mit Münzen in Berührung? - Welche unterschiedlichen Münzen kennen die Kinder? - Wo haben sie die Münzen schon einmal gesehen? - Von welchen Münzen kennen die Kinder den „Namen"? - Was wissen die Kinder über den unterschiedlichen Wert von verschiedenen Münzen? (z.B. Cent- und Euromünzen?) - Was können die Kinder mit wie viel Cent oder Euro zum Beispiel kaufen? - Bekommen die Kinder Taschengeld? Wenn ja, wie viel? - Wozu geben die Kinder ihr Geld aus? - Sparen die Kinder für etwas? Wie lange müssen die Kinder sparen, damit sie einen Gegenstand im Wert von … kaufen können? (evtl. Bezug zum Sachunterricht herstellen). • Der Pädagoge bringt unterschiedliche Gegenstände oder Lebensmittel mit, die Kinder von ihrem Taschengeld gekauft haben (z.B. ein Lutscher, ein Päckchen Kaugummi, einen Comic, Stifte, ein Schreibheft, …). Die Kinder schätzen, was jedes Teil kostet. Sie vergleichen ihre Schätzungen mit den realen Preisen. Was stellen sie fest? • Die Kinder bringen die Münzen in Zusammenhang mit anderen Ländern/ Währungen. Dazu formulieren sie Fragen und führen mit Menschen, die aus anderen Ländern kom-	• Das Kind kennt folgende Münzen … • Das Kind kennt folgende Münzen aus Land … • Das Kind zeigt (kein) Interesse am Umgang mit Geld. • Das Kind kennt folgende unterschiedliche Währungen … • Das Kind unterscheidet folgende Münzwerte … • Das Kind beschreibt äußerliche Unterschiede zwischen den Münzstücken (z.B. Größe, Farbe, Muster) … • Das Kind äu-

men, Interviews durch oder recherchieren im Internet.
- Welche Länder haben ebenso Euro-/ Cent- Münzen? Wodurch unterscheiden sich diese?
- Welche anderen Währungen gibt es in der Welt außer Euro oder Cent?
- Wie unterscheiden sich die Werte?
- Wie sehen die Münzen anderer Nationen aus (vielleicht haben Kinder noch Münzen aus dem Urlaub)?
- Was sagen die Bilder auf den Münzen über das Land und/ oder die Kultur der Länder aus?

• Die Kinder befühlen und betrachten unterschiedliche Münzen.
- Welche Form haben die Münzen?
- Welche Ränder haben die verschiedenen Münzen?
- Wie schwer sind sie?
- Welche Größe haben die Münzen?
- Welche Farbe?
- Was ist auf den Münzen zu sehen?
- Was ist auf der Vorder-, was auf der Rückseite einer Münze zu sehen?
- Die Kinder bilden Relationen: Welches ist die kleinste/mittlere/größte Münze? Welche Münze ist am leichtesten/ schwersten?

• Die Kinder erfühlen Münzen. Dazu werden in einen Beutel mehrere Cent-Münzen eines Wertes gegeben, z.B. fünf 10-Cent-Münzen. Die Kinder fühlen, wie viele Münzen in dem Beutel sind:
- Sie nennen die Anzahl der Münzen, z.B. „5".
- Sie nennen den Wert der Münzen, z.B. „50 Cent".

• Die Kinder zählen verschiedene Cent-Münzen ab und legen sie immer zu 10 zusammen (10er Bündelung):
- Sie zählen 1-Cent-Münzen (eins, zwei, drei, ...) / 10-Cent- Münzen (zehn, zwanzig, dreißig, ...) / 5-Cent-Münzen (fünf, zehn, fünfzehn, ...) ab.
- Sie zählen die Münzen ohne vereinbartes System/ sie sortieren die Münzen zuvor/ sie bringen die Münzen in eine Reihenfolge.
- Sie zählen systematisch, indem sie die Cent-Münzen so anordnen, dass sie Zählergebnisse „leicht" sehen können und begleiten diese Handlung sprachlich, z.B. „Ich habe 5 Cent und 5 Cent (Münzen nebeneinander legen), das sind 10 Cent, dann kommen noch 1 Cent und 1 Cent dazu (Cent-Münzen daneben legen), dann sind das 12 Cent, usw..
- Die Kinder bringen unterschiedliche Münzen in ein System. Sie kategorisieren die Münzen: Wie viele 1-Cent-Münzen, 5-Cent-Münzen, etc. haben die Kinder vorliegen?

• Die Kinder notieren die Zerlegungen der Münzen als Additionsaufgabe.

ßert, dass es gerne mit anderen Kindern zusammenarbeitet.
• Das Kind verwendet Relationsbegriffe (größer, mehr, weniger, kleiner, gleich viele, etc.) wie folgt an …
• Das Kind schätzt Preise wie folgt ein …
• Das Kind sortiert die Münzen ihrem Wert nach, wobei es (k)ein bestimmtes System nutzt …
• Das Kind bringt die Münzen in folgende Reihenfolge …
• Das Kind tauscht Münzen mit unterschiedlichem Wert (nicht) gegeneinander ein.
• Das Kind legt mit einer vorgegebenen Anzahl … an Münzen … einen Geldwert …
• Das Kind nennt einstellige und zweistellige Münzbeträge (unterscheidet 1 Cent – 10 Cent).
• Das Kind legt und löst mit Münzen folgende Additions-, Subtraktions-

- Die anderen Kinder notieren einstellige, zweistellige Ergebnisse in einem Stellenwertraster.
- Die Kinder tauschen mehrere kleine Münzen in größere Münzen ein.
- Die Kinder besprechen, welche Vorteile/Nachteile das Eintauschen von Münzen hat, z.B. ist das Portmonee nicht so schwer und voll und/oder man muss nicht so lange die kleinen Münzen an der Kasse zählen, wenn man etwas bezahlen möchte, etc.
- Die Kinder gehen zu mehreren zusammen. Ein Kind legt eine Anzahl an Cent auf den Tisch.
  - Die anderen Kinder nennen möglichst schnell, wie viele Cent gelegt wurden.
  - Die anderen Kinder schreiben die Additionsgleichung dazu auf.
  - Die anderen Kinder legen die gleiche Summe, jedoch mit „größeren"/ "kleineren" Cent-Münzen. Welche Münzen legen die Kinder?
- Die Kinder legen einen vorgegebenen Geldwert mit einer vereinbarten Anzahl an Münzen. Welche Münzen nehmen die Kinder, wenn der Geldwert 15 Cent durch 7 Münzen gelegt werden soll? Gibt es nur eine oder mehrere Möglichkeiten? Wie viele und welche Möglichkeiten gibt es?
- Die Kinder gehen zu zweit zusammen und lösen Additions- und Subtraktionsaufgaben mit Münzen.
  - Ein Kind legt mit Münzen eine Additions- oder Subtraktionsaufgabe. Das andere Kind nennt die Aufgabe und/oder schreibt die Rechengleichung auf.
  - Ein Kind legt zwei Beträge mit unterschiedlichen Münzen nebeneinander auf den Tisch. Das andere Kind schätzt/ rechnet aus, auf welcher Seite der höhere Wert liegt.
  - Die Kinder erfinden Rechengeschichten zu den Additions- und Subtraktionsaufgaben, z.B. „Hans hat 30 Cent, er gibt Anna 12 Cent ab. Wie viel Cent hat er noch?", usw.

aufgaben …
- Das Kind notiert folgende Rechengleichung …
- Das Kind vergleicht zwei Haufen mit Münzen durch folgende Strategie … (z.B. Eins-zu-Eins-Zuordnung, Schätzen, etc. / ohne erkennbare Strategie).

Den Körper mit allen Sinnen wahrnehmen	
Empfohlene Klassenstufe (RRL)	1.-4. Klasse
Fach	Sachunterricht
Angesprochene Inhaltsbereiche (RRL)	Natur und Leben
Aufgabenschwerpunkte (RRL)	Körper, Körpersinne
Methodenschwerpunkte	Kommunikation, Kooperation, multisensorisches Lernen, Lerntypen (visuell-räumlich, körperlich-bewegungsbezogen, naturbezogen, verbal-sprachlich, logisch-mathematisch), Lernen über Bewegung, Lernen in Bewegung, Arbeitsplan, Su-perlearning, Mind-Mapping, Projektarbeit, Reflexion
Materialien	Bildvorlagen, Stifte, Papier, Kleinmaterialien (zum Hören), Düfte, themenspezifische Bastelmaterialien
Sozialform	E + G
Quelle (Ursprung der Aufgabe)	Eggert/ Wegner-Blesin (2000) , Eggert/ Reichen-bach/ Bode (2003), Emmrich/ Felten/ Heid/ Klose/ Kremers (2006), Reichenbach/Lücking (2007)

Ursprungsaufgabe
Die Kinder erfahren ihre Sinne in verschiedenen Situationen. Dabei kann der Fokus auf einzelne Sinne als auch auf die Kombination gelegt werden.

Aufgabe und Differenzierungen	Mögliche Beobachtun-gen im Lernprozess

• Die Kinder lernen die Sinne ihres Körpers kennen. Woher, d.h. aus welcher Sprache, stammen die Begrifflichkeiten? Was bedeuten sie übersetzt?
• Welche Berufe sind den Kindern bekannt, die sich mit be-stimmten Sinnen beschäftigen? Gibt es Berufe, in denen man spezielle Sinne besonders braucht?
• Die Kinder erproben die Sinne: Einige Beispiele hierzu:
• Riechen/olfaktorisch:
  - Ein Duftmemory eignet sich z.B. zum Erkennen glei-cher Düfte und zur systematischen Einordnung von Düften.
  - Die Kinder planen und erstellen gemeinsam ein Duft-memory oder einen Duftparcours. Sie begründen die Auswahl der Düfte. Die Kinder erfahren etwas über die sieben typischen Duftklassen: blumig, ätherisch, mo-schusartig, campherartig, schweißig, faulig, stechend.
  - Die Kinder lernen, wie Düfte entstehen, wer sich mit Düften beruflich beschäftigt und wovon es abhängen kann, dass ein Duft (weniger) gemocht wird.
  - Die Kinder lernen und erfahren, dass das Riechen das Schmecken beeinflusst.
• Schmecken/gustatorisch:
  - Die Kinder lernen die vier primären Geschmacksquali-täten süß, sauer, salzig, bitter kennen und versuchen verschiedene „Geschmacksproben" diesen zuzuord-nen.
  - Die Kinder tauschen sich aus, was sie gern essen. Ha-
	• Das Kind nennt fol-genden Beruf, der mit den Sinnen zu tun hat …
	• Das Kind findet sei-nen Partner im Raum.
	• Das Kind ordnet gleiche/ verschie-dene Düfte einan-der zu.
	• Das Kind beteiligt sich aktiv an der Planung von … Es übernimmt folgende Aufgaben …
	• Das Kind reagiert wie folgt auf … Düf-te …
	• Das Kind sagt, dass es … Düfte (weni-ger) mag.
	• Das Kind ordnet verschiedene „Ge-schmacksproben" folgenden Katego-

ben die Kinder Vorlieben für bestimmte „Küchen"?

- Verschiedene Esskulturen und deren Entstehung werden sowohl bildlich als auch geschmacklich erfahren. Verschiedene Kochkurse werden angeboten; die Kinder bekochen sich gegenseitig.

Caroline lässt es sich schmecken.

- Sehen/visuell:
  - Die Kinder überlegen, in welchen Situationen sie insbesondere auf ihr Sehen angewiesen sind: jemanden ansehen, etwas sehen, beim Spielen, beim Schreiben und Lesen, beim Farben erkennen, beim Erkennen von Begrenzungen und Größen, …
  - Insbesondere kann hier auf die Schrift und Schriftzeichen in verschiedenen Ländern und Kulturen eingegangen werden. Welche Unterschiede und Gemeinsamkeiten gibt es?
  - Die Kinder malen/schreiben in unterschiedlich großen Begrenzungen sowie mit verschiedenen Farben.
  - Die Kinder tauschen untereinander ihre Vorlieben für das Sehen aus: Was ist wichtig? Wie groß/klein muss/ kann etwas sein, um es gut zu sehen? Was sehe ich (weniger) gerne (an)?
  - Die Kinder erproben, wie es ist, wenn man weniger gut sehen kann. Hier können gemeinsam verschiedene „Brillen" gestaltet und anschließend in speziellen Handlungen ausprobiert werden.

rien zu …

- Das Kind sagt, was es schmeckt …
- Das Kind sagt, wie … schmeckt.
- Das Kind sagt, dass es gern … isst.
- Das Kind nennt seine Vorlieben/ Abneigungen …
- Das Kind ordnet Karten von Essen bestimmten Kulturen zu …
- Das Kind zeigt Freude beim … (Thema), in dem …
- Das Kind sagt, dass es … kochen kann.
- Das Kind sagt, dass es (un-)gerne kocht.
- Das Kind nennt Situationen, in denen Sehen/Hören wichtig ist …
- Das Kind beschreibt Unterschiede von Schriften/ Zeichen.
- Das Kind sagt, dass ihm beim Sehen/ Hören … wichtig ist.
- Das Kind bringt folgende Ideen bei der Gestaltung von Brillen ein …
- Das Kind berichtet über „Seh-/Hör-Erfahrungen".
- Das Kind ordnet … Geräusche den … Bildkarten zu.
- Das Kind variiert seine Lautstärke/

Jannik erprobt den Gebrauch der Lupe

- Hören/auditiv:
  - Die Kinder überlegen, in welchen Situationen sie auf das Hören angewiesen sind: in Gesprächen mit Menschen, beim Zuhören im Unterricht, im Straßenverkehr, beim Musikhören, …
  - Die Kinder lernen etwas über die Funktionsweise des Gehörs kennen und erproben Situationen, in denen ihr Hören eingeschränkt ist.
  - Den Kindern werden Geräusche vorgespielt, die sie erkennen sollen. Dabei können Bildkarten als Unterstützung dienen. Welche Geräusche gehören zusammen oder welche Geräusche treten in gleichen Situationen auf?
  - Die Kinder probieren in verschiedenen Tönen und Lautstärken mit einem anderen Kind zu sprechen und halten fest, was für sie individuell (weniger) angenehm ist. Welche Geräusche mag ein Kind (weniger) gern?
- Spüren/taktil-kinästhetisch:
  - Die Kinder erzählen, welche Berührungen sie kennen und welche sie (weniger) gern mögen. Es wird verdeutlicht, dass das Empfinden für Berührungen bei jedem Menschen unterschiedlich ist und, dass dies anderen Menschen gesagt werden sollte.
  - Es wird verdeutlicht, woran die Unterschiedlichkeit der Wahrnehmung bzw. des Empfindens von Berührungen abhängen kann (z.B. biologisch, emotional …). In Bezug auf Biologie kann der menschliche Körper (Muskeln, Sehnen, Knochenhaut, … ,Temperaturempfinden, …) erklärt werden und in Bezug auf Emotionen kann auf Vorerfahrungen und Vorlieben eingegangen wer-

Tonhöhe …
- Das Kind sagt, welche Geräusche es (un-)gern mag.
- Das Kind zeigt folgende Reaktion bei … Geräuschen …
- Das Kind erzählt von (un-) angenehmen Berührungen …
- Das Kind beschreibt seine Gefühle wie folgt …
- Das Kind berichtet von seinen Erfahrungen in Bezug auf …
- Das Kind nutzt folgende Angebote zur Sinneserfahrung …
- Das Kind bringt folgende Ideen zum …-Sinn ein …
- Das Kind tauschst sich mit anderen Kindern über … aus.
- Das Kind verbindet folgende Sinne selbständig miteinander …
- Das Kind nennt folgende Beispiele für eingeschränkte Sinne …
- Das Kind berichtet von eigenen Erfahrungen mit Sinneseinschränkungen.
- Das Kind führt ein Interview mit einem Menschen mit folgender Beeinträchtigung durch … und trägt die Informationen vor.

den.
- Die Kinder überlegen gemeinsam, wozu der kinästhetische Sinn (Bewegungs-/Stellungssinn) gebraucht wird. Unterschiedliche Situationen werden angeboten, um eigene Erfahrungen zu sammeln: jemand zerrt/ zieht/ drückt ein Kind, Einnehmen verschiedener Körperpositionen und -haltungen, …

- Gleichgewicht/vestibulär:
  - Die Kinder erfahren und lernen anhand verschiedener Situationen, was Gleichgewicht bedeutet: gleiche Gewichte, etwas im Gleichgewicht halten (z.B. Justitia), der eigene Körper im (Un-)Gleichgewicht, jemanden ins Gleichgewicht bringen, jemand hält mich im Gleichgewicht, …
  - Die Kinder werden gefragt, woher sie „Gleichgewicht" kennen und wozu sie es brauchen. Es wird ihnen verdeutlicht, welche alltäglichen und speziellen Bewegungssituationen Gleichgewicht erfordern, z.B. sitzen, gehen, balancieren …
  - Die Kinder überlegen gemeinsam, wodurch sie ihr Gleichgewicht verlieren können oder ein Ungleichgewicht entsteht (Fremd- und/oder Eigenanteil, Bezug zur Schwerkraft, …). Beispiele visualisieren sie selbständig oder führen diese vor.
  - Unterschiede zwischen körperlichem und seelischem Gleichgewicht werden besprochen und deren gegenseitige Beeinflussung.
  - Die Kinder erproben ihr Gleichgewicht in Bewegungssituationen, z.B. Balancieren auf verschiedenen Untergründen, Drehen, Schaukeln …

- Die Unterscheidung zwischen körpernahen und körperfernen Sinnen wird verdeutlicht.

- Die Kinder tauschen aus, wann sie welche Sinne einsetzen. Wann werden individuell welche Sinne besonders bewusst? Hier können Beispiele veranschaulicht werden, in denen zeitlich begrenzt die Sinne eingeschränkt sind, z.B. Erkältung, Bindehautentzündung, gebrochener Arm, …

- Welche individuelle Bedeutung haben die verschiedenen Sinne für Menschen?
- Es kann auf Menschen mit Behinderungen im Besonderen eingegangen werden. Wer kennt einen Menschen mit einer Behinderung? Menschen mit z.B. einer Seh- oder Hörbeeinträchtigung können von den Kindern mittels eines Interviews befragt werden, welche Bedeutung welche Sinne für sie haben.
- Kulturelle Unterschiede werden gemeinsam recherchiert und besprochen. Welche Unterschiede gibt es? Wie hängt die Unterschiedlichkeit mit der Entstehung der Kultur zusammen? Beeinflussen kulturelle Werte die Nutzung der Sinne?

Der menschliche Körper

Empfohlene Klassenstufe (RRL)	1.-4. Klasse
Fach	Sachunterricht
Angesprochene Inhaltsbereiche (RRL)	Natur und Leben
Aufgabenschwerpunkte (RRL)	Körper
Methodenschwerpunkte	Kommunikation, Kooperation, multisensorisches Lernen, Lerntypen (visuell-räumlich, verbal-sprachlich), Lernen über Bewegung, Lernen in Bewegung, Lernkartei, Mind-Mapping, Reflexion
Materialien	Bildvorlagen, Stifte, Papier, Karteikarten
Sozialform	E + G
Quelle (Ursprung der Aufgabe)	Eggert/ Wegner-Blesin (2000) , Eggert/ Reichenbach/ Bode (2003), Emmrich/ Felten/ Heid/ Klose/ Kremers (2006), Reichenbach/Lücking (2007)

Ursprungsaufgabe
Die Kinder setzen sich mit dem menschlichen Körper, seiner Struktur sowie den Funktionen von einzelnen Körperteilen und Organen auseinander.

Aufgabe und Differenzierungen	Mögliche Beobachtungen im Lernprozess

• Mit den Kindern wird über den Aufbau, die Struktur und die Funktionen von Körperteilen und Organen gesprochen.
   - Welche Körperteile hat ein Mensch?
   - Wo befinden sich die Körperteile am Körper?
   - Wie viele Knochen sind im Körper?
   - Welche Knochen sind bekannt?
   - Welche Organe hat ein Mensch?
   - Welche Funktionen haben einzelne Körperteile, Knochen und Organe?
• Verschiedene Fragen zum Körper werden gemeinsam über verschiedene Wege bearbeitet:
   - Es werden Bildvorlagen von menschlichen Körpern gezeigt und nach Gemeinsamkeiten und Unterschieden gesucht.
   - Ideen werden in Gesprächskreisen ausgetauscht.
   - Die Kinder legen den menschlichen Körper als Puzzle gemeinsam zusammen. Dabei können einzelne Körperteile benannt und bzgl. ihrer Anordnung (oben, unten, …) sprachlich zugeordnet werden.
   - Die Kinder legen das menschliche Skelett als Puzzle gemeinsam zusammen. Das Puzzle kann über das Puzzle des menschlichen Körpers gelegt werden.
   - In Kleingruppen wird jeweils gemeinsam ein Bild vom menschlichen Körper gezeichnet.
   - (Bild-)Kartenspiele mit Fragen zum menschlichen Körper dienen der Verfestigung des Wissens.
   - Die Kinder schreiben verschiedene Begriffe des Körpers (z.B. Zeigefinger, Ohr, Knie, Fuß, Herz, Elle,…) auf Karteikarten, welche nach Kategorien sortiert werden (Organe, Körperteile, Knochen,…). Die Kinder
	• Das Kind nennt folgende Körperteile/ Organe/ Knochen ...
	• Das Kind nennt folgende Funktionen … für das Körperteil/ das Organ/ den Knochen …
	• Das Kind legt die Körperteile wie folgt zusammen …
	• Das Kind ordnet die Knochen entsprechenden Körperteilen zu.
	• Das Kind beschreibt wie folgt, wie es sich in/ mit seinem Körper fühlt …
	• Das Kind nennt Gemeinsamkeiten/ Unterschiede von menschlichen Körpern …
	• Das Kind teilt anderen Kindern seine Ideen zum Körper mit …
	• Das Kind benennt einzelne Körperteile …

schreiben alle Informationen, die sie zu dem genannten Begriff wissen, auf diese Karte.

- Die Kinder spielen gemeinsam das Spiel „Tabu", wobei die Spielkarten von den Kindern selbst erstellt werden. Auf Karteikarten werden verschiedene Körperbegriffe geschrieben. Unter die Begriffe werden drei weitere Begriffe geschrieben, die bei der späteren Beschreibung des Begriffes nicht gesagt werden dürfen, jedoch für die Beschreibung typische Begriffe sind. Die Kinder setzen sich in einen Kreis. Der Reihe nach nennen die Kinder nacheinander abwechselnd die Zahl 1 und 2, so dass die Kinder mit der Zahl 1 sowohl rechts als auch links Kinder mit der Zahl 2 neben sich sitzen haben und umgekehrt. Die Kinder mit der Zahl 1 und die Kinder mit der Zahl 2 bilden jeweils eine Gruppe. Ein Kind beginnt und erhält einen Stapel mit Karteikarten. Auf ein Signal wird die erste Karte umgedreht und das Kind hat eine Minute Zeit so viele Begriffe wie möglich zu beschreiben, achtet dabei darauf, dass die unten stehenden Begriffe nicht genannt werden. Raten darf ausschließlich die 1er oder 2er Gruppe. Die Kinder, die neben dem beginnenden Kind sitzen, kontrollieren die Zeit und, dass das Kind keine Begriffe, die unten auf der Karte stehen, verwendet. Wird ein Begriff genannt, muss eine neue Karte gezogen werden.

- Die Rolle des Körpers in unserer Kultur und in unserer Gesellschaft wird thematisiert. Welchen Wert hatte der Körper in verschiedenen Jahrhunderten und wie ist es heute? Hier kann auf die Geschichte der Körperkultur im Wandel eingegangen werden. Es können Mind-Mappings erstellt werden, um Zusammenhänge zu verdeutlichen.

- Welchen Wert hat der Körper in anderen Kulturen? Der Umgang mit dem Körper in verschiedenen Kulturen und Ländern (China, Amerika, Griechenland, Italien ...) wird besprochen. Hier können „typische" Bilder gesammelt und in einer Collage zusammengestellt werden.

- Das Kind zeichnet ein Bild von (s)einem Körper ...

- Das Kind beantwortet folgende Fragen zum menschlichen Körper ...

- Das Kind fertigt Wissenskarten über folgende Körperbegriffe ... an.

- Das Kind zeigt sich interessiert an folgenden Funktionen des Körpers ..., in dem es ...

- Das Kind beschreibt Körperbegriff ... wie folgt ...

- Das Kind äußert folgende Ideen ..., wofür der Körper in unserer Kultur bedeutend ist.

- Das Kind sagt, was ihm sein Körper bedeutet ...

- Das Kind bringt Bilder zur Körperkultur anderer Länder mit.

Gesundheit für mich!	
Empfohlene Klassenstufe (RRL)	1.-4. Klasse
Fach	Sachunterricht
Angesprochene Inhaltsbereiche (RRL)	Natur und Leben
Aufgabenschwerpunkte (RRL)	Körper und Gesundheit, Ernährung
Methodenschwerpunkte	Kommunikation, Kooperation, Reflexion, multisensorisches Lernen, Lerntypen (visuell-räumlich, körperlich-bewegungsbezogen, verbal-sprachlich, logisch-mathematisch) Projektarbeit, Mind-Mapping, Lernkartei, Arbeitsplan, Reflexion,
Materialien	Flipchart, Papier, Stifte, Karteikarten, Zeitschriften, spezielle themenspezifische Materialien, Internet
Sozialform	E + G
Quelle (Ursprung der Aufgabe)	Emmrich/ Felten/ Heid/ Klose/ Kremers (2006), Bucher (Hrsg.) (2000)

Ursprungsaufgabe
Die Kinder setzen sich mit den Begrifflichkeiten und Inhalten von Gesundheit und Krankheit auseinander. Praktische Erfahrungen werden ermöglicht.

Aufgabe und Differenzierungen	Mögliche Beobachtungen im Lernprozess
<ul><li>Die Kinder überlegen in Kleingruppen, was ihnen zum Thema Gesundheit einfällt. Wer fühlt sich gesund? Was ist Gesundheit? Was ist Krankheit?</li><li>Die Kinder erstellen eine gemeinsame Collage, die aus themenspezifischen Zeichnungen/ Bildern, die die Kinder in Zeitschriften oder im Internet recherchiert haben, besteht.</li><li>Die Kinder stellen ihre Collage der gesamten Gruppe vor.</li><li>In der Gruppe findet eine Reflexion über Gemeinsamkeiten und Unterschiede der individuellen Gesundheitsvorstellungen statt.</li></ul>	<ul><li>Das Kind erzählt, was es unter Gesundheit versteht …</li><li>Das Kind trägt folgendes zur Erstellung der Collage bei …</li><li>Das Kind benennt Gemeinsamkeiten/ Unterschiede von …</li></ul>
<ul><li>Wird eine Behinderung als Krankheit angesehen oder was ist die Unterscheidung zwischen Krankheit und Behinderung? Es können verschiedene Formen von Behinderungen vorgestellt werden und der Umgang mit Menschen mit Behinderung(en) thematisiert werden.</li><li>Kinder können Menschen mit einer Behinderung einladen, um ihnen gemeinsam spezielle Fragen zu stellen.</li></ul>	<ul><li>Das Kind benennt Unterschiede von Gesundheit, Krankheit, Behinderung …</li><li>Das Kind stellt zu … folgende Fragen …</li></ul>
<ul><li>Mit den Kindern wird erarbeitet, was ein Mensch individuell tun kann, um sich gesund zu fühlen und gesund zu sein.</li><li>Es bilden sich Arbeitsgruppen zu speziellen Themen, z.B.:<ul><li>**Ernährung** (Häufigkeit der Mahlzeiten, Essen, Trinken, Vielfalt und Notwendigkeit von Nahrungsmitteln, Erkrankungen, Über-/Untergewicht, Diät, Verderb von Nahrungsmitteln, …)</li><li>**Körperpflege** (Hilfsmittel, Häufigkeit, Notwendigkeit, Waschen/ Duschen/ Baden, Haarpflege, Auswahl der Körperpflegeartikel, …)</li><li>**Zahnpflege** (Hilfsmittel, Häufigkeit, Dauer, Prävention,</li></ul></li></ul>	<ul><li>Das Kind sagt, was es individuell macht/ tun kann, um gesund zu sein …</li><li>Das Kind beteiligt sich aktiv in der Arbeitsgruppe zu</li></ul>

Zahnwechsel, Techniken, Aufbau Gebiss, Zahnarzt, …)
- **Fitness** (Sportarten, Pausenspiele, Stretching, …)
- **Erholung** (Entspannungstechniken, Formen der Erholung, Sauna, Massage, Kurpackungen, Lesen, Musikhören, Atemübungen, Fantasiereisen, …)
- Die Kinder sammeln im Brainstorming Gedanken zu dem Thema und systematisieren diese anschließend.
- Die Kinder suchen in Zeitschriften nach Bildern, die mit ihrem Thema zu tun haben.
- Die Kinder recherchieren im Internet nach weiteren Informationen zum Thema.
- Die Kinder erstellen eine Kombination aus Collage und Mind-Mapping zur Veranschaulichung des Themas.
- Die Kinder erstellen eine Lernkartei zu dem Thema: sie formulieren Fragen auf der Vorder- und Antworten auf der Rückseite. Die Kartei kann anschließend von allen Kindern in der Klasse genutzt werden.
- Es wird ein Experte zu dem Thema eingeladen. Die Kinder bereiten sich mit speziellen Fragen auf das Gespräch vor.
- Die Kinder können in einer Arbeitsgemeinschaft einen Leitfaden für eine „gesunde Ernährung/ Körperpflege/ Zahnpflege/ Fitness/ Erholung" erstellen.
- Die Kinder gestalten pro Gruppe jeweils Sequenzen zu ihrem Thema in einer Projektwoche, z.B. gemeinsame Mahlzeiten, Fitness, Erholung, …

- Wie werden diese Gesundheitsthemen in anderen Kulturen und Ländern betrachtet? Welche Unterschiede und/ oder Gemeinsamkeiten gibt es?
- Die Kinder recherchieren o.g. Themen in anderen Kulturen und Ländern und versuchen dann, sich in einem Zeitraum (z.B. 1 Woche) einer speziellen Kultur anzupassen, z. B.:
  - Koreanische Ernährung
  - Indische Körperpflege
  - Baptistische Zahnpflege
  - Amerikanische Fitness
  - Schweizerische Erholung

- Welchen Einfluss hat jeder Mensch selbst auf seine Gesundheit? Welche anderen Einflüsse (z.B. Umwelt) gibt es, die meine eigene Gesundheit mit bedingen?
- Die Kinder überlegen, was sie tun können, um sich gesund zu fühlen. Sie halten ihre Gedanken auf Flipchartpapier fest.
- Die Kinder lernen, welche Aufgaben und Ziele das Gesundheitssystem in Deutschland hat.
- Die Kinder lernen etwas über das Gesundheitssystem anderer europäischer und außereuropäischer Länder kennen. Gemeinsam können hier Unterschiede sowie Vor- und Nachteile von Gesundheitssystemen im Vergleich herausgearbeitet werden.

…
- Das Kind zeigt Interesse am Thema … durch …
- Das Kind berichtet über eigene Erfahrungen zum Thema …
- Das Kind systematisiert Gedanken in folgender Form …
- Das Kind recherchiert im Internet zu …
- Das Kind formuliert Fragen/ Antworten für eine Lernkartei.
- Das Kind nutzt eine Lernkartei.
- Das Kind überlegt Fragen für ein Interview …
- Das Kind erstellt mit anderen Kindern gemeinsam einen Leitfaden zu …
- Das Kind bringt sich in einer Projektwoche wie folgt ein …
- Das Kind berichtet von Erfahrungen hinsichtlich anderer Länder oder Kulturen.
- Das Kind nennt kulturell- oder landesbedingte Gemeinsamkeiten/ Unterschiede …
- Das Kind erprobt … Tage das Thema … der … Kultur.

Pflanzen	
Empfohlene Klassenstufe (RRL)	1.-4. Klasse
Fach	Sachunterricht
Angesprochene Inhaltsbereiche (RRL)	Natur und Leben
Aufgabenschwerpunkte (RRL)	Pflanzen und Tiere
Methodenschwerpunkte	Kommunikation, Kooperation, multisensorisches Lernen, Lerntypen (visuell-räumlich, naturbezogen, verbal-sprachlich, logisch-mathematisch), Arbeitsplan, Mind-Mapping, Projektarbeit, Reflexion
Materialien	Bildvorlagen, Stifte, Papier, Fotoapparat, Lupe, Pflanzenpresse/Buch, Internet, Lexika
Sozialform	E + G
Quelle (Ursprung der Aufgabe)	Emmrich/ Felten/ Heid/ Klose/ Kremers (2006)

Ursprungsaufgabe
Die Kinder lernen spezielle Pflanzen kennen und sammeln in der Natur entsprechende Erfahrungen. Dabei kann der Fokus auf einzelne Sinne als auch auf die Kombination von einzelnen Sinnen gelegt werden. Die Freude zur Natur und zu Pflanzen kann durch die Erfahrungen positiv unterstützt werden.

Aufgabe und Differenzierungen	Mögliche Beobachtungen im Lernprozess
• Das Thema Pflanzen wird eingeführt, in dem Kinder eine Pflanze ihrer Wahl mitbringen. Die Kinder stellen ihre Pflanzen vor. • Gemeinsam wird überlegt und aufgeschrieben, welche Kategorien es zum Systematisieren von Pflanzen gibt (Name, Herkunft, Bedingungen des Wachstums, evtl. Aufgabe …). Hier kann auch sehr gut an das Thema Jahreszeiten angeknüpft werden. • Jedes Kind zeichnet seine Pflanze oder die Pflanze eines Partners ab und nennt anschließend besondere Merkmale (z.B. Farbe, Form, Größe). • Die Kinder lernen, dass es verschiedene Arten von Pflanzen gibt (z.B. Gräser, Blumen, Sträucher, Bäume). • Die Kinder gehen in die Natur oder in den Schulgarten und fotografieren verschiedene Pflanzen. Die Fotos können dann als Bildkarten für den weiteren Lernprozess genutzt werden. • Fotos von Pflanzen werden in Bezug auf bestimmte Kategorien sortiert. • **Gräser/Wiesen:** Die Kinder sammeln in der Natur verschiedene Gräser. • Die Kinder beschreiben die Eigenschaften der gesammelten Gräser. Zu der genauen Betrachtung nutzen sie eine Lupe, welche eine detailliertere Beschreibung ermöglicht. • Die Kinder versuchen mittels Recherche (Buch, Internet) herauszufinden, welche Pflanzen sie gefunden haben. Wie heißt diese Pflanze? Wozu dient diese Pflanze? Zu welcher Jahreszeit wächst diese Pflanze? …	• Das Kind bringt folgende Pflanze mit … • Das Kind nennt folgende Möglichkeiten der Systematisierung von Pflanzen … • Das Kind zeichnet die Pflanze … wie folgt ab … • Das Kind macht Fotos von folgenden Pflanzen … • Das Kind sortiert Fotos von Pflanzen wie folgt … • Das Kind sammelt … Gräser. • Das Kind beschreibt folgende Eigenschaften … • Das Kind betrachtet die Pflanze … mit der Lupe. • Das Kind recherchiert folgendes über … • Das Kind macht folgende Aussagen zu einer Pflanze … • Das Kind verhält sich

Florian nimmt das Gras näher unter die Lupe

- **Blumen:** Die Kinder gehen auf ein Blumenfeld und sammeln verschiedene Blumen. Hierbei wird zuvor besprochen, welche Blumen nicht gepflückt werden dürfen.
- Die Blumen werden mit verschiedenen Sinnen erfahren: fühlen, riechen, sehen.
  - Welche Blume finde ich schön? Was finde ich an einer Blume schön?
  - Welche Blume riecht gut? Wie kann ich den Duft Anderen beschreiben?
  - Wie fühlt sich eine Blume an? Was unterscheidet das Fühlen des Stiels, der Blätter und der Blüte voneinander?
- Die Kinder stellen jeweils eine Blume vor und besprechen anschließend Gemeinsamkeiten und Unterschiede.
- Die Kinder recherchieren die Namen der Blumen; wie heißt die Blume ursprünglich (meist lateinisch) und wie heißt sie in deutscher Sprache?
- Die Kinder schreiben die Eigenschaften und den Namen einer speziellen Blume auf eine Karte. Auf anderen Karten sind Fotos der Blumen. Mit den Karten kann ein Memory-Spiel erstellt und gespielt werden.
- Die Bestandteile einer Blume werden genauer betrachtet und analysiert. Hier kann ein Vergleich mit einer Vorlage aus dem Lehrbuch und der realen Pflanze erfolgen.
- Der Wachstum von Blumen wird thematisiert: unter welchen Bedingungen wachsen Blumen? Wie kann ich ein Blumenfeld anbauen? Die Kinder pflanzen und züchten

auf dem Blumenfeld wie folgt …
- Das Kind sammelt … Blumen.
- Das Kind schaut sich … Blumen … an.
- Das Kind riecht an … Blumen.
- Das Kind fühlt … Blumen.
- Das Kind äußert folgende Empfindungen zu … Blumen.
- Das Kind nennt Unterscheidungsmerkmale …
- Das Kind spielt Memory.
- Das Kind vergleicht eine reale Blume mit einer Bildvorlage und nennt folgende Gemeinsamkeiten/ Unterschiede …
- Das Kind berichtet von Erfahrungen mit Pflanzen …
- Das Kind nennt folgende Aufgaben von Blumen …
- Das Kind sammelt … Blätter.
- Das Kind nennt folgende Unterschiede/ Gemeinsamkeiten von Blättern …
- Das Kind recherchiert in Büchern, im Internet folgendes …
- Dem Kind ist eine Pflanzenpresse bekannt.
- Das Kind sammelt folgende Pflanzen in einer „Buch-Pflanzen-Presse" …
- Das Kind beteiligt sich aktiv am Bau einer Pflanzenpresse in dem …

selbst eine Blume (z.B. Osterglocke, Tulpe).

- Die Kinder sammeln Ideen für den Sinn und/ oder die Aufgabe von Blumen und tragen diese zusammen. Hier können die Kinder sehr gut ihre eigenen Erfahrungen mit Blumen einbringen.
- **Blätter von Laubbäumen oder Sträuchern:** Die Kinder gehen in die Natur und sammeln gemeinsam Blätter.
- Wie können die Blätter unterschieden werden? Die Kinder versuchen gemeinsam Kategorien zu finden (z.B. Größe, Farbe, Dicke, Form, …).
- In Kleingruppen werden einzelne Blätter beschrieben und recherchiert, zu welchem Gewächs diese gehören.
- Was gibt es für Bäume und Sträucher in unserer Region?
- Welche Bäume und Sträucher gibt es in anderen Regionen oder Ländern? Warum wachsen diese nicht hier? Hier kann auf Bedingungen des Wachstums (Umwelt, Klima, …) näher eingegangen werden.

- Pflanzenpresse: Die Kinder lernen, gesammelte Pflanzen, die ihnen besonders gefallen, aufzubewahren. Hierzu können sie ein dickes Buch nutzen, in dem eine Pflanze zwischen zwei Pergamentpapierseiten gelegt und dann gepresst wird.
- Eine weitere Möglichkeit ist der gemeinsame Bau einer Pflanzenpresse, z.B. in Projektarbeit.

Florian & Dominik betrachten Blätter für die Buchpresse

- **Früchte von Pflanzen:** Die Kinder lernen, dass einige Pflanzen oder Gewächse Früchte tragen. Nicht alle Früchte sind essbar. Die Kinder sammeln Ideen, welche Früchte sie kennen und von welchem Gewächs diese stammen. Nach der Ideensammlung kann eine Collage erstellt werden, die verschiedene Pflanzen und deren Früchte visualisiert.
- Die Kinder können Pflanzen und Früchte fotografieren oder zeichnen und aus diesen Bildkarten erstellen.

- Das Kind nennt folgende Früchte als bekannt …
- Das Kind beteiligt sich wie folgt an der Erstellung der Collage …
- Das Kind beschreibt eine Fruchtkarte …
- Das Kind findet seinen Partner nach der Beschreibung.
- Das Kind beteiligt sich am Kochen wie folgt …

- Jedes Kind erhält eine Pflanzen- oder Fruchtkarte und versucht durch Beschreibung der Abbildung seinen Partner zu finden.
- Die Kinder sortieren die Früchte nach essbaren und nicht essbaren Früchten.
- Jedes Kind bringt eine essbare Frucht mit. Die Kinder finden heraus, wie die Frucht genau heißt und wie die entsprechende Pflanze dazu aussieht.
- Bringen die Kinder Obst oder Gemüse als besondere Fruchtformen mit, dann können diese Früchte für einen Salat genutzt werden. Die Kinder können gemeinsam kochen bzw. zubereiten.

Jonathan bereitet einen Salat vor.

Tiere in meiner Umgebung

Empfohlene Klassenstufe (RRL)	1.-4. Klasse
Fach	Sachunterricht
Angesprochene Inhaltsbereiche (RRL)	Natur und Leben
Aufgabenschwerpunkte (RRL)	Pflanzen und Tiere
Methodenschwerpunkte	Kommunikation, Kooperation, multisensorisches Lernen, Lerntypen (visuell-räumlich, körperlich-bewegungsbezogen, naturbezogen, verbal-sprachlich, logisch-mathematisch), Lernkartei, Arbeitsplan, Mind-Mapping, Projektarbeit, Reflexion
Materialien	Bildvorlagen/Fotos, Stifte, Papier, Fotoapparat, Lupe, Glas mit Schraubverschluss, Internet, Lexika
Sozialform	E + G
Quelle (Ursprung der Aufgabe)	Emmrich/ Felten/ Heid/ Klose/ Kremers (2006)

Ursprungsaufgabe
Die Kinder lernen spezielle Tiere kennen und sammeln in der Natur entsprechende Erfahrungen. Die Erfahrungen können mit verschiedenen Sinnen gemacht werden. Neben dem Kennenlernen stehen das Interesse an sowie die Erfahrung mit Lebewesen im Vordergrund. Der emotionale Bezug zu Tieren kann hier positiv gefördert und gestaltet werden.

Aufgabe und Differenzierungen	Mögliche Beobachtungen im Lernprozess
<ul><li>Die Kinder bringen Bilder oder Fotos von Tieren mit, die ihnen bekannt sind. Die Kinder zeigen sich die Abbildungen und tauschen sich untereinander aus.</li><li>Der Pädagoge fragt nach der Art der Erfahrungen mit Tieren (Dauer, Art des Kontakts, ...).</li><li>Tierarten: Die Kinder schreiben möglichst viele Tiernamen auf, die ihnen einfallen.</li><li>Die Kinder recherchieren im Internet oder in Lexika welche Tierarten es gibt (z.B. Wirbellose, Säugetiere, Fische, Vögel, ...).</li><li>Die Kinder ordnen die aufgeschriebenen Tiernamen den entsprechenden Tierarten zu.</li><li>Jedes Kind sucht sich aus jeder Tierart ein Tier aus, welches es näher beschreibt (z.B. Aussehen, Größe, Gewicht, Form, Ernährung, Lebensraum, Lebensdauer, Befruchtung, Aufgaben, ...).</li><li>Die Kinder finden heraus, ob und wenn ja, wie viele spezielle Arten es von einem Tier gibt (z.B. Bär: Pandabär, Braunbär, Eisbär, ...).</li><li>Die Kinder erstellen eine Lernkartei zum Thema Tierarten.</li><li>Welche Eigenschaften haben welche Tiere? Hier kann sehr gut ein Bezug zu eigenen Eigenschaften hergestellt werden (Wünsche, Realität).</li><li>In der Gruppe werden Gemeinsamkeiten und Unterschiede der Tiere einer Tierart herausgefunden.</li><li>Was unterscheidet Menschen und (Säuge-)Tiere voneinander?</li></ul>	<ul><li>Das Kind bringt folgende Fotos mit ...</li><li>Das Kind berichtet von folgenden Erfahrungen ...</li><li>Das Kind schreibt ... Tiernamen auf.</li><li>Das Kind recherchiert in der Form, dass ... und findet ...</li><li>Das Kind ordnet ... Tiernamen den ... Tierarten zu.</li><li>Das Kind beschreibt ... Tier bzgl. ...</li><li>Das Kind findet (gemeinsam mit Anderen) heraus, dass ...</li><li>Das Kind nutzt eine Lernkartei ...</li><li>Das Kind benennt folgende Eigenschaften von ... Tier.</li></ul>

- Wie muss das Zusammenleben von Mensch und Tier gestaltet sein? Hier können die Kinder eigene Erfahrungen und Vorstellungen einbringen, die anschließend reflektiert werden.
- Verschiedene Erfahrungsbereiche mit Tieren können thematisiert werden (z.B. Zoobesuch, Haustiere, Tiere auf einer Wiese, ...).

Zoobesuch:
- Kinder können Fragen beantworten, wie z.B.: Welche Tiere leben im Zoo? Woher kommen die Tiere? Wo leben die Tiere regulär? Was fressen die Tiere? Was tun die Tiere tags und nachts?
- Ein Zoobesuch kann sehr gut im Vorhinein geplant werden. Die Kinder überlegen vorher anhand eines Zooplanes, welchen Weg sie im Zoo gehen wollen, so dass sie alle Tiere sehen und sich nicht verlaufen.
- Die Kinder fotografieren die Tiere im Zoo und notieren sich ihre Namen und andere Informationen.
- Die Kinder schauen bei einer Fütterung zu und machen sich Notizen, was genau dabei passiert.

- Nach dem Zoobesuch werden die neuen Erkenntnisse und Erfahrungen in der Gruppe ausgetauscht und ggf. durch neue Informationssuche erweitert.

Haustiere:
- Wer besitzt welches Haustier? Welche Tiere gehören zu den Haustieren? Es werden Namen von Haustieren gesammelt und notiert.
- Wieso ist ein Haustier ein Haustier? Was macht ein Tier im Haus? Was nutzt dem Menschen ein Haustier (z.B. Nahrungsmittel, Gesellschaft)? Die Kinder erstellen ein Mind-Mapping, in dem sie Antworten auf diese und ähnliche Fragen finden und darstellen.
- Welche Eigenschaften haben Haustiere und/ oder welche werden ihnen zugeschrieben? Die Kinder sammeln ihre Vorstellungen und vergleichen diese mit denen anderer Kinder.
- Die Kinder versuchen herauszufinden, woher bestimmte Haustiere abstammen und wodurch diese zum Haustier

- Das Kind sagt, dass es ... Eigenschaften (weniger) mag.
- Das Kind sagt, dass es selbst ... Eigenschaften hat.
- Das Kind trägt in der Form ... dazu bei, dass Unterschiede/ Gemeinsamkeiten gefunden werden.
- Das Kind berichtet von folgenden Erfahrungen ...
- Das Kind nennt ... als Unterscheidungsmerkmale von Mensch und (Säuge-)Tier.
- Das Kind äußert folgendes zum Lebensumfeld eines Tieres ...
- Das Kind nennt folgenden Nutzen von ... Tieren ...
- Das Kind ist zum 1. Mal im Zoo.
- Das Kind stellt folgende Fragen ...
- Das Kind beantwortet folgende Fragen ...
- Das Kind fotografiert ...
- Das Kind notiert ...
- Das Kind tauscht sich mit anderen Kindern über ... aus.
- Das Kind hat ... als Haustier.
- Das Kind nennt ... Haustiere.
- Das Kind nennt Pflichten bei der Haustierhaltung ...
- Das Kind nennt als Vorteile/ Nachteile

geworden sind. Welche kulturellen oder länderspezifischen Ereignisse bedingen das Haustierdasein?

- Was muss ich tun, wenn ich ein Haustier habe? Die Kinder finden verschiedene Aufgaben heraus, die mit der Haltung eines Tieres verbunden sind, z.B. Pflege, Fütterung, Ernährung, Beschäftigung, Hygiene, … Die Kinder finden Kategorien, so dass sie anschließend die ausgewählten Haustiere in Bezug zu den eigenen Aufgaben miteinander vergleichen können.
- Insbesondere kann das Thema der Verantwortung durch die Auseinandersetzung mit dem Thema verdeutlicht werden. Wer übernimmt oder wer möchte Verantwortung für ein Haustier übernehmen? Wie viel Zeit nimmt das Befassen mit einem Haustier individuell in Anspruch?

einer Haustierhaltung …

- Das Kind benennt folgende Aufgaben, die es mit seinem Haustier erledigen muss …
- Das Kind übernimmt Verantwortung für ein Tier in der Form, dass …
- Das Kind sucht/ findet … auf der Wiese.
- Das Kind fängt …
- Das Kind betrachtet … mit der Lupe.
- Das Kind sammelt Argumente pro/ contra …
- Das Kind bringt folgende Ideen für den Bau von … ein …

- Das Kind äußert Erfahrung mit dem Bau von …
- Das Kind sagt, dass es schon mal eine Anleitung für den Bau von … gelesen hat.
- Das Kind sagt, dass es schon einmal beim Bau von … zugesehen hat.
- Das Kind beteiligt sich wie folgt am Bau von …
- Das Kind erstellt eine Skizze von …
- Das Kind bringt folgende Ideen für die Gestaltung des Tierhauses ein …

- Das Zusammenleben mit Haustieren in der Wohnung oder auf einem Bauernhof wird mit den Kindern besprochen. Wie viel Raum/Platz benötigt ein Haustier? Wer kann mit wem zusammen leben? …

Tiere auf einer Wiese:
- Die Kinder gehen gemeinsam auf eine Wiese und erkunden, welche Tiere auf der Wiese und drum herum leben.
- Die Kinder versuchen Insekten in einem Schraubverschluss-Glas zu fangen, um sie anschließend genauer zu betrachten.
- Um Tiere auf der Wiese genauer anzusehen, nutzen die Kinder eine Lupe.
- Merkmale von Tieren werden beobachtet und von den Kindern hinsichtlich spezifischer Merkmale systematisiert.
- Woher kommen die Tiere? Wie heißen sie (lat. und dt. Name)? Was ist ihr bestes Lebensumfeld? Auf diese und andere Fragen suchen und recherchieren die Kinder Antworten in Büchern oder im Internet. Eine weitere Möglichkeit besteht darin, einen Experten zu befragen.
- Welchen Nutzen haben Insekten? Die Kinder sammeln Argumente pro und contra und stellen ihre Ergebnisse und Schlussfolgerungen vor.

Bau eines Tierhauses:
- Im Rahmen eines Projektes erstellen die Kinder gemeinsam eine Idee und einen Arbeitsplan für den Bau eines

Tierhauses (z.B. Vogelhaus, Meerschweinchenkäfig, Hundehütte).
- Die Kinder berichten über ihre Kenntnisse und Erfahrungen mit dem Bau von etwas.
- Die Kinder erstellen einen Arbeitsplan und formulieren die Schritte zur Erstellung eines „Tierhauses". Eine Zeichnung einer Skizze kann hier sehr hilfreich sein.
- Jedes Kind bekommt eine oder mehrere Aufgaben, die zu dem Bau beitragen (z.B. Kauf von Material).
- Die Kinder bauen das „Tierhaus" gemeinsam.
- Das „Tierhaus" wird nach der Erstellung von den Kindern gemeinsam gestaltet (z.B. mit Dekoration, Farben, …).

Werkzeuge und technische Geräte im Gebrauch

Empfohlene Klassenstufe (RRL)	1.-4. Klasse
Fach	Sachunterricht
Angesprochene Inhaltsbereiche (RRL)	Technik und Arbeitswelt
Aufgabenschwerpunkte (RRL)	Werkstoffe und Werkzeuge
Methodenschwerpunkte	Kommunikation, Kooperation, multisensorisches Lernen, Lerntypen (visuell-räumlich, körperlich-bewegungsbezogen, verbal-sprachlich, logisch-mathematisch), Lernkartei, Arbeitsplan, Mind-Mapping, Projektarbeit, Reflexion
Materialien	Verschiedene Werkzeuge und technische Geräte, Bildvorlagen/Fotos, Stifte, Papier, Karteikarten, Lexika, Bücher, Internet, Videokamera
Sozialform	E + G
Quelle (Ursprung der Aufgabe)	Emmrich/ Felten/ Heid/ Klose/ Kremers (2006)

Ursprungsaufgabe
Die Kinder lernen verschiedene Werkzeuge sowie Geräte und deren Gebrauch kennen. Die Erfahrung mit verschiedenen Werkzeugen und Geräten sowie das Verstehen der Entwicklung und Konstruktion dieser sind insbesondere für den Umgang im Alltag bedeutend.

Aufgabe und Differenzierungen	Mögliche Beobachtungen im Lernprozess
<ul><li>Die Kinder werden gefragt, was sie unter Werkzeugen oder technischen Geräten verstehen und welche sie kennen.</li><li>Die Kinder bringen Fotos, Bilder oder ein konkretes Werkzeug/ technisches Gerät mit, z.B. Hammer, Säge, Feile, Zollstock, Wasserwaage, Mixer, ...</li><li>Die Kinder recherchieren, wozu die entsprechenden Werkzeuge/ Geräte gebraucht werden.</li><li>Die Kinder ordnen die Werkzeuge/ Geräte nach ihrem Gebrauch und Arbeitsfeld.</li><li>Die Kinder suchen Tätigkeitsbegriffe zum Werkzeug/ Gerät.</li><li>Im Rahmen einer Projektarbeit organisieren die Kinder verschiedene Werkzeuge/ Geräte.</li><li>Die Kinder beschreiben das Äußere, die Form, das Material, den Aufbau, die Eigenschaften.</li><li>Die Kinder erstellen ein Memory-Spiel: auf einer Karte ist der Name des Werkzeugs/ Gerätes und auf der anderen Seite stehen verschiedene prägnante Eigenschaften.</li><li>In einer Ausstellung können entsprechende Werkzeuge mit Kurzbeschreibungen präsentiert werden.</li><li>Die Kinder recherchieren mittels Lexika/ Büchern/ Internet: - Wer hat das Werkzeug/Gerät erfunden? - Seit wann gibt es dieses? - Wie hat es sich im Verlauf der Zeit verändert? - Wer benutzt dieses Werkzeug/Gerät?</li><li>Die Kinder formulieren in Kleingruppen eine Geschichte zur Entstehung des Werkzeugs/ Gerätes und tragen diese vor.</li></ul>	<ul><li>Das Kind benennt folgende Werkzeuge/ Geräte als bekannt.</li><li>Das Kind bringt Fotos/ Bilder von … mit.</li><li>Das Kind recherchiert mit … folgendes …</li><li>Das Kind nennt zu … folgende Tätigkeitsbegriffe …</li><li>Das Kind organisiert folgende Werkzeuge/ Geräte …</li><li>Das Kind beschreibt das Werkzeug/ Gerät hinsichtlich Form/ Material/ Aufbau/ Eigenschaften …</li><li>Das Kind beteiligt sich aktiv bei der Erstellung von …</li></ul>

Zur Unterstützung dienen Zeichnungen oder Rollenspiele.

- Die Kinder formulieren Fragen bzgl. des Gebrauchs von Werkzeugen/technischen Geräten:
  - Wofür wird es gebraucht?
  - Wie funktioniert es?
  - Wie benutze ich es sachgerecht?
  - Gibt es Sicherheitsmaßnahmen?
  - Sind weitere Hilfsmittel erforderlich?
- Die Kinder erstellen eine Lernkartei, in der auf der Vorderseite Fragen und auf der Rückseite Antworten bzgl. eines bestimmten Werkzeugs/ Gerätes formuliert sind.
- Die Kinder erstellen ein Kartenspiel: auf den Karten steht jeweils der Name sowie Hinweise zu dem Werkzeug/ Gerät. Die anderen Kinder versuchen zu erkennen, um was es sich handelt. Das Kind, das das Werkzeug/ Gerät erkannt hat, stellt die nächste Frage.
- Die Kinder erstellen ein Memory-Spiel: auf einer Karte ist ein Abbild des Werkzeugs/ Gerätes und auf einer dazugehörigen zweiten Karte steht entweder der Begriff oder die entsprechende Tätigkeit.

- Die Kinder berichten von eigenen Erfahrungen mit speziellen Werkzeugen/ Geräten, z.B. Bastelarbeiten, Nutzung von Küchengeräten, ...
- Die Kinder erproben in einer „Werkstatt" den Gebrauch verschiedener Werkzeuge/ Geräte.
- Es wird ein Ziel vorgegeben, was mit Hilfe des Werkzeuges/ Gerätes angefertigt oder ausgeführt werden soll (z.B. etwas herstellen, etwas befestigen, …).
- Die Kinder filmen sich gegenseitig und schauen sich später die Filmsequenzen gemeinsam an. Die Erprobung des Werkzeuges/Gerätes wird individuell und unter vereinbarten Punkten reflektiert.

- Bauvorhaben: Die Kinder einigen sich auf die gemeinsame Erstellung bzw. den gemeinsamen Bau eines Gegenstandes, z.B. Auto.
- Die Kinder fertigen einen Arbeitsplan an:
  - ein Modell vom zu bauenden Objekt wird skizziert
  - einzelne Arbeitsschritte werden festgehalten
  - zu organisierende Materialien werden aufgeschrieben
  - eine Arbeitsaufteilung findet statt
  - eine Bauanleitung wird beschrieben
- Die Erstellung des Objektes wird per Video dokumentiert.
- Eine Reflexion über das Vorgehen, die Arbeitsschritte, evtl. Schwierigkeiten, die Kooperation untereinander etc. findet nach der Fertigstellung statt.
  - Hierzu können die Kinder nach bestimmten Kriterien ihre positive und/oder negative Kritik aufschreiben. Die schriftlichen Ausführungen werden gesammelt und zusammengefasst.
  - Eine persönl. Rückmeldung im Gespräch ist möglich.

in dem es …
- Das Kind äußert eine Idee für eine Geschichte …
- Das Kind stellt/ formuliert Fragen …
- Das Kind zeichnet …
- Das Kind berichtet von eigenen Erfahrungen mit …
- Das Kind erprobt das … Werkzeug/ Gerät, in dem …
- Das Kind äußert eine Idee für die Erstellung von …
- Das Kind kommentiert eine Filmsequenz wie folgt …
- Das Kind übernimmt folgende Aufgaben …
- Das Kind reflektiert …
- Das Kind benennt folgende Vorteile/ Nachteile von …
- Das Kind benennt folgende Schwierigkeiten …
- Das Kind äußert Kritik in Bezug auf …
- Das Kind gibt … eine persönliche Rückmeldung.

177

Jonathan nutzt zur Erstellung eines Werkstücks einen Hammer

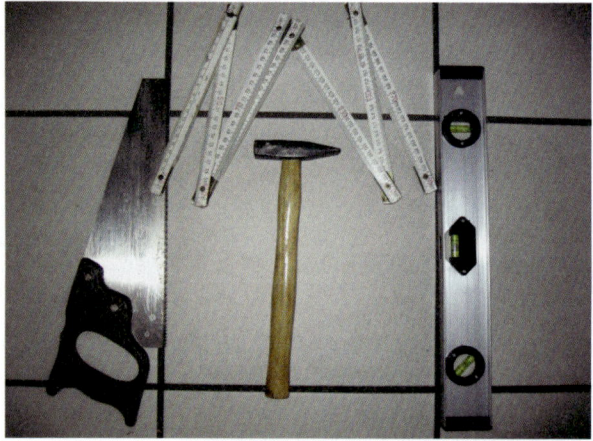

Christopher & Jonathan bauen gemeinsam

Berufe und Arbeitsfelder kennenlernen

Empfohlene Klassenstufe (RRL)	1.-4. Klasse
Fach	Sachunterricht
Angesprochene Inhaltsbereiche (RRL)	Technik und Arbeitswelt
Aufgabenschwerpunkte (RRL)	Berufe und Arbeitsstätten
Methodenschwerpunkte	Kommunikation, Kooperation, Lerntypen (visuell-räumlich, verbal-sprachlich, logisch-mathematisch), Lernkartei, Reflexion
Materialien	Stifte, Papier, Karteikarten, Internet, Lexika/Bücher, Videokamera
Sozialform	E + G
Quelle (Ursprung der Aufgabe)	Emmrich/ Felten/ Heid/ Klose/ Kremers (2006)

Ursprungsaufgabe
Die Kinder lernen verschiedene Berufe und Arbeitsfelder sowie deren Besonderheiten kennen. Die Kinder erhalten einen Einblick in Aufgaben und Tätigkeiten im Berufsleben und können ihre Vorstellungen vom zukünftigen Beruf ausbauen.

Aufgabe und Differenzierungen	Mögliche Beobachtungen im Lernprozess
• Jedes Kind schreibt auf einen Zettel verschiedene Berufe auf, die es kennt, z.B. die Berufe der Eltern. • Die Zettel werden gemischt und es werden auf einem Flipchart alle Berufe zusammengetragen. • Die Kinder überlegen, welche Berufe eher von Frauen und welche Berufe eher von Männern ausgeübt werden und sortieren diese dementsprechend. • Die Kinder finden sich in Kleingruppen zusammen und tragen ihr Wissen über eine Auswahl von Berufen zusammen. Sie stellen selbständig Ordnungskriterien auf und recherchieren fehlende Informationen aus Büchern oder dem Internet. • Alternativ: Die Kinder erhalten Ordnungskriterien (z.B. Aufgaben, Arbeitsplatz, Ausbildung, …) nach denen sie die Berufe sortieren.	• Das Kind schreibt folgende Berufe auf … • Das Kind sagt, dass … typische Frauen-/ Männerberufe sind. • Das Kind formuliert folgende Ordnungskriterien … • Das Kind recherchiert zu … Beruf … • Das Kind recherchiert m. H. von Lexika, Büchern, Internet …

• Die Kinder setzen sich mit einem Berufsbild genauer auseinander:
  - Die Kinder recherchieren Informationen zum Beruf aus Büchern oder dem Internet.
  - Die Kinder fassen zusammen, welche Aufgaben ein Mensch mit einem bestimmten Beruf hat bzw. haben kann.
  - Die Kinder finden heraus, wo ein Mensch mit einem bestimmten Beruf überall arbeiten kann, z.B. kann eine Krankenschwester mit jungen, alten, chronisch Erkrankten, Menschen mit Behinderungen … arbeiten. Was sind die Unterschiede der Tätigkeit, abhängig von der Arbeitsstelle?
  - Die Kinder versuchen herauszufinden, was Gemeinsamkeiten/ Unterschiede von Arbeitsstätten sind.
  - Den Kindern wird es ermöglicht, mit jemanden zu
	• Das Kind interessiert sich für folgendes Berufsbild …
	• Das Kind stellt Fragen bzgl. …
	• Das Kind fasst folgende Ergebnisse zusammen …
	• Das Kind formuliert folgende Gemeinsamkeiten/ Unterschiede von …
	• Das Kind erkundet folgenden Arbeitsplatz …

179

sprechen, der einen bestimmten Beruf ausübt.

- Den Kindern wird es ermöglicht, sich den Arbeitsplatz und die Tätigkeiten eines Menschen mit einem bestimmten Beruf vor Ort anzusehen und mit zu erleben.

• Die Kinder fassen die Informationen zusammen und überlegen, wie sie diese am besten der Gruppe darstellen können (z.B. Rollenspiel, (Film-)Reportage, Frage-Antwort-Spiel, …).

• Die Kinder erstellen eine Lernkartei, in der sie Informationen sortiert zusammentragen, die sie jederzeit als Wiederholung oder zur Erinnerung des Erlernten nutzen können.

• Das Kind nimmt … Rolle in einem Rollenspiel ein.

• Das Kind beteiligt sich wie folgt an der Erstellung eines Frage-Antwort-Spiels, einer Lernkartei …

• Das Kind formuliert folgende Vor- und/ oder Nachteile von …

• Was sind Vorteile und/oder Nachteile von bestimmten Berufsbildern? Die Kinder sammeln Argumente und gehen in eine Pro & Contra-Diskussion, um für sich herauszufinden, welcher Beruf ihnen von den vorgestellten Berufen bis jetzt am besten gefällt.

• Jedes Kind erzählt, was sein bisheriger Berufswunsch ist und begründet dies argumentativ. Hier können zum Beispiel Vorlieben der eigenen Tätigkeit, Interessen, Wünsche thematisiert werden.

• Das Kind bringt sich wie folgt in eine Diskussion ein …

• Das Kind formuliert folgende Argumente …

• Das Kind nennt … als seinen Berufswunsch.

• Die Kinder befassen sich mit dem Thema „Arbeitslosigkeit". Dazu sammeln sie Zeitungsausschnitte und fassen die wichtigsten Inhalte präzise zusammen.

• Die Kinder recherchieren, wie hoch die Arbeitslosigkeit in den einzelnen Bundesländern, in Deutschland und/ oder in anderen Ländern ist.

• Gemeinsam wird nach möglichen Gründen für Arbeitslosigkeit recherchiert und diese zusammengefasst.

• Die Kinder sprechen mit Menschen, die arbeitslos sind. Sie können hier nach den wirtschaftlichen und emotionalen Auswirkungen sowie nach Lösungs- bzw. Bewältigungsstrategien fragen.

• Das Kind äußert sich zum Thema Arbeitslosigkeit wie folgt …

• Das Kind berichtet über Arbeitslosigkeit eines Elternteils.

Verkehrsregelung	
Empfohlene Klassenstufe (RRL)	1./2. Klasse
Fach	Sachunterricht
Angesprochene Inhaltsbereiche (RRL)	Raum und Umwelt
Aufgabenschwerpunkte (RRL)	Schulweg und Verkehrssicherheit, Verkehrsräume und Verkehrsmittel
Methodenschwerpunkte	Kommunikation, Kooperation, multisensorisches Lernen (musikalisch-rhythmisch, visuell-räumlich, körperlich-bewegungsbezogen), Lernen in Bewegung, Lernkartei, Reflexion
Materialien	Papier, Stifte, Bildvorlagen, Fahrrad, Rollbrett, Klebestreifen, Musik-/Geräusche-CD
Sozialform	E + G
Quelle (Ursprung der Aufgabe)	Eggert/Bertrand (2002), Eggert/Reichenbach (2005), Emmrich/ Felten/ Heid/ Klose/ Kremers (2006)

Ursprungsaufgabe
Die Kinder setzen sich mit Verkehrserziehung auseinander, lernen Verkehrsräume, -mittel und -zeichen kennen. Neben der Kenntnis von Regeln und Bedingungen geht es um eine praktische Anwendung des Gelernten im Alltag.

Aufgabe und Differenzierungen	Mögliche Beobachtungen im Lernprozess

• Die Kinder werden gefragt, wie sie zur Schule kommen: Gehen sie zu Fuß, fahren sie mit dem Fahrrad, mit dem Bus, mit der Bahn oder werden sie mit dem Auto gebracht?
• Es kann untereinander ausgetauscht werden, wie lang die Wege sind und welches Vor- oder Nachteile einzelner Schulwege und Fahrmöglichkeiten sind.
• Die Kinder können sich zu Paaren zusammenfinden und gegenseitig ihren Schulweg genau beschreiben und/ oder aufzeichnen.
• Gemeinsam kann überlegt werden, welche Kompetenzen jedes Kind haben muss, um den eigenen Schulweg allein zu bewältigen. Die Kinder können durch gezielte Fragen und Praxisangebote erkennen, dass es wichtig ist, gut zu hören, gut zu sehen, sich zu orientieren und die Verkehrsregeln zu kennen. Praxisangebote können zum Beispiel sein:
• Sehen/visuelle Wahrnehmung:
  - Welche Farben kennen die Kinder und woher kennen die Kinder die Farben? Die Kinder ordnen Farben und nennen Materialien die die gleiche Farbe haben.
  - Es werden bestimmte Bewegungen zu verschiedenen Farben vereinbart, z.B. beim zeigen/hören von grün = ganz schnelles laufen oder beim zeigen/hören von rot = sofortiges Stehenbleiben.
  - Augenbewegungen: dem Kind werden bestimmte Materialien gezeigt und es hat die Aufgabe, diese ausschließlich mit den Augen zu verfolgen. Wenn das Kind geradeaus schaut, können sich an der Seite langsam
	• Das Kind berichtet, dass es wie folgt zur Schule kommt ...
	• Das Kind benennt Vorteile und/ oder Nachteile des Weges.
	• Das Kind begründet die benannten Vorteile und/ oder Nachteile wie folgt ...
	• Das Kind beschreibt seinen Weg zur Schule im Detail/ grob/...
	• Das Kind zeichnet seinen Schulweg wie folgt auf ...
	• Das Kind bringt Ideen ein, was es braucht, um sich sicher im Straßenverkehr zu bewegen.
	• Das Kind ordnet Farben entsprechend zu.
	• Das Kind passt seine Bewegungen dem vorgegebenen Tempo (nicht) an.

181

Kinder bewegen und das geradeaus schauende Kind sagt, wann es ein Kind aus dem Augenwinkel erkennt.

- Hören/auditive Wahrnehmung:
  - Richtungshören: ein Kind steht mit geschlossenen Augen im Raum und die anderen Kinder machen nacheinander Geräusche. Das Kind mit geschlossenen Augen zeigt beim Hören in die Richtung des Geräusches.
  - Den Kindern werden Geräusche von Fahrzeugen vorgespielt und sie ordnen dementsprechend Bildkarten (z.B. Polizeiauto, Rettungswagen, Mofa, ...) zu.
  - Gefriertanz: die Kinder bewegen sich im Raum; bei einem vereinbarten Signal oder bei dem Ausbleiben eines Signals bleiben alle Kinder sofort stehen.
- Orientieren/Raum-Zeit-Wahrnehmung:
  - Schnecken und Rennmäuse: die Kinder bewegen sich auf/nach Musik oder Ansage in verschiedenen Tempi. Es wird besprochen, wann sich Kinder langsam oder schnell bewegen.
  - Dem Kind werden Bilder gezeigt, auf denen Materialien in verschiedenen Raumebenen zu sehen sind. Die Kinder benennen, wo sich welche Gegenstände befinden und verbalisieren Präpositionen wie oben, unten, hinten, vorne, zwischen, drunter, drüber, neben, ...
  - Die Begrifflichkeiten links und rechts werden gemeinsam besprochen. Zum Erlernen können Eselsbrücken dienen, wie z.B. die Vorstellung des Alphabetes: zuerst kommt das L und dann das R; wenn ich von oben auf meine Hände schaue, kommt zuerst die linke und dann die rechte Hand.
- Eine Nachbesprechung bzw. Reflexion der Aufgaben in Bezug auf den Straßenverkehr folgt im Anschluss an die Aufgaben.

Verkehrsregeln und Verkehrszeichen:
- Die Kinder werden gefragt, welche Verkehrsregeln sie kennen. Die Kinder, die Regeln kennen, erklären diese den anderen Kindern (z.B. Vorfahrtsregeln, Nutzung von Fuß- und Radwegen). Die Kinder finden sich in Kleingruppen zusammen und überlegen gemeinsam, wie sie sich diese Regeln am besten merken können.
- Die Kinder werden gefragt, welche Verkehrszeichen ihnen bekannt sind. Jedes Kind malt die Zeichen auf, die es auf dem Schulweg sieht.
- Was bedeuten die einzelnen Zeichen? Welche Zeichen erlauben mir etwas und welche Zeichen verbieten mir etwas? Zum Beispiel: Zebrastreifen, Ampeln, spezielle Verkehrsschilder, ...
- Bildkarten mit verschiedenen Verkehrszeichen werden von einem Kartenstapel gezogen. Die gezogene Karte wird von dem entsprechendem Kind erklärt oder es holt sich Unterstützung von anderen Kindern.
- Zur Einprägung der Verkehrszeichen wird eine Lernkartei

- Das Kind zeigt (nicht) in die Richtung des Geräusches.
- Das Kind ordnet die Geräusche entsprechenden Karten (nicht) zu.
- Das Kind benennt Raumebenen verschiedener Materialien.
- Das Kind unterscheidet rechts und links.
- Das Kind merkt sich rechts und links wie folgt ...
- Das Kind nennt folgende Verkehrsregeln ...
- Das Kind erklärt folgende Verkehrsregeln ...
- Das Kind beschreibt, welche Verkehrszeichen auf seinem Schulweg stehen.
- Das Kind nennt die Bedeutung folgender Verkehrszeichen ...
- Das Kind übt mit der Lernkartei.
- Das Kind bringt sich in das Gruppengespräch ein.
- Das Kind zeichnet folgende Verkehrszeichen ...
- Das Kind ordnet folgende Verkehrsschilder ... der Kategorie ... zu.
- Das Kind nennt folgende Gemeinsamkeiten ... der Verkehrsschilder der Kategorie ...
- Das Kind nennt folgende Formen ... der Verkehrsschilder.
- Das Kind ordnet fol-

angefertigt.
- In Kleingruppen wird überlegt, wie und wo die Zeichen im Straßenverkehr angeordnet sein können und wie sich die Kinder dann verhalten müssen. Die Kinder erhalten die Aufgabe, einen Verkehrsparcours zu erstellen. Die Verkehrszeichen können von den Kindern selbst gezeichnet werden.
- Die Kinder schauen sich die Verkehrszeichen genau an und ordnen die Schilder nach „Verbotsschilder", „Gebotsschilder", „Hinweisschilder", ... Die Kinder vergleichen die Schilder untereinander und miteinander. Die Kinder schauen, welche Formen die Schilder haben, welche Farben primär auf den Schildern verwendet werden und versuchen eine Systematisierung mit Ausnahmen herauszufinden.
- Auf dem Schulhof oder in der Klasse wird ein Parcours aufgebaut, in dem die für die Kinder wichtigsten Verkehrszeichen stehen. Der Parcours kann zu Fuß, mit dem Fahrrad, mit dem Rollbrett, ... durchfahren werden.
- Das Durchlaufen des Parcours wird mit einer Videokamera gefilmt. Anschließend schaut sich die Gruppe die Videos an und sprechen über das gezeigte Verhalten.

Verkehrstraining:
- Zum Einüben von Verkehrsregeln kann ein Polizist eingeladen werden, der mit den Kindern die Regeln und Zeichen bespricht.
- Gemeinsam kann im Straßenverkehr das Verhalten der Verkehrsteilnehmer beobachtet werden.
- Die Kinder können Fragen stellen zum Überqueren der Straße, zum Warten an Ampeln, zur Vorfahrt u.a..
- Der Weg von der Schule zu einem vereinbarten Ziel wird gemeinsam bewältigt. Die Kinder erfahren die Bedeutung ihrer Augen, Ohren und Orientierung im Straßenverkehr. Dies kann z.B. dadurch verdeutlicht werden, in dem die Kinder jeweils zu Paaren zusammengehen und ein Kind die Augen oder Ohren verbunden bekommt und auf diese Weise den Straßenverkehr erlebt. Das andere Kind begleitet das Kind und übernimmt die Verantwortung für die Sicherheit des nicht-hörenden oder nicht-sehenden Kindes.

Verkehr in anderen Ländern:
- Welche Verkehrsregeln gibt es in anderen Ländern?
- Welche Verkehrszeichen gibt es in anderen Ländern?
- Warum unterscheiden sich die Regeln und Zeichen in den Ländern?
- Verändern sich die Regeln und Zeichen mit zunehmender Entfernung mehr?

genden Schildern ... folgende Bedeutungen / Kategorien ... zu.
- Das Kind äußert sich zu dem Verhalten im Straßenverkehr wie folgt ...
- Das Kind stellt folgende Fragen zum Verkehr ...
- Das Kind orientiert sich im Straßenverkehr selbständig/ an anderen Kindern.
- Das Kind berichtet von folgenden Schwierigkeiten/ Veränderungen ... im Straßenverkehr bei eingeschränkter auditiver/ visueller Wahrnehmung.
- Das Kind erzählt von Erfahrungen mit Verkehr in anderen Ländern.

Florian im „Schilderwald"

Uhrzeiten (er-)kennen	
Empfohlene Klassenstufe (RRL)	1.-4. Klasse
Fach	Sachunterricht
Angesprochene Inhaltsbereiche (RRL)	Zeit und Kultur
Aufgabenschwerpunkte (RRL)	Zeiteinteilung und Zeitablauf; verschiedene Kulturen in einer Welt
Methodenschwerpunkte	Kommunikation, Kooperation, multisensorisches Lernen, Lerntypen (visuell-räumlich, körperlich-bewegungsbezogen, logisch-mathematisch, musikalisch-rhythmisch), Lernen über Bewegung, Reflexion
Materialien	Gläser mit Schraubverschluss, Alleskleber, Hammer, Nagel, Vogelsand, Pappe, Stifte, Uhr-Puzzle, verschiedene Uhren, Bilder von Uhren, Klebeband, Globus
Sozialform	E + G
Quelle (Ursprung der Aufgabe)	Reichenbach/Lücking (2007), Emmrich/ Felten/ Heid/ Klose/ Kremers (2006)

Ursprungsaufgabe
Die Kinder lernen verschiedene Zeiteinheiten kennen (Sekunde, Minute, Stunde, Tag, Woche, Monat, Jahr). Dies kann über verschiedene Medien erfolgen wie zum Beispiel (Stopp-)Uhren, Bandolos, Bildvorlagen etc..

Aufgabe und Differenzierungen	Mögliche Beobachtungen im Lernprozess
Die Kinder werden gefragt, was sie unter Zeit verstehen und was ihnen zum Thema Zeit einfällt. Kinder könnten hier zum Beispiel etwas berichten über Maßeinheiten (sec., min., h), über das Beherrschen der Uhrzeit, über subjektives Zeitempfinden, über Tageszeiten und wiederkehrende Ereignisse zu bestimmten Zeiten u. v. m.. Der Pädagoge kann hier individuell an die Vorerfahrungen der Kinder anknüpfen, in dem er die genannten Erfahrungen und Vorstellungen aufgreift und diese im Speziellen thematisiert.	• Das Kind nennt (keine) Maßeinheiten.
Maßeinheiten:	• Das Kind trägt selbst eine Uhr.
• Die Kinder werden gefragt, welche Maßeinheiten sie in Bezug auf Zeit kennen und wie diese miteinander in Verbindung stehen. Zum Beispiel 1 Minute hat 60 Sekunden, 1 Stunde hat 60 Minuten. Weiterführend kann gefragt werden, wie viele Stunden ein Tag, wie viele Tage ein Monat, wie viele Monate oder Tage ein Jahr hat. In den Klassenstufen 3./4. kann diese Aufgabe weiter ausgebaut werden, in dem gemeinsam überlegt wird, wie viele Stunden ein Monat, ein Jahr o.ä. haben.	• Das Kind berichtet von seinem Zeitempfinden.
• Welche (Zeit-)Rhythmen gibt es? Zur Verdeutlichung von Rhythmen können Spiele über Bewegung genutzt werden, in denen es um eine Anpassung an bzw. Einhaltung von Rhythmen geht. Wodurch ist ein Rhythmus gekennzeichnet (Zeit und Dauer) und welche Rhythmen sind auf Uhren vorhanden?	• Das Kind ordnet Sekunden Minuten, Minuten Stunden, … zu. • Das Kind nennt folgende Zeitrhythmen … • Das Kind passt sich dem Rhythmus einer vorgegebenen Melodie mit seiner Bewegung (nicht) an. • Das Kind sortiert Maßeinheiten der Größe nach.

- Wie stehen die Zeiten miteinander in Verbindung? Welche Maßeinheit ist größer oder kleiner?
- Die Kinder überlegen, was sie selbst in welcher Maßeinheit tun können. Es können hier Fragen gestellt werden, wie z.B.: was kannst du in … Minute(n) tun? Wie viel Zeit brauchst du für … eine bestimmte Tätigkeit? Wo hättest oder bräuchtest du gern mehr/ weniger Zeit?
- Zur Veranschaulichung können hier verschiedene Messinstrumente von Zeiten genutzt werden. Was gibt es für Messinstrumente und wie unterscheiden sich diese? Hier kann jedes Kind eine Uhr oder ein Bild von einer Uhr mitbringen, so dass diese unterschieden werden können, z.B. Taschenuhr, Armbanduhr, Standuhr, Stoppuhr, digitale/analoge Uhr… Diese Uhren können hinsichtlich ihrer Zifferblätter, ihres Uhrwerkes, ihrer Einstellungen (automatic, Batterie, aufziehen, …), ihrer Akustik (ticken, klingeln, blinken etc.) unterschieden und analysiert werden. Welche Uhrzeit ist am genauesten? Wo werden welche Uhren konkret eingesetzt bzw. angewendet (z.B. Funkuhr, Zeitschaltuhr, Stoppuhr, Sanduhr, Sonnenuhr)? Die Kinder können für die verschiedenen Uhren spezielle Ordnungskriterien entwickeln, so dass die Uhren entsprechend zugeordnet werden können.
- Die mitgebrachten Uhren können fotografiert und durch andere Bilder von Uhren ergänzt werden, so dass eine Zahl von „Uhr-Karten" entsteht (z.B. Armbanduhr, Radiowecker, Turmuhr, Bahnhofsuhr). Auf anderen Karten werden die entsprechenden Begriffe geschrieben. Alle Karten werden miteinander vermischt und es kann dann ein Memory-Spiel gespielt werden.
- Mit den Kindern kann über die Entstehung von Uhren gesprochen werden. Wer waren Erfinder? Was haben Babylonier, Ägypter oder Chinesen mit der Uhrzeit zu tun? Seit wann gibt es Uhren?

Uhren selber bauen:
- Die Kinder können eine Sonnenuhr bauen. Dies kann zum Beispiel so geschehen, dass ein so genannter „Schattenspender" im Erdboden befestigt wird. Wenn die Sonne im Verlauf des Tages „wandert", wirft sie einen Schatten. Die „Uhr" sollte möglichst an der Südseite aufgestellt werden, damit sie lange beschienen wird. Mit Hilfe des Schattens können wichtige Messpunkte (auf einem Zifferblatt) festgehalten werden, z.B. der Sonnenhöchststand zur Mittagszeit. Jede Stunde wird eine Markierung angebracht. Dann kann thematisiert werden, welche Fehler bei einer derartigen Konstruktion auftreten können und wie diese begründet sind.
- Die Kinder bauen eine Sanduhr: dazu können z.B. zwei Gläser mit Schraubverschluss genommen werden. Die Deckel werden abgeschraubt und zusammengeklebt. Dann wird in der Mitte ein Loch gestanzt. In ein Glas wird

- Das Kind beschreibt, für welche Tätigkeit es wie lange braucht.
- Das Kind sagt, dass es für … mehr/weniger Zeit bräuchte.
- Das Kind benennt, welche Messinstrumente es zur Messung der Zeit kennt.
- Das Kind bringt folgende Messinstrumente mit …
- Das Kind bringt Bilder von folgenden Messinstrumenten mit …
- Das Kind benennt folgende Unterschiede von Messinstrumenten …
- Das Kind zeigt Interesse an folgenden Messinstrumenten …
- Das Kind sagt, was es über die Erfindung von Uhren weiß …
- Das Kind beteiligt sich aktiv bei der Erstellung von Karten, dem Bau einer Uhr …
- Das Kind stellt Fragen zu …
- Das Kind sagt, dass es eine digitale/analoge Uhr lesen kann.
- Das Kind bringt die Zahlen von … bis … in eine korrekte Reihenfolge.
- Das Kind legt das Uhren-Puzzle in der vorgegebenen

185

Vogelsand gefüllt und dann werden die Gläser zusammengeschraubt. Wie lange dauert es, bis das Glas leer ist? Wie viel Sand müsste hinzu- oder weg genommen werden, damit eine bestimmte Zeitspanne erreicht wird? Dies kann von den Kindern erprobt werden.

Besuch eines Uhrmachers:
- Wenn es möglich ist, wäre der Besuch eines Uhrmachers (als außerschulischer Lernort) empfehlenswert. Hier können die Kinder etwas über den Aufbau des Uhrwerkes, ihre Präzision, ihre Pflege u.a. erfahren. Außerdem erhalten sie einen Einblick in den Beruf des Uhrmachers und welche Kompetenzen hier bzgl. Motorik und Wahrnehmung erforderlich sind.

Uhrzeiten:
- Die Kinder werden gefragt, wer eine Uhr lesen kann und welche Art von Uhr (digital oder analog) sie lesen kennen.
- Für Kinder, die die Uhr noch nicht lesen können, kann ein Ziel darin bestehen, dies zu erlernen.
  - Dazu können zunächst die Zahlen von 0-12 in eine Reihenfolge gebracht werden.
  - Es können Uhr-Puzzle genutzt werden, so dass die Kinder ein Bild von einer Uhr sowie der Anordnung der Ziffern erhalten.
  - Das Verstehen von ¼, ½, ¾ und 1 (voll) kann über Bewegung angebahnt werden, in dem die Kinder entsprechend der Vorgabe die Richtung ihres Körpers ändern. Dies kann aus dem Stand heraus im gehen oder im drehen (Drehsprung) erfolgen.
  - Die Ziffern der Uhrzeiten werden an entsprechende Positionen im Raum geklebt und die Aufgabe der Kinder besteht darin, sich beim Nennen einer Zahl dort hin zu bewegen.
  - Den Kindern wird erklärt, dass der kleine Zeiger einer Uhr auf die Ziffer zeigt, die die Stunde anzeigt und dass der große Zeiger einer Uhr die Minuten oder aber die ¼, ½, ¾ oder das Ganze (volle) einer Stunde anzeigt.
  - Eine Gruppe wird geteilt: die erste Gruppe soll die großen Zeiger einer Uhr darstellen und die zweite Gruppe stellt den kleinen Zeiger einer Uhr dar. Alle Kinder bewegen sich im Raum und der Pädagoge oder ein Kind ruft eine Uhrzeit in den Raum z.B. 11.30 oder halb 12. Die Kinder bewegen sich entsprechend ihrer Gruppe zu der jeweiligen Stelle im Raum.
- Den Kindern werden digitale und analoge Uhrzeiten auf Bildern vorgelegt und die Kinder ordnen die entsprechenden gleichen Uhrzeiten zu.
- Den Kindern wird eine Uhrzeit gezeigt, z.B. 11.30. Dann wird die Frage gestellt, wie lange es noch dauert, bis es 12.45 ist. Die Kinder bilden die Differenz und sagen diese oder schreiben sie auf.
- Die Kinder malen ein Bild, auf dem mehrere alltägliche

Reihenfolge.
- Das Kind bewegt sich (nicht) entsprechend der Vorgabe mit einer ¼, ½, ¾ oder 1 ganzen Drehung.
- Das Kind ordnet den digitalen Uhrzeiten die analogen Uhrzeiten (nicht) entsprechend zu.
- Das Kind bewegt sich spontan zu den genannten Ziffern der Uhr.
- Das Kind schaut zu anderen Kindern, ehe es sich zu der genannten Ziffer bewegt.
- Das Kind nennt die Differenz zwischen Uhrzeiten (nicht) korrekt. (Es existiert eine Abweichung von … min./h.)
- Das Kind malt folgende Ereignisse bzw. Situationen auf ein Bild: …
- Das Kind ordnet folgenden Ereignissen … folgende Uhrzeiten … zu.
- Das Kind sortiert Uhrzeiten (nicht) chronologisch.
- Das Kind stellt den anderen Kindern die Ereignisse seines Partners nacheinander/ durcheinander vor.
- Das Kind sagt auf Nachfrage wie spät es ist. Es formuliert die Uhrzeit wie

oder besondere Ereignisse/ Situationen eines Tages dargestellt sind. Anschließend schreiben sie an die verschiedenen Ereignisse die Uhrzeiten, an denen diese Ereignisse zumeist stattfinden. Anschließend können die Kinder untereinander ihre Bilder tauschen und das andere Kind bringt die Ereignisse gemäß der Uhrzeiten in eine Reihenfolge. Folgend stellt das Partnerkind den anderen Kindern der Gruppe die Ereignisse des Partnerkindes der chronologischen Reihenfolge nach vor. Die Kinder können sich darüber austauschen, ob es gleiche Ereignisse gibt und ob sie sich hinsichtlich der Zeit unterscheiden. Zum Beispiel: aufstehen, frühstücken, spielen, ausruhen, ins Bett gehen, … Weiterhin kann hier besprochen werden, wie viel Zeit ein Kind für bestimmte Tätigkeiten hat und wie viel Zeit es gern dafür hätte.

* Wie spät ist es? Den Kindern werden verschiedene Uhrzeiten gezeigt und sie nennen die Uhrzeit. Hier geht es darum, die Zeiten zu verbalisieren. Regionale Besonderheiten können dabei besprochen werden, z.B., dass dreiviertel zwei = viertel vor zwei = 13.45 ist.

Uhrzeiten auf der Welt:
* Mit den Kindern wird besprochen wie Uhrzeiten entstanden sind bzw. wer diese bestimmt oder festgelegt hat.
* Die verschiedenen 24 Zeitzonen in der Welt werden thematisiert, so z.B. (mittel-)europäisch, asiatisch, amerikanisch. Warum gibt es unterschiedliche Zeitzonen? Um welches Maß unterscheiden sich diese Zeitzonen? Welche Rolle spielen dabei die Längengrade (Meridiane)? Welche Bedeutung hat der Nullmeridian in Greenwich (GMT = Greenwich Mean Time)? Ein Globus dient der Veranschaulichung.
* Ein Bild oder ein Modell einer Weltzeituhr (z.B. der in Berlin) wird den Kindern gezeigt und ihr Aufbau und das Lesen dieser veranschaulicht und besprochen.
* Den Kindern werden verschiedene Zeiten und Orte als Karten vorgelegt und sie bringen diese in Beziehung zueinander, z.B. die Zeiten 12.00, 13.00 und 19.00 Uhr… und die Orte Dortmund, Seoul, London. Anstelle der Ortsnamen können auch Nationalflaggen als Bildvorlagen genutzt werden.

folgt …
* Das Kind nennt Unterschiede von Uhrzeiten in der Welt.
* Das Kind berichtet sein Wissen über Zeitzonen.
* Das Kind ordnet folgende Zeiten folgenden Orten in der Welt zu.
* Das Kind sagt, dass es selbst schon einmal eine Zeitverschiebung erlebt hat.

Zeitabschnitte (er-)kennen und wahrnehmen

Empfohlene Klassenstufe (RRL)	1.-4. Klasse
Fach	Sachunterricht
Angesprochene Inhaltsbereiche (RRL)	Zeit und Kultur
Aufgabenschwerpunkte (RRL)	Zeiteinteilung und Zeitablauf; Vergangenheit und Gegenwart; verschiedene Kulturen in einer Welt
Methodenschwerpunkte	Kommunikation, Kooperation, multisensorisches Lernen, Lerntypen (musikalisch-rhythmisch, visuell-räumlich, verbal-sprachlich, logisch-mathematisch), Arbeitsplan, Lernkette, Mind-Mapping, Projektarbeit
Materialien	Fotoapparat, Stifte, Papier, Internet, Bildkarten, Musik, verschiedene Kalender
Sozialform	E + G
Quelle (Ursprung der Aufgabe)	Emmrich/ Felten/ Heid/ Klose/ Kremers (2006), Reichenbach/Lücking (2007)

Ursprungsaufgabe
Die Kinder lernen verschiedene Zeiteinheiten kennen (Sekunde, Minute, Stunde, Tag, Woche, Monat, Jahr). Dies kann über verschiedene Medien erfolgen wie zum Beispiel Kalender, Bandolos, Bildvorlagen etc..

Aufgabe und Differenzierungen	Mögliche Beobachtungen im Lernprozess
Die Kinder werden gefragt, was sie unter „Zeit" verstehen und was ihnen zum Thema Zeit einfällt. Die Kinder können hier zum Beispiel etwas berichten über Maßeinheiten (sec., min., h), über subjektives Zeitempfinden, über Tageszeiten und wiederkehrende Ereignisse zu bestimmten Zeiten u. v. m. Der Pädagoge kann hier individuell an den Vorerfahrungen der Kinder anknüpfen, in dem er die genannten Erfahrungen und Vorstellungen aufgreift und diese im Speziellen thematisiert.	• Das Kind nennt (keine) Maßeinheiten.
	• Das Kind trägt selbst eine Uhr.
Maßeinheiten:	• Das Kind berichtet von seinem Zeitempfinden und seinen Erfahrungen in Bezug auf „Zeit".
• Die Kinder werden gefragt, welche Maßeinheiten sie in Bezug auf zeitliche Dimensionen neben der Uhrzeit kennen.	
• Die Kinder werden gefragt, wie viele Stunden ein Tag, wie viele Tage eine Woche, wie viele Wochen ein Monat, wie viele Monate ein Jahr hat. Wie stehen diese Zeitabschnitte miteinander in Verbindung?	• Das Kind sagt, wie viele Stunden ein Tag hat.
	• Das Kind beschreibt die Zeitrelationen von Stunden, Tagen, Wochen und/oder Monaten.
• Die Kinder erzählen, was sie an einem Tag oder/und in einer Woche tun. Hier können sie bestimmte Handlungen in eine bestimmte Reihenfolge bringen.	
Wochentage:	• Das Kind berichtet von bestimmten Handlungen, die es in bestimmten Zeiten ausführt.
• Die Kinder nennen die Wochentage und die Monatsnamen und bringen diese in eine chronologische Reihenfolge.	
• Dem Kind werden Begriffskarten mit Wochentagen und/oder Monatsnamen vorgelegt und sie sortieren diese der Reihenfolge nach.	• Das Kind nennt Wochentage (nicht) in der entsprechenden Reihenfolge.
• Die Kinder erzählen, an welchen Wochentagen feste Zei-	

ten für bestimmte Tätigkeiten eingeplant sind (z.B. Besuch eines Vereins).

- Die Kinder werden gefragt, welcher Wochentag nach oder vor … (z.B. Dienstag) kommt. Die Wochentage können so mit Vorgänger und Nachfolger an die Tafel geheftet werden.
- Neben der Reihenfolge der Wochentage können Spiele zu den Begrifflichkeiten gestern, heute, morgen, vorgestern, übermorgen… genutzt werden, um die zeitlichen Strukturen und Zusammenhänge zu verdeutlichen.
- Die Kinder werden gefragt, wie lang die einzelnen Monate sind, d.h. wie viel Tage die speziellen Monate haben.

Jahreszeiten und Monate:

- Die Kinder werden gefragt, welche Monatsnamen sie kennen. Die Kinder bringen die Monatsnamen in eine chronologische Reihenfolge.
- Die Kinder werden gefragt, welcher Monat zwischen … z.B. Juni und August liegt.
- Die Kinder überlegen, wie viele Tage die jeweiligen Monate haben. Als Unterstützung dient dabei die „Eselsbrücke" mit den Handknöcheln: beginnend mit dem Handknöchel des Zeigefingers (= Januar) und folgend dem Leerraum (= Februar), dem Handknöchel des Mittelfingers (= März), dem Leerraum (= April), dem Handknöchel des Ringfingers (= Mai), dem Leerraum (= Juni) , dem Handknöchel des kleinen Fingers (= Juli), wiederholt dem Handknöchel des kleinen Fingers (= August), dem Leerraum (= September), dem Handknöchel des Ringfingers (= Oktober), dem Leerraum (= November) und dem Handknöchel des Mittelfingers (= Dezember). Alle „Handknöchel-Monate" sind lange Monate mit 31 Tagen. Hier kann auch das Thema „Schaltjahr" besprochen werden, welches mit der Umkreisung der Erde um die Sonne zu tun hat, wofür eine Zeit von 365 und ¼ Tag benötigt wird. Da vier Mal ¼ = 1 ist, wird alle 4 Jahre ein Tag im Februar dazu gerechnet und es gibt anstelle 28 hier 29 Tage.
- Es können Spiele zur Verfestigung der Monatsnamen durchgeführt werden. Zum Beispiel können auf Karten Fragen geschrieben werden wie z.B. welches ist der kürzeste Monatsname, welches ist der kürzeste Monat …). Die Karten werden gemischt und die Kinder ziehen nacheinander je eine Karte und versuchen so schnell wie möglich die Frage allein oder mit Unterstützung zu beantworten.
- Die Kinder werden gefragt, welche Jahreszeiten es gibt. Das Besondere der einzelnen Jahreszeiten wird hier thematisiert und visuell veranschaulicht (z.B. durch Karten mit Sonne, Schnee, Blättern, Blumen).
- Welche Monate gehören zu welchen Jahreszeiten?
- Wann beginnen die jeweiligen Jahreszeiten mit dem Datum?
- Es kann ein Bewegungsspiel gemacht werden, in dem sich auf Zuruf alle Kinder zusammen finden, die
  - im gleichen Monat Geburtstag haben

- Das Kind nutzt Begrifflichkeiten wie gestern, heute, morgen entsprechend ihrer Bedeutung.
- Das Kind ordnet einzelnen Monaten die entsprechende Anzahl von Tagen (nicht) zu.
- Das Kind nennt folgende Monatsnamen: …
- Das Kind bringt … Monatsnamen in eine chronologische Reihenfolge.
- Das Kind wendet folgende Eselsbrücke zum Einprägen von … an.
- Das Kind beschreibt, was ein Schaltjahr ist.
- Das Kind beantwortet Fragen zu Monatsnamen spontan.
- Das Kind nennt folgende Jahreszeiten …
- Das Kind ordnet spezielle Symbole entsprechenden Jahreszeiten zu.
- Das Kind nennt den Tag und/oder den Monat, in dem eine neue Jahreszeit beginnt.
- Das Kind ordnet folgende kalendarische Ereignisse folgenden Jahreszeiten zu…
- Das Kind sagt, dass es folgende wiederkehrende Ereignisse besonders mag …
- Das Kind besitzt ei-

- in der gleichen Jahreszeit Geburtstag haben
- den gleichen Lieblingstag haben
- die gleiche Jahreszeit am liebsten mögen
- ...
- Die Kinder werden gefragt, welche besonderen Ereignisse zu welchen Jahreszeiten stattfinden (z.B. im Winter ist Weihnachten, im Frühjahr ist Ostern, ...).
- Hierbei kann insbesondere thematisiert werden, dass es bestimmte wiederkehrende Ereignisse gibt. Welches sind Ereignisse, die ein Kind insbesondere mag?

Kalender:
- Die Kinder werden gefragt, welche Informationen ein Kalender enthält? Über welchen Zeitraum erstreckt sich ein Kalender? Welche Maßeinheit verbirgt sich hinter einem Kalender und welche Maßeinheiten werden innerhalb eines Kalenders weiterführend genutzt (Monat, Tag, Stunde)?
- Zur Verdeutlichung der Jahresstruktur können entsprechende Lieder genutzt werden, in dem die Kinder sich über Musik die Reihenfolge der Monate und Jahreszeiten einprägen (z.B. von R. Zuckowski).
- Mit den Kindern wird besprochen, welche Kalender es gibt (z.B. Abreißkalender, Taschenkalender, Schülerkalender, Geburtstagskalender, Familienkalender, Timeplaner, ...). Welches Kind hat einen eigenen Kalender?
- Jedes Kind sucht sich ein bestimmtes Datum aus einem Kalender heraus und schreibt dieses auf. Die anderen Kinder versuchen durch spezielle Fragen, dieses Datum herauszufinden. Z.B.: Fängt dein Monat mit „J" an? Mit welchem Wochentag beginnt der Monat deines Datums? Passiert in deinem Monat ein besonderes Ereignis?, ... Die anderen Kinder blättern während des Fragens im Kalender und versuchen schnellst möglich das Datum herauszufinden.
- Es wird gemeinsam besprochen, wozu Menschen einen Kalender gebrauchen.
- Geschichte: Wann sind Kalender entstanden? Wer hat Kalender entwickelt? Welche Arten von Kalender gibt es (Mondkalender, Gezeitenkalender, ewiger Kalender, gregorianische Kalender, Weltkalender, ...)? Gibt es in verschiedenen Ländern verschiedene Kalender? Wieso?
- Mit den Kindern wird besprochen, dass ein DATUM einen festen Platz in einem Kalender hat und, dass es jedes Datum nur einmalig in der Geschichte gibt. Welche Daten kennt ein Kind, die individuell wichtig sind (z.B. Geburtstag, Schuleintritt)?
- Vergangenheit, Gegenwart und Zukunft wird mittels eines Kalenders verdeutlicht. Die Kinder berichten von vergangenen Ereignissen und zukünftigen Vorhaben.
- Geschichtliche Ereignisse werden gesammelt, recherchiert und anschließend chronologisch geordnet und in

nen ... Kalender.
- Das Kind zählt auf, welche Zeiteinheiten in einem Kalender stehen ...
- Das Kind schlägt folgendes Spiel oder ein Lied vor, in dem Jahreszeiten enthalten sind ...
- Das Kind zählt auf, welche Kalender es kennt ...
- Das Kind stellt folgende Fragen zu einem Datum ...
- Das Kind beantwortet Fragen zu einem Datum wie folgt ...
- Das Kind äußert folgende Ideen, wozu Kalender nützlich sind ...
- Das Kind nennt folgende Daten, die es kennt und/oder die ihm wichtig sind ...
- Das Kind zeigt sich interessiert an geschichtlichen Aspekten.
- Das Kind ordnet Ereignisse, die in der Vergangenheit, Gegenwart und/oder Zukunft liegen entsprechend zu.
- Das Kind recherchiert folgende geschichtliche Ereignisse ...
- Das Kind ordnet geschichtliche Ereignisse (nicht) chronologisch.
- Das Kind beschreibt, was ein Jahrhundert oder/ und Jahrtausend ist.
- Das Kind erstellt al-

einen Zusammenhang gebracht und dargestellt. Die Darstellung kann bspw. über Mind-Mapping erfolgen. Hier kann auch auf die Zeiteinheiten Jahrhundert und Jahrtausend näher eingegangen werden.

Erstellen und Gestalten eines Kalenders:

- Die Kinder erstellen im Rahmen eines kleinen Projektes gemeinsam einen Kalender, entweder für ein bestimmtes Jahr (z.B. 2008) oder einen Geburtstagskalender, der jedes Jahr genutzt werden kann.
- Es finden sich 12 Gruppen, die gemeinsam jeweils einen Monat eines Kalenders gestalten. Hier wird überlegt, wie viele Tage dieser Monat hat, welche Wochentage und Feiertage in diesen speziellen Monat bei einem Jahreskalender fallen. Die Wochenend- und Feiertage können dann besonders farblich markiert werden.
- Die Kinder überlegen gemeinsam, durch welches Bild dieser Monat insbesondere deutlich wird. Hierzu können die Kinder Bilder im Internet suchen, selbst fotografieren oder selbst zeichnen. Die Auswahl des Bildes begründen sie später gegenüber den anderen Kindern der Gruppe.

Erstellung und Gestaltung eines Arbeitsplanes:

- Jedes Kind erstellt sich einen Arbeitsplan. Hier können verschiedene Zeiteinheiten genutzt werden, z.B. Wochenplan, Monatsplan oder Jahresplan. Die Ziele, die die Kinder in den entsprechenden Zeiten haben, können hier u. a. festgehalten werden.
- Weiterhin kann z.B. in einem Wochenplan eine Verknüpfung mit Uhrzeiten erfolgen: Zu welcher Zeit habe ich welche festen Termine? Wann habe ich Zeit zum Spielen? Wann treffe ich mich mit Freunden? Wann habe ich Zeit zum Lernen? Wie lange kann ich mir für ... Zeit nehmen?

lein/ gemeinsam mit anderen einen ...- Kalender.

- Das Kind übernimmt folgende Aufgaben ...
- Das Kind bringt folgende Ideen zur Gestaltung eines Kalenderblattes ein ...
- Das Kind nennt die Anzahl der Tage, die ein bestimmter Monat hat.
- Das Kind erstellt einen Plan für eine Woche, einen Monat und/ oder ein Jahr.
- Das Kind formuliert folgende Ziele ...
- Das Kind ordnet Tagen folgende Aufgaben zu ...
- Das Kind erzählt von ... Terminen.
- Das Kind strukturiert seinen Arbeitsplan wie folgt ...

Kulturen in einer Welt

Empfohlene Klassenstufe (RRL)	1.-4. Klasse
Fach	Sachunterricht
Angesprochene Inhaltsbereiche (RRL)	Zeit und Kultur
Aufgabenschwerpunkte (RRL)	Viele Kulturen in einer Welt
Methodenschwerpunkte	Kommunikation, Kooperation, multisensorisches Lernen, Lerntypen (visuell-räumlich, körperlich-bewegungsbezogen, verbal-sprachlich, logisch-mathematisch), Lernkartei, Arbeitsplan, Mind-Mapping, Projektarbeit, Superlearning, Reflexion
Materialien	Bildvorlagen/Fotos, Stifte, Papier, Atlanten, Globus, Lexika, Bücher, Internet, Welt-Puzzle
Sozialform	E + G
Quelle (Ursprung der Aufgabe)	Emmrich/ Felten/ Heid/ Klose/ Kremers (2006)

Ursprungsaufgabe

Die Kinder lernen verschiedene Kulturen und deren Besonderheiten kennen. Neben dem Kennenlernen stehen das Interesse an sowie die Erfahrung mit verschiedenen Kulturen und Menschen im Vordergrund.

Aufgabe und Differenzierungen	Mögliche Beobachtungen im Lernprozess

• Die Kinder tragen in Gruppen zusammen, welche Länder sie kennen.
• Die Kinder schauen in Atlanten oder auf einem Globus nach, wo welche Länder liegen.
• Die Kinder erstellen ein Mind-Mapping und sortieren hier die Länder nach:
  - Kontinentaler Zugehörigkeit,
  - Meridianer Zugehörigkeit,
  - Sprachzugehörigkeit .
• Die Kinder stellen ihre Zuordnungen vor und reflektieren Gemeinsamkeiten und/oder Unterschiede.
• Die Kinder berichten, in welchem Land sie jeweils schon einmal im Urlaub waren.
• Jedes Kind schreibt für sich auf, was das Besondere für sie in diesem Land war. Welche Erinnerungen haben sie an das Land?
• Was hat mir besonders gefallen? Was war für mich fremd?
• Ein Puzzle von der Welt wird von den Kindern gemeinsam gelöst.
• Die Kinder sortieren die von ihnen genannten Länder nach Kontinenten. Es werden entsprechend verschiedene Gruppen gebildet. Jede Gruppe befasst sich mit den Ländern eines Kontinents.
• Die Kinder sortieren die Länder hinsichtlich ihrer genauen geographischen Lage.
  - Die Kinder recherchieren (Bücher, Internet) im Rahmen einer Projektwoche welches spezifische Merkmale entsprechender Länder sind, z.B.: Geschichte, Größe/ Flä-
	• Das Kind nennt folgende Länder als bekannt …
	• Das Kind sucht auf einer Weltkarte nach …
	• Das Kind beteiligt sich am Erstellen eines Mind-Mapping, einer Lernkartei, … wie folgt …
	• Das Kind berichtet von einem Urlaub in …
	• Das Kind äußert positive/ negative Gefühle zu …
	• Das Kind beteiligt sich aktiv am Puzzle, in der Form, dass …
	• Das Kind benennt … Kontinente.
	• Das Kind recherchiert auf folgende Weise …
	• Das Kind benennt

193

che, Flaggen/ Fahnen, Klima, Künste, Kultur, Kulturkreis, Entstehung, Erfindungen, Essgewohnheiten, Religion(en), Schriften, Sitten/ Gebräuche, Sprache(n), Symbole, Wirtschaft, …

- Entsprechend der Merkmale kategorisieren die Kinder die Länder.
- Die Kinder zeichnen oder suchen Symbole für bestimmte landesspezifische Merkmale und gestalten eine Collage.
- Gibt es Kinder aus einem anderen Land oder einer anderen Kultur in der Gruppe? Wenn ja, kann mit dem Kind oder den Eltern des Kindes ein Interview geführt werden?
- Die Kinder recherchieren nach Filmmaterial und anderem Anschauungsmaterial über ein Land oder eine Kultur.
- Die Kinder suchen die entsprechenden Flaggen/ Fahnen eines Landes heraus. Die Bedeutung der Flaggen und ihrer Symbole wird recherchiert und dokumentiert.
- Die Kinder verfassen einen Kurzbeitrag über das Land und die Menschen in diesem Land und stellen diesen den anderen Kindern und/ oder geladenen Gästen vor.

Nathalie und Dominik ordnen Namen Symbol-Flaggen zu

- Eine Veranschaulichung der Kultur kann auch darüber stattfinden, dass Kinder in Rollenspielen die Besonderheiten eines Landes oder eines Kulturkreises darstellen.
- Die Kinder stellen spezielle Erfindungen des Kulturkreises vor.
- Die Kinder kochen gemeinsam Gerichte verschiedener Länder.

- Die Kinder finden Gemeinsamkeiten und Unterschiede verschiedener Kulturen heraus, systematisieren diese und stellen diese vor.
- Die Kinder erstellen eine Lernkartei, in der Fragen auf der Vorder- und Antworten auf der Rückseite formuliert sind. So können sie jederzeit nachschlagen und ihr Wissen verfestigen.

Gemeinsamkeiten/ Unterschiede von …

- Das Kind übernimmt folgende Aufgabe(n) im Projekt …
- Das Kind stellt folgende Kategorien auf …
- Das Kind zeichnet …
- Das Kind bringt sein Wissen über … Kultur ein.
- Das Kind bringt Filmmaterial zu … mit.
- Das Kind äußert sich zu … Flaggen …
- Das Kind stellt anderen Kindern … vor.
- Das Kind nennt folgende Besonderheiten einer Kultur/ eines Landes …
- Das Kind nennt folgende landestypischen Gerichte …
- Das Kind äußert sich zu … Religion …
- Das Kind benennt glaubensspezifische Unterschiede/ Gemeinsamkeiten …
- Das Kind benennt folgende Vor- und Nachteile einer Kultur, eines Landes …
- Das Kind beteiligt sich aktiv an einer Diskussion über …
- Das Kind berichtet

• Die Kinder vergleichen die Religionen verschiedener Kulturkreise. • Gemeinsamkeiten und Unterschiede von Religions-/ Glaubenszugehörigkeiten werden visuell veranschaulicht. • Ein angeleitetes Gespräch über Gemeinsamkeiten und Unterschiede spezifischer Religionen kann geführt werden.	von Erfahrungen mit Menschen aus anderen Ländern. • Das Kind äußert eigene Wert- und/ oder Normvorstellungen … • Das Kind bringt folgende Ideen für ein gemeinsames Miteinander ein … • Das Kind stellt ein Spiel aus einem anderen Land vor …
• Die Kinder überlegen, was wichtig ist, damit sich ein Mensch aus einem anderen Herkunftsland in einem für ihn neuen Land wohl fühlen kann. • Was ist wichtig, damit sich Menschen in einem neuen Kulturkreis auch zu Hause und integriert fühlen? • Die Kinder bringen in Erfahrung, warum Menschen in einem für sie unbekanntem Land leben. Welche Gründe gibt es für eine Umsiedlung ins Ausland? • Die Kinder berichten von ihren Erfahrungen mit ausländischen Mitbürgern. • Die Kinder erstellen einen Plan, auf dem Regeln für den Umgang mit Menschen anderer Herkunft formuliert werden (z.B. Schätzung von Werten und Normen, Bekanntmachen mit neuem Kulturkreis, …).	
• Die Kinder recherchieren, welche Rolle Kinder in anderen Ländern einnehmen. • Welche Spiele spielen Kinder in anderen Ländern? Die Spiele werden in der Gruppe vorgestellt und gespielt.	

In der Klasse und in der Schule leben	
Empfohlene Klassenstufe (RRL)	1./2. Klasse
Fach	Sachunterricht
Angesprochene Inhaltsbereiche (RRL)	Raum und Umwelt Menschen und Gemeinschaft
Aufgabenschwerpunkte (RRL)	- Schule und Umgebung - Zusammenleben in der Schule
Methodenschwerpunkte	Kommunikation, Kooperation, multisensorisches Lernen, Lerntypen (visuell-räumlich, bewegungsbezogen), Lernen in Bewegung, Lernkartei, Mind-Mapping
Materialien	Papier, Stifte, evtl. Fotos/Bilder von Schulgegenständen, Plakate, Karteikarten
Sozialform	E + G
Quelle (Ursprung der Aufgabe)	

Ursprungsaufgabe
Innerhalb verschiedener Lebensräume und -orte der Kinder existieren verschiedene Strukturen, Regeln und Rituale. Die Strukturen, Regeln und Rituale des Zusammenlebens innerhalb der Klasse und innerhalb der Schule werden bearbeitet und reflektiert.

Aufgabe und Differenzierungen	Mögliche Beobachtungen des Lernprozesses
Die Kinder erfahren Raumstrukturen der Klasse und der Schule, lernen diese kennen und lernen sich in den Räumen zu orientieren. • Die Kinder erkunden ihren Klassenraum. Die Kinder schauen, welche Gegenstände sich in dem Klassenraum befinden, wo sich die Gegenstände im Raum befinden, überlegen, was mit den Gegenständen und Materialien gemacht werden könnte, … • Die Kinder überlegen, welche Funktionen einzelne Gegenstände in der Klasse haben und wozu diese genutzt werden (könnten) (z.B. Tafel, Pult, Zeigestock, Waschbecken, …). Woher kennen die Kinder bestimmte Gegenstände? Welche Erfahrungen haben sie bereits mit diesen Gegenständen gesammelt? Wie ist die Handhabung spezieller Gegenstände? … • Die Kinder schauen, ob die Gegenstände in der Klasse einer bestimmten Ordnung unterliegen (z.B. Bastelmaterial, Schulbücher, Ausruhecke, …). Die Kinder berichten, welche Ordnungen von Gegenständen ihnen von Zuhause oder aus anderen Kontexten bekannt sind? Die Kinder berichten, welche Ordnungssysteme von wem erstellt wurden, welche Vor- und Nachteile sie in Ordnungssystemen sehen, … • Die Kinder malen ihren Klassenraum und versuchen dabei so viele Details wie möglich zu berücksichtigen. • Die Kinder erkunden ihre Schule. Die Kinder schauen, welche Räume es in der Schule gibt: Wofür werden sie ge-	• Das Kind nennt folgende Gegenstände aus der Klasse … • Das Kind zeigt in die entsprechende Richtung, in der sich der benannte Gegenstand befindet. • Das Kind orientiert sich beim Zeigen auf verschiedene Gegenstände im Raum an den anderen Kindern. • Das Kind erinnert sich an folgende Gegenstände …, die im Raum vorhanden sind.

nutzt? Findet in bestimmten Räumen spezifischer Unterricht statt (z.B. Sport, Musik, Werken, …)? Wofür ist welcher Raum vorgesehen (Klassenräume, Lehrerzimmer, Sekretariat, …)?

- Die Kinder sammeln Ideen, was in den einzelnen Fächern wohl gemacht wird und was sie in den einzelnen Fächern lernen werden. Welche Themen/Inhalte gibt es, die zu den Unterrichtsfächern passen?

- Jedes Kind nennt eigene persönliche Wünsche oder Ziele, die es gerne in den einzelnen Unterrichtsfächern lernen oder bearbeiten möchte. Die Kinder tauschen sich über ihre Ziele aus und begründen sie. Warum ist es mir wichtig, das zu lernen? Wofür denke ich, könnte ich diese Fertigkeit im Alltag gebrauchen? Was würde sich für mich persönlich ändern, wenn ich diese Fertigkeit beherrsche? …

- Die Kinder lernen sich im Raum Schule zu orientieren. Die Kinder erkunden zusammen die verschiedenen Räume und Gänge in der Schule. Es kann eine Schnitzeljagd in Kleingruppen durch die Schule durchgeführt werden, in dem die Kinder verschiedene Orte in der Schule aufsuchen, um dort vorzufindende Informationen zu sammeln (z.B. sind die Toilettentüren auf dem Schulhof als Zeichnung abgebildet). Die Kinder zeichnen das auf den Türen vorhandene Symbol für „Jungen" und „Mädchen" auf die entsprechenden Türen (rechte oder linke Tür) in die Zeichnung; ein Gegenstand aus der Schule ist auf einer Fotografie abgebildet. Die Kinder suchen den Gegenstand in der Schule und markieren (z.B. durch ein Kreuz) auf einer abgebildeten Raumskizze den Platz des Gegenstandes in dem Raum …).

- Die Kinder fertigen ein Bild von der Schule an. Die Kinder betrachten dafür die Schule von außen und versuchen möglichst viele Details der Schule in ihrem Bild aufzugreifen.

- Die Kinder zeichnen eine Skizze vom Grundriss der Schule, des Gebäudetraktes oder der Etage, auf der sich die Klasse der Kinder befindet. In die Räume werden Symbole gemalt, die die Funktion des Raumes widerspiegeln (z.B. kleine Strichmännchen und ein großes Strichmännchen (= Klassenraum); Wasserhahn; Mädchen bzw. Junge (= Toiletten); …).

- Die Kinder fertigen gemeinsam eine große Skizze auf einem Plakat an, die den Grundriss der Schule wiedergibt. Die Kinder machen ihren Klassenraum kenntlich und malen Symbole, entsprechend der Funktion und des Zwecks des Raumes, in die einzelnen Räume.

- Die Kinder sammeln Ideen zu dem Begriff „Symbol": Was bedeutet dieser? Woher stammt der Begriff?

- Die Kinder überlegen, welche Symbole ihnen aus dem Alltag bekannt sind. Sie stellen die ihnen bekannten Symbole einander vor und berichten, aus welchen Kon-

- Das Kind nennt folgende Funktionen … für den Gegenstand …
- Das Kind ordnet die Klasse in folgende Bereiche … ein.
- Das Kind findet verschiedene Räume in der Schule.
- Das Kind benennt folgende Bedeutung des Symbols …
- Das Kind markiert auf einer Raumskizze den entsprechenden Platz eines benannten Gegenstandes.
- Das Kind malt die Schule grob (im Detail) nach.
- Das Kind zeichnet den Grundriss der Etage (der Klasse / des Schulgebäudes) entsprechend der räumlichen Struktur auf.
- Das Kind nennt folgende Funktionen des Raums …
- Das Kind nennt für Raum … folgendes Symbol …
- Das Kind kennt folgende Regeln …

texten sie die Symbole kennen und wo sie sie schon einmal gesehen haben. - Die Kinder sprechen in Kleingruppen über Vor- und Nachteile von speziellen Symbolen, fassen ihre Gedanken zusammen und berichten den Anderen anschließend ihre Ergebnisse. - Die Kinder überlegen sich zu verschiedenen Unterrichtsfächern Symbole und malen diese auf. Die Kinder tauschen ihre Ideen untereinander aus und teilen ihre Gedanken zu ihrer Wahl mit.	• Das Kind kennt folgende Regeln ... aus folgenden Kontexten.

Zur Einführung in schul- und klassenbezogene Regeln könnten folgende Einstiegsfragen mit den Kindern bearbeitet werden:
• Was sind Regeln? Für wen gelten Regeln? Wozu gibt es Regeln? Welchen Wert haben Regeln?
• Die Kinder berichten, aus welchen Kontexten und Situationen sie welche Regeln kennen (z.B. verschiedene Spiele, Zuhause, Kindergarten, ...) und ob sie Situationen/ Kontexte kennen, in denen es keine Regeln gibt.
  - Welchen Zweck/ Sinn haben Regeln? Welchen Sinn hatten/ haben bestimmte Regeln in einem speziellen Kontext? Welchen Wert haben diese Regeln in verschiedenen Kontexten?
• Die Kinder überlegen und diskutieren, was passieren würde, wenn es keine Regeln geben würde.
• Die Kinder nennen Regeln, die sie kennen. Die von den Kindern benannten Regeln werden mittels Symbole an die Tafel gemalt.
  - Die Kinder ordnen die Regeln (z.B. nach Regelarten „Belohnungsregeln", „Regeln für jeden Tag", „Regeln für konkrete Situationen", ...).
  - Welche Regel sind/waren aus der Sicht der Kinder sinnvoll und warum?
	• Das Kind begründet den Sinn von Regeln wie folgt ...
	
	• Das Kind erachtet folgende Regel ... als bedeutend und begründet dies wie folgt ...
	
	• Das Kind äußert folgende Vermutungen, was in der Situation ... passieren würde, wenn es keine Regeln geben würde.

Regeln und Rituale in der Schule und in der Klasse: • Die Kinder erhalten die Aufgabe, von Kindern der Schule (und Lehrern) in Erfahrung zu bringen, welche Regeln und Rituale in dieser Schule gelten. • Die Kinder nennen Regeln und Rituale, die in dieser Schule gelten (z.B. Schulbeginn, Schulgong, Verhalten auf dem Schulhof, ...). Die Kinder malen die Regeln mittels Symbolen auf ein Plakat. Es kann ein Mind-Mapping erstellt werden, in dem eine Zeichnung der Schule in die Mitte gemalt wird und um die Schule herum die Regeln und Rituale, die in der Schule gelten. • Die Kinder gestalten gemeinsam für jede Regel ein entsprechendes Symbol. Die Symbole werden von den Kindern auf Karteikarten gemalt. Die Karteikarten werden entsprechenden Phasen in der Schule zugeordnet (z.B. in dem Bilder, die verschiedene Tageszeiten (Uhren) oder Schulsituationen (Pausen, Schulgong, ...) abbilden, entsprechende Regeln zugeordnet werden). Die Kinder hängen diese Regeln entsprechend der Phasen und der Situationen an die	• Das Kind hat Regeln der Schule bei folgenden Personen ... erfragt. • Das Kind ordnet folgende Regeln der Schule ... folgenden Situationen der Schule zu ... • Das Kind äußert sich wie folgt ... zu der Schulregel ... • Das Kind nennt folgende Bedingungen ..., unter denen sich das Kind in der Klasse (nicht) wohl fühlt ... • Das Kind äu-

Wand, so dass sie von allen Kindern gesehen werden können.

- Die Kinder überlegen, ob es noch weitere Regeln in der Schule gibt, die noch nicht benannt wurden, aber mittels Symbole/ Schilder in der Schule vorhanden sind (z.B. Toiletten nur für Jungen und Toiletten nur für Mädchen (Schilder mit entsprechenden Symbolen); Schilder auf dem Schulhof (z.B. Hunde verboten), ...
- Die Kinder erarbeiten gemeinsam in Kleingruppen Regeln, die sie für die Klasse als wichtig erachten. Es können Leitfragen gestellt werden, die von den Kindern nacheinander bearbeitet werden, z.B. wann sich das Kind in der Klasse wohl fühlt, in welcher Atmosphäre das Kind besonders gut lernen kann, ...
- Alle Mitglieder der Klasse (Kinder und Lehrer) tragen die ihnen wichtigsten Regeln für die Klasse zusammen. Die Kinder besprechen und vereinbaren gemeinsam: Welchen Zweck haben einzelne Regeln? Wer ist für die Einhaltung der Regel(n) verantwortlich? Was soll geschehen, wenn es jemand nicht schafft, sich an eine Regel zu halten? ...
- Die wichtigsten Regeln werden gemeinsam auf ein Plakat gemalt/geschrieben und ein geeigneter Platz in der Klasse ausgewählt, an dem das Plakat aufgehängt wird. In regelmäßigen Abständen werden die Regeln hinsichtlich Relevanz, Lücken, ... gemeinsam überprüft und ggf. geändert.

ßert sich wie folgt zu der Regel ...
- Das Kind reagiert wie folgt ... auf vorgeschlagene Konsequenzen bei Regelverstoß.

Redensarten und Körperausdrücke

Empfohlene Klassenstufe (RRL)	1.-4. Klasse
Fach	Sport
Angesprochene Inhaltsbereiche (RRL)	- Gestalten, Tanzen, Darstellen – Gymnastik/Tanz, Bewegungskünste - Den Körper wahrnehmen und Bewegungsfähigkeiten ausprägen
Aufgabenschwerpunkte (RRL)	- Sich des eigenen Körpers bewusst werden, seine Aktionsmöglichkeiten und -grenzen erkunden - Durch Bewegung etwas mitteilen und darstellen
Methodenschwerpunkte	Kommunikation, Kooperation, Reflexion, Mind-Mapping, Lernkartei, Lerntypen (logisch-mathematisch, körperlich-bewegungsbezogen, visuell-räumlich, verbal-sprachlich)
Materialien	Karteikarten, Papier, Stifte, Internet, Bücher
Sozialform	G
Quelle (Ursprung der Aufgabe)	Reichenbach/Lücking (2007)

Ursprungsaufgabe:
Redensarten, kulturell geprägte Körperhaltungen und Gesten werden hinterfragt und dargestellt.

Aufgabe und Differenzierung	Mögliche Beobachtungen im Lernprozess
Redensarten: • Die Kinder werden gefragt, welche Redensarten sie kennen (z. B. auf den Geist gehen; an der Nase herumführen; den Buckel runter rutschen; aus der Haut fahren; Zähne zeigen; jemanden nicht riechen können; auf den Magen schlagen; die Haare raufen; um den Finger wickeln). Diese werden von den Kindern auf ein Poster gezeichnet oder aufgeschrieben. • Die Kinder erschließen gemeinsam, aus welchen Kontexten sie diese Redensarten kennen, von wem sie diese Redensarten schon einmal gehört haben und was damit gemeint sein könnte. • In Kleingruppen schreiben/ zeichnen die Kinder alle ihnen bekannte Redensarten jeweils zweimal auf eine Karteikarte. Entsprechend der Anzahl der Kinder werden die Karteikarten gemischt und jedes Kind erhält eine Karte. Die Karte mit der Redensart wird keinem anderen Kind gezeigt. Jedes Kind überlegt sich, wie es diesen Begriff pantomimisch darstellen kann. Haben sich alle Kinder etwas überlegt, verteilen sie sich in der Halle und beginnen auf ein Signal hin, „ihre" Redensart pantomimisch darzustellen und versuchen dabei ihren „Partner" zu finden, der den gleichen Begriff darstellt. Es darf erst gesprochen werden, wenn alle Kinder einen Partner gefunden haben. • Die Paare demonstrieren nacheinander ihre pantomimi-	• Das Kind benennt folgende Redensarten ... • Das Kind sagt, dass es Redensarten ... kennt. • Das Kind sagt, dass es Redensarten ... bei folgenden Personen ... gehört hat. • Das Kind äußert, dass es folgende Redensarten ... aus folgenden Situationen ... kennt. • Das Kind sagt, dass die Redensart ... folgendes ... aus-

schen Darstellungen und alle überlegen, ob die Darstellungen zueinander passen und was sie meinen.

- Die Kinder recherchieren, woher die jeweilige Redensart stammen könnte (z. B. Epoche, Beruf, gestalterische Veränderung von Gegenständen, ...).
- Die Kinder suchen sich in Kleingruppen eine Redensart aus, die sie gemeinsam pantomimisch darstellen. Die Anderen versuchen zu erkennen, um welche Redensart es sich handelt. Welches sind prägnante Merkmale, um eine pantomimische Darstellung zu erkennen? Die Kinder gehen in einen konstruktiven Diskurs.
- Die Kinder werden in zwei große Gruppen geteilt. In den Gruppen werden jeweils zwei Kinder ausgewählt, die zunächst die „Pantomimen" darstellen. Anschließend spielen die Kinder „Montagsmaler", wobei es hier darum geht, dass die eigene Gruppe in einer vorher vereinbarten Zeit versucht, möglichst viele dargestellte Redensarten schneller als die andere Gruppe zu erkennen. Ist die Zeit vorbei, werden die Pantomimen gewechselt.

Kulturell geprägte Körperhaltungen und Gesten:

- Die Kinder erhalten den Auftrag ausfindig zu machen, was unter dem Begriff „Kultur" verstanden wird. Woher kommt dieser Begriff, was sagt er aus, was ist damit gemeint, ...?
- Die Kinder berichten, welche Länder sie bereits im Urlaub besucht haben und ob es dort genau so aussah wie in Deutschland, die Menschen sich so verhalten und so gelebt haben wie hier in Deutschland.
- Die Kinder tragen in Kleingruppen zusammen, welche Körperhaltungen und Gesten sie bei anderen Menschen (z. B. Lehrer, Freunde, Verwandte, Eltern) bereits gesehen haben und, ohne dass etwas gesagt wurde, sie genau wussten, was der Andere mitteilen möchte (z. B. Zeigefinger auf dem Mund; eine erhobene und geballte Faust; Augenzwinkern; Blick auf den Boden gerichtet; Hände in die Taille gestemmt; mit den Augen rollen, ...).
- Jedes Kind stellt eine Körperhaltung oder Geste vor, die die anderen Kinder schnellst möglich erkennen sollen. Was sind typische bzw. entscheidende Merkmale? Woran erkenne ich, was mit diesem Körperausdruck gemeint ist?
- Die Körperhaltungen und Gesten, die den Kindern bekannt sind, werden jeweils zwei Mal von den Kindern auf Karteikarten gezeichnet und/oder Fotos von den Kindern mit entsprechenden Körperhaltungen und Gesten gemacht, die unterschiedlich eingesetzt werden können.
- Zwei Kinder werden von der Gruppe ausgewählt und setzen sich an den Rand der Halle. Alle anderen Kinder ziehen aus einem Kartenstapel (Anzahl der Karten entspricht Kindern der Gruppe -2) eine Karte heraus, schauen sie sich genau an und legen sie dann wieder auf den Stapel zurück oder legen sie, nachdem alle Kinder in der Halle sich einen Platz gesucht haben, neben sich auf den Boden.

sagt.

- Das Kind stellt folgende Redensart ... folgendermaßen ... dar.
- Das Kind bezeichnet zwei dargestellte pantomimische Darstellungen ... als gleich.
- Das Kind äußert folgende Überlegung ... für die Herkunft der Redensart ...
- Ein Kind stellt folgende Redensart ... wie folgt dar ...
- Das Kind nutzt bei der Darstellung der Redensart ... folgende Körperteile ...
- Das Kind äußert folgende Ideen ..., was unter dem Begriff „Kultur" verstanden werden kann.
- Das Kind macht folgende Gesten ...
- Das Kind benennt folgende Ideen ..., was die Geste ... bedeuten könnte.
- Das Kind beschreibt folgende Situationen ..., in der es diese Geste ... bereits wahrgenommen hat.

Die Kinder, die sich in der Halle verteilt haben, sind „Memorykarten", die beiden Kinder am Rand die „Spieler". Es gelten die gleichen Regeln wie beim Tischmemory. Wurde ein gleiches Paar aufgedeckt, gehen diese hinter den Spieler.

- Die Kinder erstellen ein Mind-Mapping über die Bedeutung von Gesten im Alltag und im Miteinander.
- Die Kinder recherchieren, ob gleiche Gesten in unterschiedlichen Kontexten verschiedene Bedeutungen haben können. Kinder mit anderer ethnischer Herkunft berichten, welche Gesten in ihrem Herkunftsland welche Bedeutungen haben und ob gleiche Gesten dort anders gebraucht werden.
- Fünf Kinder werden ausgewählt, die auf die andere Hallenseite gehen und sich dort so hinsetzen, dass sie die anderen Kinder nicht mehr sehen können. Die anderen Kinder überlegen sich eine Alltagssituation (z. B. Streitsituation, Hausaufgabensituation, Aufstehen …). Diese wird in ihrem Ablauf von einem Kind aus der Gruppe im Anschluss als erstes dargestellt.
- Das erste Kind von den fünf Kindern auf der anderen Hallenseite wird zurückgerufen und soll sich die pantomimische Darstellung des Kindes genau anschauen.
- Anschließend setzt sich das Kind, welches die pantomimische Darstellung vorgeführt hat auf den Boden, das zweite Kind von der anderen Hallenseite wird gerufen und erhält ebenfalls die Aufgabe, sich die Situation genau anzuschauen. Diesmal wird diese von dem Kind, was zuvor zugeschaut hat, ausgeführt, in dem das Kind versucht, die zuvor Gesehene pantomimische Darstellung exakt nachzumachen. Der Ablauf bleibt, bis das letzte Kind die pantomimische Situation nachgespielt hat (pantomimische Kette, ähnlich wie stille Post).
- Die Kinder sprechen gemeinsam über das, was sie gesehen haben. War der Ablauf gleich? Hat sich etwas geändert? Was hat sich geändert? Was könnten mögliche Gründe sein? Welche weiteren Körperausdrücke sind bei den einzelnen Kindern gesehen worden?
- Es werden zwei gleich große Gruppen gebildet, die gegeneinander spielen. Auf Karteikarten sind verschiedene Bilder/ Zeichnungen von Körperausdrücken abgebildet. Die Kinder sitzen in ihren Gruppen jeweils in einer Reihe hintereinander und schauen alle in eine Richtung. Der erste Spieler stellt sich vor alle anderen Kinder und beschreibt das, was mit dieser Geste/ Körperhaltung ausgedrückt werden soll. Die anderen Kinder versuchen die beschriebene Geste/Körperhaltung zu erraten. Die Mannschaft, die die Körperhaltung erkannt hat, darf den nächsten „Spieler" schicken. Gewonnen hat die Mannschaft, deren Spieler alle eine Geste / Körperhaltung beschrieben und somit mehr Gesten erkannt haben.

- Das Kind erzählt von folgenden Gesten …, die es bei Einheimischen im Urlaubsort … beobachten konnte.
- Das Kind berichtet von folgender Geste …, die in folgenden Situationen … zwei unterschiedliche Bedeutungen hat.
- Das Kind stellt folgende Alltagssituation … wie folgt pantomimisch dar …
- Das Kind gibt eine pantomimische Darstellung … mit Details / in groben Zügen / in Ansätzen wieder.
- Das Kind ordnet folgende beschriebene Gesten … anhand folgender Beschreibungen zu …

Die Rolle und Haltung des Kämpfers	
Empfohlene Klassenstufe (RRL)	1.-4. Klasse
Fach	Sport
Angesprochene Inhaltsbereiche (RRL)	- Das Spielen entdecken und Spielräume nutzen - Ringen und Kämpfen – Zweikampfsport - Den Körper wahrnehmen und Bewegungsfähigkeiten ausprägen
Aufgabenschwerpunkte (RRL)	- Spielerische Kampfformen kennen lernen und ausführen - In Kampfsituationen die Gegnerin bzw. den Gegner als Partnerin bzw. Partner achten - Sich des eigenen Körpers bewusst werden, seine Dimensionen erfahren, seine Aktionsmöglichkeiten und -grenzen erkunden. - Die Reaktionen des Körpers in der Bewegung sowie vor, bei und nach körperlicher Belastung wahrnehmen und deuten
Methodenschwerpunkte	Reflexion, Kommunikation, multisensorisch (auditiv, visuell), Mind-Mapping, Lerntypen (körperlich-bewegungsbezogen, verbal-sprachlich), Lernen in und über Bewegung, Kooperation
Materialien	Plakat, Stifte, Spiegel, Bildvorlagen,
Sozialform	G
Quelle (Ursprung der Aufgabe)	Beudels/Anders (2001)

Ursprungsaufgabe:
Beim Ringen und Raufen kommt, neben der Ermöglichung des Auslebens grundlegender Bedürfnisse von Kindern (z. B. sich körperlich auseinanderzusetzen, die Kräfte messen, (Fest-)Halten und Gehalten werden,...) vor allem der Weiterentwicklung der Persönlichkeit (Ethik, Moral, Haltung) eine entscheidende Bedeutung zu.

Aufgabe und Differenzierungen	Mögliche Beobachtungen im Lernprozesses
Gefühle beim und in Kämpfen (Entwicklung von Ethik und Moral): • Die Kinder werden gefragt, in welchen Situationen und bei welchen Anlässen sie miteinander oder gegeneinander kämpfen (z.B. beim Streit, aus Frust, aus Spaß / Freude, wenn jemand nicht zuhört, wenn sie geärgert werden, ...) oder Kämpfe zwischen zwei Personen beobachten konnten. Die Ergebnisse werden auf Plakaten in der Gruppe festgehalten. • Die Kinder erinnern sich, welche Gefühle sie beim Kämpfen schon einmal gehabt haben (z. B. Freude an der körperlichen Auseinandersetzung, Wut, Verzweiflung, ...).	• Das Kind nennt folgende Situationen ..., in denen es sich körperlich mit Person ... auseinandergesetzt hat. • Das Kind bewertet die körperliche Auseinandersetzung

• Die Kinder nennen verschiedene Gefühle, die sie beim Kämpfen schon einmal hatten oder bei anderen Personen beobachten konnten. • Die Kinder demonstrieren alle gleichzeitig individuelle Körperausdrücke (Körperhaltung, Mimik, Gestik), die ein benanntes Gefühl widerspiegeln. Die Kinder schauen dabei in den Spiegel und vergleichen ihre Körperausdrücke mit denen anderer Kinder. Welche Gemeinsamkeiten/ Unterschiede gibt es im Körperausdruck? • Die Kinder überlegen, welche Konsequenzen unterschiedliche Körperausdrücke für gleiche Gefühle bei Anlässen für Kämpfe oder in Kämpfen haben können, wenn der Kämpfer sich über unterschiedliche Körperausdrücke für gleiche Gefühle nicht bewusst ist (z.B. Fehldeutungen von Verhalten; Missverständnisse für und bei Reaktionen, …). An dieser Stelle können kulturelle Unterschiede exemplarisch aufgezeigt werden.	… mit Person … folgendermaßen … • Das Kind nennt folgende Gefühle …, die es bei einer körperlichen Auseinandersetzung gespürt hat. • Das Kind bewertet folgende Gefühle … als Gefühle, die eine körperliche Auseinandersetzung mit Person … rechtfertigen. • Das Kind benennt folgende Regeln …, welche in einer körperlichen Auseinandersetzung unbedingt beachtet werden müssen.
• Die Kinder sammeln in Kleingruppen Ideen, welche Körperausdrücke ihnen von Tieren bekannt sind, die ein bestimmtes Gefühl (Wut / Freude / Angst /…) ausdrücken. • Die Kinder wählen gemeinsam drei Tiere aus, die sich in ihrer Größe und Stärke voneinander unterscheiden (z. B. Maus, Hund, Bär). - Für die drei benannten Tiere werden jeweils ängstliche und wütende Körperausdrücke und Geräusche/Laute überlegt (z. B. Maus (Angst = leises Piepen, Ohren nach vorne geneigt, geduckte Körperhaltung / Wütend = lautes Piepen, Kopf erhoben, Schneidezähne zeigend), Hund (Angst = jaulend, geduckte Körperhaltung / Wütend = laut bellend, Zähne fletschen) …). - Die Kinder überlegen konkret, welches Tier welches Tier in die Flucht schlägt und welche Tiere gegeneinander kämpfen. Die Kinder bilden zwei gleich große Gruppen und gehen jeweils auf eine Hallenhälfte. Die Kleingruppen einigen sich auf ein Tier, wobei die Gruppen die Entscheidungen der jeweils anderen Gruppen nicht erfahren. - Die Gruppen stellen sich mit dem Rücken zueinander an die Mittellinie. Auf ein Zeichen drehen sich die Gruppen zueinander und stellen körperlich sowie geräuschvoll das in der Gruppe vereinbarte Tier dar. Je nach gewählten Tierarten entscheidet sich, ob: a) eine Gruppe schnell ihre Körperausdrücke und Geräusche in ein entsprechendes ängstliches Verhalten verändert und versuchen muss schnell eine Hallenwand zu erreichen (Flucht) oder b) eine Gruppe versuchen muss, die Anderen zu fangen sowie diese geräuschvoll und mit ihren körperlichen Ausdrücken in die Flucht zu jagen (z.B. bei gleichen Tierarten).	• Das Kind begründet die Bedeutung der Regel … für eine körperliche Auseinandersetzung folgendermaßen … • Das Kind nennt folgende Gefühlsformen … • Das Kind deutet einen folgenden Körperausdruck … wie folgt … • Das Kind deutet verschiedene Körperausdrücke entsprechend ihres beabsichtigten Gefühls.
• In einer Kleingruppe denken die Kinder darüber nach, ob es bei Menschen gleiche Verhaltensweisen wie bei den	

Tieren gibt.	• Das Kind nennt folgende Werte ..., die ihm bei einer Person wichtig erscheinen.
• Die Kinder gehen in eine kritische Diskussion dahingehend, was diese genannten Verhaltensweisen mit den individuellen Werten zu tun haben können.	
• Jedes Kind bringt seine persönlichen Vorstellungen ein:	
- Was ist mir wichtig, wie Menschen mit mir umgehen und sich mir gegenüber verhalten?	
- Welche Regeln sind bekannt?	• Das Kind begründet die individuelle Bedeutung der Werte ... wie folgt ...
- Welche Regeln sind für ein Miteinander wichtig?	
- Wozu ist es wichtig, dass bestimmte Regeln eingehalten werden?	
- Was geschieht, wenn es keine Regeln geben würde?	
• Die Kinder systematisieren ihre eigenen Vorstellungen und veranschaulichen diese mittels Mind-Mapping	• Das Kind nennt folgende Verhaltensweisen ..., die ihm im Miteinander mit Anderen wichtig erscheinen.
• Den Kindern werden verschiedene Bilder mit Kampfsituationen zwischen Kindern gezeigt, die verschiedene Körperausdrücke abbilden und verschiedene Alltagssituationen darstellen.	
• Die Kinder überlegen gemeinsam, aus welchem Anlass die Kinder wohl miteinander kämpfen, was die einzelnen Kinder fühlen könnten und wie dieser Kampf wohl enden wird.	• Das Kind benennt folgende Regeln ..., die im Miteinander/ in der körperlichen Auseinandersetzung eingehalten werden sollten.
• Die Kinder diskutieren, welche Gefühle und Anlässe einen Kampf / eine körperliche Auseinandersetzung mit anderen „erlauben" und welche weniger.	
• Die Kinder sammeln gemeinsam Ideen auf einem Poster, wie Kämpfe untereinander geregelt werden könnten und aus ihrer Sicht ablaufen sollten.	
• Abhängig von der Kampfart, formulieren die Kinder, welche Verhaltensweisen beim Kämpfen erlaubt sind und welche nicht. Die Kinder besprechen, was einzelne Verhaltensweisen auslösen oder aber wie durch welche Verhaltensweisen das Gegenüber verletzt werden kann.	• Das Kind gibt Regeln im Miteinander wieder.
• Die Kinder erinnern und berichten, mit welchen Personen (z. B. Eltern, Geschwister, Freunde, ...) sie auf welche Art und Weise bereits gekämpft haben:	• Das Kind begründet die Bedeutung der Regel ... im Miteinander wie folgt ...
- Aus welchem Anlass ist der Kampf entstanden?	
- Hat sich das Gefühl beim Kämpfen geändert?	
- Wie hat der Partner auf bestimmte Berührungen reagiert?	
- Welche Berührungen/ Körperkontakte wurden als angenehm und welche als weniger angenehm empfunden?	• Das Kind benennt folgende Rollen ..., die ein Mensch in alltäglichen Situationen einnehmen kann.
- Gab es Unterschiede bei dem Empfinden von Berührungen, je nach dem von wem die Berührungen erfolgten?	
- Weshalb ist es ein Unterschied, von wem welche Berührungen/ Körperkontakte erfolgen ...)?	
• Die Kinder tragen zusammen, welche Absichten ein Kämpfer bei einem Kampf haben kann (z. B. jemandem weh zu tun, jemanden zu verletzen, jemanden zu bestrafen, jemanden zum Schweigen zu bringen, mit jemandem zu spielen ...) und diskutieren dies in der Gruppe.	• Das Kind nennt folgende Rolle ..., die es gerne im Klassenkontext einnimmt und begründet
• Die Kinder überlegen, welche Rollen sie beim Kämpfen	

schon einmal eingenommen haben (bei Kämpfen mit welchen Personen wurde welche Rolle eingenommen?). Sie überlegen, welche Rolle für sie (weniger) angenehm war.

- Die Kinder reflektieren, welche Rollen sie in alltäglichen Situationen einnehmen:
- Welche Vorteile/ Nachteile werden in einer bestimmten Rolle/ in konkreter Situation gesehen?
- In welchen Rollen fühlen sie sich besonders wohl?
- Welche Rolle können sie sich für sich nicht vorstellen?
- Was würde von ihnen erwartet, wenn sie eine bestimmte Rolle einnehmen würden?
- Die Kinder schreiben verschiedene Rollen, die eingenommen werden können, auf ein Plakat.
- Sie überlegen dazu verschiedene, passende Sportspiele, in denen mehrere, verschiedene Rollen eingenommen werden können.
- Die Kinder führen diese Spiele mit verschiedenen Rollen durch, sammeln pro und contra Argumente und reflektieren die Rollenübernahmen und -wechsel.

dies wie folgt …
- Das Kind nennt folgende Argumente pro/ contra hinsichtlich …
- Das Kind berichtet von folgenden eigenen Rollen außerhalb der Schule …

Sumo (-ringen)	
Empfohlene Klassenstufe (RRL)	1.-4. Klasse
Fach	Sport
Angesprochene Inhaltsbereiche (RRL)	- Das Spielen entdecken und Spielräume nutzen - Ringen und Kämpfen - Zweikampfsport
Aufgabenschwerpunkte (RRL)	- Spielerische Kampfformen kennen lernen und ausführen - In Kampfsituationen die Gegnerin bzw. den Gegner als Partnerin bzw. Partner achten
Methodenschwerpunkte	Kommunikation, Kooperation, Reflexion, multisensorisches Lernen, Lerntypen
Materialien	Judomatten, Medizinball
Sozialform	E + G
Quelle (Ursprung der Aufgabe)	Beudels/Anders (2001)
Ursprungsaufgabe	
Regelgeleitetes Ringen und Raufen mit Kindern kommt spezifischen Grundbedürfnissen wie dem Verlangen nach Nähe, Berührungen, Halten, Gehalten und Getragen werden sowie der Lust zu jagen, zu fangen und die Kräfte zu messen entgegen.	

Aufgabe und Differenzierungen	Mögliche Beobachtungen im Lernprozess
Kämpfen: • Die Kinder werden gefragt, wo sie Kämpfe zwischen zwei Personen schon einmal gesehen haben (z. B. im Fernsehen, auf dem Schulhof, in Büchern (Ritter, Indianer, Geschichtsbücher), …). • Die Kinder überlegen, an welchen Aspekten sie bemerkt haben, dass es sich um einen Kampf gehandelt hat (z. B. sich gegenseitig körperlich attackieren, sich anschreien, …). • Die Kinder fassen gemeinsam zusammen, welche Merkmale einen Kampf auszeichnen. Woran merkt man, dass es sich um einen Kampf handelt? Die Ergebnisse werden auf ein Plakat geschrieben (oder gezeichnet mittels Symbole). • Die Kinder recherchieren, zu welchem Zweck Menschen gegeneinander kämpfen bzw. Kämpfe durchgeführt werden. Gibt es kulturbedingte Wertvorstellungen und Präferenzen? • Die Kinder tragen in einem Mind-Mapping zusammen, welche „Kampfsportarten" sie kennen (z. B. Judo, Boxen, Thai Chi, Teak Won Do, Sumoringen, …). Woher kommen diese Kampsportarten? Wie hängen sie miteinander zusammen? - Die Kinder systematisieren die einzelnen Kampfsportarten und stellen Gemeinsamkeiten und Unterschiede heraus (z.B. Herkunftsland, Grundgedanke, Ziel des Kampfes, Kleidung der Kämpfer, …). - Die Kinder finden heraus, worin es begründet sein könnte, dass die Kämpfe sich unterscheiden und wie	• Das Kind nennt folgende Orte …, an denen es Kämpfe zwischen zwei Personen beobachten konnte. • Das Kind gibt folgende Merkmale … an, die einen Kampf ausmachen. • Das Kind nennt folgende Eigenschaften, die einen vorbildlichen Kämpfer ausmachen … • Das Kind nennt folgende charakteristische Merkmale … für Kampfsportart … • Das Kind ordnet folgende Kampfsportart … folgendem Herkunftsland … zu. • Das Kind nennt folgende kulturelle Besonderheiten des Landes …, die sich in der Kampfsportart … folgendermaßen

miteinander/ gegeneinander gekämpft wird (z. B.
Krieg, Unterdrückung, Bewunderung, Regeln, Rituale
...).
- Die Kinder recherchieren, welchen Sinn Kämpfe in
den einzelnen Kulturen haben. Gibt es Unterschiede
innerhalb der verschiedenen Kulturen? Wozu finden
diese Kämpfe statt? In welchem Rahmen werden die
Kämpfe durchgeführt?
- Die Kinder stellen heraus, was einen guten Kämpfer
in den verschiedenen Kulturen ausmacht. Wofür werden Kämpfer bewundert? Was zeichnet in den einzelnen Kulturen (und Sportarten) einen vorbildlichen
Kämpfer aus? Welche Rolle hat ein Kämpfer?

Sumoringen:
- Die Kinder beschreiben, wie ein Sumoringer aussieht,
welche Kleidung ein Sumoringer trägt, welche Farbe
die Kleidung des Sumoringers hat, ob alle Sumoringer
gleich ausschauen, welche Frisuren sie haben, ...
- Die Kinder zeichnen einen Sumoringer.
- Die Kinder erkunden, aus welchem Land „Sumoringen" stammt. Wie hat sich die Sportart entwickelt?
Haben sich der Kampfablauf und die Kampfabsicht im
Laufe der Zeit verändert? Welche Rolle haben Sumoringer in ihrem Land? Wozu findet Sumoringen statt?
- Die Kinder recherchieren, wie der Ablauf eines Sumo-
ringens ist. Die Kinder können hier einen Besuch bei
einem Sumoringen organisieren oder einen Film
und/oder Fotos zum Thema ansehen.
- Gibt es Regeln und Rituale beim Sumoringen? Welche?
- Die Kinder beobachten verschiedene Kampfsequen-
zen. Wie begrüßen sich die Sumoringer? Wer leitet
den Kampf? Wie und wo fassen sich die Sumoringer
an? Wann wird ein Kampf unterbrochen? Wann endet
ein Sumoringen? Wie endet ein Sumoringen? Welche
Art von Turnieren gibt es?
- Die Kinder schreiben bzw. zeichnen die wichtigsten
Regeln und Rituale beim Sumoringen auf ein Plakat
und fassen zusammen, welchen Sinn Regeln und Rituale beim Kampf haben (z. B. Begrüßung und Ver-
abschiedung durch Verbeugung (Respekt und Acht-
ung voreinander), Signale für Beginn des Kampfes
(z.B. ähnlich wie Schulglocke), die Gesundheit des
„Gegenübers" achten (z. B. Regeln wie: „Der Kopf
und der Hals des Gegenübers dürfen nicht berührt
werden", „Der „Gegner" darf nicht getreten oder ge-
boxt werden", ...).
- Die Kinder ergänzen die Regeln und Rituale vom Sumoringen um weitere Regeln, die aus ihrer Sicht wichtig und von Bedeutung für einen verletzungsfreien
Kampf darstellen, z.B. Kleidungsregeln (keine Schu-

wieder finden lassen
....
- Das Kind nennt fol-
gende Eigenschaften
... für Kampfsportart
...
- Das Kind nennt fol-
gende Unterschiede
... zwischen Kampf-
sportart ... und ...
- Das Kind beschreibt
folgende Merkmale
eines Sumoringers
...
- Das Kind nennt fol-
gende Regeln ..., die
für das Sumoringen
wichtig sind.
- Das Kind begründet
die Regel ... beim
Sumoringen wie folgt
...
- Das Kind bewertet
die Regel ... beim
Sumoringen wie folgt
...
- Das Kind nennt fol-
gende weitere Re-
geln ..., die es für ein
„sicheres" Kämpfen
als wichtig erachtet.
- Das Kind nennt fol-
gende Regeln ...
beim Ringen.
- Das Kind hält sich
beim Ringen an die
vorgegebenen Re-
geln ...
- Das Kind probiert
selbständig folgende
Körperhaltungen ...
beim Ringen aus.
- Das Kind reagiert wie
folgt ... auf Berüh-
rungen eines ande-
ren Kindes/ des Kin-
des ...
- Das Kind ändert sei-
ne Körperspannung
bei Berührungen

he, Haare zusammenbinden, T-shirt in die Hose stecken, ...), Verhaltensregeln, z. B. Begrüßung (voreinander verbeugen), Stoppregeln (z. B. wenn ein Kind Stopp sagt, wird der Kampf direkt unterbrochen), nicht treten, spucken, an der Kleidung reißen, ...), es darf ausschließlich auf Knien gegeneinander gerungen werden, der Gegner darf ausschließlich geschoben und weg gedrückt werden, der Kopf und Hals darf nicht mit den Händen berührt werden, ...

(Druck auf den Körper) wie folgt ...

Ringen nach Regeln: Die Kinder bauen aus Judomatten kleine „Kampfplätze". Ausschließlich auf diesen darf nach vereinbarten Regeln „gerungen" werden:

- Die Kinder gehen paarweise zusammen. Ein Kind hockt sich auf den Boden. Auf ein Signal versucht das andere Kind das hockende Kind durch drücken, schieben aus dem Gleichgewicht zu bringen, so dass es „hinfällt". Die Kinder überlegen, in welcher Körperposition der „beste" Halt gegeben ist (z.B. auf den Füßen hockend, die Arme umfassen die Knie / auf den Schienbeinen hockend, den Kopf zwischen die Knie ziehen und auf dem Boden ablegen, die Unterarme neben dem Kopf auflegen,...), wie der Körper auf das Drücken / Schieben des „Gegners" reagieren kann, ...
- Die Kinder gehen paarweise zusammen. Ein Kind legt sich auf den Rücken/ Bauch und spannt dabei seinen ganzen Körper an. Das andere Kind versucht, beginnend mit einem vorher vereinbarten Signal, das auf dem Rücken/ Bauch liegende Kind möglichst schnell auf den Bauch/ Rücken zu drehen. Das liegende Kind versucht dies durch Körperspannung zu verhindern. Es werden verschiedene Körperpositionen beim Liegen (z. B. Beine in unterschiedlichen Winkeln gespreizt, Arme seitlich ausgestreckt / angewinkelt / über dem Oberkörper gekreuzt, Lendenwirbel fest in die Judomatten drücken, ...) und Drehtechniken (z. B. Körperpositionen zum Liegenden (in oder gegen die Drehrichtung, kniend, ...), Position der Hände (Hüfte, Oberschenkel, Schulter, Füße, ...) erprobt.

- Die Kinder gehen paarweise zusammen und legen sich auf den Rücken so einander gegenüber, dass die Füße zueinander zeigen. Die Beine werden 90° angewinkelt und die Füße in der Luft gegeneinander gestellt. Auf ein Signal versuchen die Kinder sich gegenseitig mit den Füßen von der Matte zu drücken (oder voreinander kniend: die Handflächen werden gegeneinander gedrückt).
- Die Kinder gehen paarweise zusammen. Die Kinder sitzen sich auf den Judomatten kniend gegenüber. Zwischen den Kindern liegt ein Medizinball. Auf ein Zeichen versuchen die Kinder sich auf den Medizinball zu legen und solange unter sich zu behalten, bis die 1 Minute Kampfzeit vorbei ist. Der Andere versucht durch Schieben und Drücken des Medizinballs, diesen unter dem Körper des anderen Kindes herauszuholen.

Der Körper im Gleichgewicht

Empfohlene Klassenstufe (RRL)	1.-4. Klasse
Fach	Sport
Angesprochene Inhaltsbereiche (RRL)	- Den Körper wahrnehmen und Bewegungsfähigkeiten ausprägen - Das Spielen entdecken und Spielräume nutzen - Bewegen an Geräten - Turnen
Aufgabenschwerpunkte (RRL)	- den Körper im Gleichgewicht halten - Körperspannung und Kraft in ihrer Bedeutung - für das Gelingen turnerischer Anforderungen erleben und aufbauen - Kunststücke erfinden und bewältigen, sich etwas trauen
Methodenschwerpunkte	Kommunikation, Lerntypen (körperlich-bewegungsbezogen, logisch-mathematisch, visuell-räumlich), Kooperation, Arbeitsplan, Lernen über und in Bewegung
Materialien	Alle Materialien, die sich in einer Turnhalle befinden, evtl. Bretter, Leitern, leere Wasserkisten, ...
Sozialform	E + G
Quelle (Ursprung der Aufgabe)	Miedzinski/Fischer (2006)

Ursprungsaufgabe

„Wenn Kinder das Gleichgewicht aufgeben, um es zugleich zu erhalten, so reizt daran auch die Dialektik des Spiels. (…) Verliert das Spiel mit dem Gleichgewicht an Spannung, weil kein Verlust mehr droht, so sind schnell neue Situationen gefunden oder erschwerende Regeln erfunden, um den Reiz des Spiels wieder herzustellen, sowohl alleine als auch in Gemeinschaft mit anderen"(Miedzinski/Fischer 2006, 90 f).

Aufgabe und Differenzierungen	Mögliche Beobachtungen im Lernprozess
Bauen, entwickeln und erproben von Balanciermöglichkeiten: • In der Halle (oder auch draußen) liegen einzelne Materialien (z. B. kleine Kästen (oder leere Getränkekisten, Ziegelsteine), Langbänke und Schwebebalken (oder Leitern, Bretter). Die Kinder erhalten die Aufgabe, aus diesen Materialien Balanciermöglichkeiten mit für sie unterschiedlichen Schwierigkeitsgraden zu bauen und diese auszuprobieren (in der Halle können Klettergerüste und Sprossenwände und draußen schiefe Ebenen, Treppen, Bäume, ...mit genutzt werden). • Die Kinder wählen Materialien aus, die sie zum Bauen unterschiedlicher Balanciermöglichkeiten benötigen und bauen allein oder in frei gebildeten Gruppen Balanciermöglichkeiten. Der Pädagoge baut eine eigene Idee auf, die die Kinder ausprobieren können. • Die Kinder bilden Kleingruppen. Sie überlegen sich gemeinsam in den Gruppen, welche Balanciermög-	• Das Kind baut folgende Balanciermöglichkeit ... mit folgenden Materialien ... auf. • Das Kind teilt folgende Schwierigkeitsgrade ... den einzelnen Aufbauten zu. • Das Kind malt seine Ideen auf. • Das Kind benennt folgende Materialien ..., die sich zum Aufbau von Balanciermöglichkeiten eignen. • Das Kind beteiligt sich aktiv, durch ... (z. B. Äußerungen eigener

lichkeiten sie aus vorhandenen Materialien bauen können. Ihre Ideen zeichnen oder schreiben sie auf. Sie erklären dem Pädagogen, was sie geplant haben und wie sie den Aufbau geplant haben. Der Bauplan wird an die Wand gehängt und die Kinder bauen in den jeweiligen Kleingruppen ihre Ideen auf.

- Die Kinder überlegen und entscheiden gemeinsam eine mögliche Ideenkombination aus allen verschiedenen Aufbauten, in der alle vorhandenen Materialien enthalten sind. Die Kinder organisieren (ggf. mit Hilfe des Pädagogen) die Planung und den Aufbau und setzen dies um. Anschließend erproben sie ihre gemeinsam konstruierten Balanciermöglichkeiten.

Erproben und Schaffen von Balancierherausforderungen:

- Die Kinder bauen verschiedene Balanciermöglichkeiten und probieren verschiedene Bewegungsmöglichkeiten aus, in dem sie verschiedene Körperhaltungen einnehmen (z.B. unterschiedliche Bewegungsrichtungen, Hopserlauf, hüpfend (monopedal, bipedal), kriechend, auf Zehenspitzen, auf Fersen, ...). Die Kinder tauschen anschließend untereinander ihre Ideen aus.
- Die Kinder tragen ihre Ideen, welche Körperhaltungen und Fortbewegungsmöglichkeiten beim Balancieren eingenommen werden können, zusammen. Weiterhin können sie in einer Kleingruppe überlegen, welche Hinweise zur Bewältigung der Aufgabe hilfreich sein können und schreiben diese auf. Die gesammelten Ideen werden von den Kindern auf einzelne Karteikarten geschrieben/ gemalt oder fotografiert und in einer Box gesammelt.
- Die Kinder haben Karteikarten mit Informationen zu unterschiedlichen Bewegungs- und Balanciermöglichkeiten erstellt. Die Kinder ziehen nacheinander eine Karte und entscheiden dann selbst, über welche Balanciermöglichkeiten (Schwierigkeitsgrad) sie in der auf der Karteikarte dargestellten Form balancieren möchten.
- Jedes Kind schaut sich die Karteikarten mit den unterschiedlichen Fortbewegungsmöglichkeiten und möglichen Körperhaltungen an und sucht eine aus, die es noch nicht kann und noch lernen möchte. An der Wand hängt ein Namensschild eines jeden Kindes. Die Karteikarte mit der Herausforderung wird unter das Namensschild gehängt.
- Ein Kind hat für sich selbst eine Herausforderung hinsichtlich Körperhaltung und Balancierschwierigkeit beim Balancieren ausgewählt. Das Kind sucht sich ein Kind aus, welches die ausgewählte Bewegung bereits erfolgreich ausgeführt hat. Dieses Kind hat die Aufgabe, dem anderen Kind bei seinem Vorhaben zu unterstützen und zu begleiten (in Form von Hilfen und

Ideen, Bewertungen von Ideen anderer Kinder, ...) an der Planung einzelner Balancierstationen.
- Das Kind äußert sich über Gesten (z.B. Nicken, Kopfschütteln, Achselzucken, ...) zu den Bauideen in der Form ...
- Das Kind balanciert wie folgt ... (z.B. zeigt Mitbewegungen (mimisch), zeigt Ausgleichsbewegungen (z.B. im Hüft-, Schulter-Nacken Bereich und/oder mit den Armen ...) über Balanciermöglichkeit ...
- Das Kind führt folgende Bewegungsmöglichkeiten ... auf folgenden Balanciermöglichkeiten ... aus.
- Das Kind äußert, dass folgende Bewegungsmöglichkeiten schwer durchzuführen sind ...
- Das Kind wählt folgende Aufgabe bei ... Balanciermöglichkeit ... aus.
- Das Kind fragt nach folgenden Hilfen ... für ein Ausführen und Bewältigen einer Balanciermöglichkeit.

Hinweisen). • Jedes Kind hat sich eine Herausforderung ausge- sucht, in der es einen bestimmten Schwierigkeitsgrad einer Balanciermöglichkeit ausprobieren möchte. Es wählt drei Kinder aus, die als Helfer dem Kind zur Verfügung stehen. • Drei Kinder suchen sich gemeinsam aus den selbst erstellten Karteikarten zwei Bewegungsmöglichkeiten heraus, die sie gemeinsam als Team bewältigen.	
• Die Kinder fassen nach der Stunde wesentliche per- sönliche Eindrücke schriftlich zusammen und sortie- ren diese nach bestimmten Kriterien (z.B. Schwere- grad, Freude, Material). Vor- und Nachteile sowie der Grad der Anstrengung werden argumentativ begrün- det. • Die Bedeutung des Gleichgewichts sowie die Abhän- gigkeit des Gleichgewichts von verschiedenen Fakto- ren wird in einem Gespräch kritisch diskutiert.	

Mirko balanciert sein Gleichgewicht aus

Abheben und Schwingen	
Empfohlene Klassenstufe (RRL)	1.-4. Klasse
Fach	Sport
Angesprochene Inhaltsbereiche (RRL)	- Das Spielen entdecken und Spielräume nutzen - Bewegen an Geräten – Turnen - Laufen, Springen, Werfen – Leichtathletik
Aufgabenschwerpunkte (RRL)	- Spiel- und Bewegungsräume selbsttätig erschließen - Beim Springen etwas wagen und eigene Leistungsmöglichkeiten einschätzen - Den Körper im Fliegen und Drehen erleben - Körperspannung und Kraft in ihrer Bedeutung für das Gelingen turnerischer Anforderungen erleben und aufbauen - Vielfältige Sprungformen entdecken
Methodenschwerpunkte	Kommunikation, Kooperation, Reflexion, multisensorisch (auditiv, visuell); Lerntypen (logisch-mathematisch, visuell-räumlich, körperlich-bewegungsbezogen), Lernen in Bewegung
Materialien	Kletter- bzw. Schwungseil, Teppichfliesen, Langbank, Springseile, Karteikarten mit abgebildeten geometrischen Formen
Sozialform	E + G
Quelle (Ursprung der Aufgabe)	

Ursprungsaufgabe
Bei Strategiespielen geht es darum, dass die Kinder für einen gesamten Spielverlauf vor Spielbeginn ein grobes Vorgehen planen, wobei mehrere Sachverhalte im Voraus bedacht werden müssen, um zu einem gemeinsamen Erfolg zu kommen.

Aufgabe und Differenzierungen	Mögliche Beobachtungen im Lernprozess
In einer frei wählbaren Entfernung zu ausgezogenen Schwungseilen wird eine Langbank gestellt. Hinter die Langbank und hinter dem Schwungseil wird eine frei wählbare Anzahl an Teppichfliesen gelegt. In das Schwungseil können am Ende und im unteren Drittel Knoten gemacht werden, welche Kinder als Sitz- oder Standfläche und als Greifhilfe nutzen können. 	• Das Kind springt mit beiden Füßen gleichzeitig vom Boden ab. • Das Kind springt aus dem Lauf ab. • Das Kind landet mit beiden Füßen gleichzeitig/ versetzt/ Schrittstellung, ... • Das Kind springt in folgender Form ... vom Boden ab. • Der Absprung des Kindes kann wie folgt beschrieben wer-

Die Kinder erproben eigenaktiv verschiedene Sprungtechniken:
• Die Kinder stellen sich vor ein Springseil, welches in einem frei gewählten Abstand zu den ausgezogenen

Schwungseilen gelegt wird. Nacheinander versuchen die Kinder verschiedene Absprungtechniken aus (z. B. aus dem Lauf, aus dem Stand (Füße parallel/ Schrittstellung (rechter oder linker Fuß vorne)).

- Die Kinder benennen verschiedene Absprungtechniken, die auf einem Plakat zusammengefasst werden. Die Kinder probieren alle überlegten Absprungtechniken aus.
- In einem bestimmten Abstand zu den ausgezogenen Schwungseilen liegt ein Seil (Startpunkt). In einer frei wählbaren Entfernung hinter dem Startpunkt liegen drei Teppichfliesen hintereinander.
  - Die Kinder versuchen so abzuspringen, dass sie auf direktem Wege auf der ersten, der zweiten oder der dritten Teppichfliese landen. Es werden verschiedene Absprungtechniken erprobt und anschließend hinsichtlich ihrer individuellen Eignung für einzelne Entfernungen reflektiert.
  - Die Kinder versuchen so abzuspringen, dass sie mit dem linken und dem rechten Fuß jeweils auf einer anderen Teppichfliese landen.
  - Die Kinder versuchen in der Luft eine ½ , ¾, ¼, … Drehung zu machen und bei der Landung dementsprechend zu stehen.
  - Die Kinder versuchen in verschiedenen Körperhaltungen abzuspringen und in den entsprechenden Körperhaltungen zu landen.
  - Die Teppichfliesen werden nummeriert (1, 2 und 3) oder es werden drei Teppichfliesen mit unterschiedlichen Farben hintereinander gelegt. Die Kinder bekommen eine Zahl/ Farbe genannt. Die Kinder versuchen auf der entsprechenden Teppichfliese zu landen.
  - Den Farben der einzelnen Teppichfliesen werden bestimmten Absprungtechniken zugeordnet. Die Kinder legen die Teppichfliesen so weit von dem Absprungseil entfernt, dass sie glauben, noch mit der Absprungtechnik die Teppichfliese erreichen zu können.
  - Den einzelnen Teppichfliesen werden Zahlen zugeordnet (z. B. 8, 5 und 9). Die Kinder bekommen eine Rechenaufgabe gestellt (z. B. 3+2). Das Kind springt auf die Teppichfliese mit der entsprechenden Lösung der Rechenaufgabe in einer vorher benannten Absprungtechnik.
- Die Kinder erfinden neue Sprungtechniken und Aufgaben.
- Drei nebeneinander liegende Teppichfliesen entsprechen den drei Primärfarben/Grundfarben. Die Kinder bekommen eine Farbe genannt, die sich aus der Mischung der Farben der Teppichfliesen ergibt (z. B. blau, schwarz, grün, …). Drei Kinder bilden eine Gruppe, wobei die Kinder sich zunächst besprechen, welche Farben miteinander gemischt wurden und dann auf die entsprechenden Farben springen. Die anderen Kinder kontrollieren und

den … (z.B. dynamisch, verzögert, flach, zieht Knie an die Brust, zieht Fersen an den Po, …).
- Das Kind schwingt mit folgender Absprungtechnik … Meter weit …
- Das Kind nennt folgende Absprungmöglichkeiten …
- Das Kind probiert folgende Absprungtechniken … aus.
- Das Kind benennt folgende Körperhaltungen …
- Das Kind springt/ landet in folgenden Körperhaltungen.
- Das Kind ändert seine Körperposition im Flug um … °.
- Das Kind springt zielgerichtet auf eine vorher benannte Teppichfliese.
- Das Kind landet … von … Mal auf einer vorher benannten Teppichfliese.
- Das Kind bewertet wie folgt … die Absprungtechnik.
- Das Kind landet auf einer … Meter entfernt liegenden Teppichfliese und bleibt

können gegebenenfalls die Lösung korrigieren, in dem sie das Kind benennen, welches eine Teppichfliese verlassen soll und ein Kind aus der anderen Gruppe auf diese Farbe springt.

- Die Kinder werden mit verschiedenen Farbmodellen vertraut gemacht und versuchen entsprechend der Farbmodelle die Aufgaben zu lösen. Das Kennenlernen der Farbmodelle kann auch eigenaktiv erfolgen, in dem die Kinder im Internet recherchieren und herausfinden, wie viele verschiedene Farbmodelle es gibt und wo diese angewendet werden.

Die Kinder setzen verschiedene Schwungtechniken für eine Aufgabenstellung ein:

- Die Kinder benennen verschiedene geometrische Formen. Diese werden gesammelt und auf Karteikarten gemalt:
  - Die Kinder gehen in Kleingruppen zusammen und überlegen gemeinsam, was die einzelnen geometrischen Formen kennzeichnet (z. B. Dreieck = drei Linien, drei Ecken, Linien können unterschiedlich lang sein, ...) und markieren die Besonderheiten auf Karteikarten (z. B. farblich). Anschließend legen sie markante Punkte einer geometrischen Form mit Teppichfliesen nach (z. B. drei Teppichfliesen als Eckpunkte eines Dreiecks).
  - Die Kinder versuchen von einem Startpunkt (Langbank oder Seil) jeweils in einem Schwung eine geometrische Form abzuspringen, in dem sie von Teppichfliese zu Teppichfliese springen.
  - Die Kinder gehen in Kleingruppen zusammen. Eine Gruppe überlegt sich eine geometrische Form und versucht diese anschließend, ohne sie vorher zu nennen, mit möglichst wenig Bodenkontakt (ohne Teppichfliesen) nach zu schwingen. Die andere Gruppe versucht zu erkennen, welche geometrische Form dargestellt wurde.

Strategieaufgabe:

- Eine Langbank wird in einer selbst gewählten Entfernung zu einem Schwungseil gestellt. Hinter der Langbank und hinter dem Schwungseil liegt eine selbst gewählte Anzahl an Teppichfliesen in Form einer Pyramide. Die Kinder gehen in Kleingruppen zusammen:
  - Die Anzahl der Kinder sollte nicht mehr als die Hälfte der Anzahl der Teppichfliesen sein. Die Kinder einer Gruppe versuchen nacheinander auf die Teppichfliesen zu springen, wobei jede Teppichfliese nur von einem Kind besetzt wird und der Boden im Flug möglichst nicht (max. einmal) berührt wird.
  - Die Anzahl der Kinder sollte ungefähr die Hälfte der Anzahl der Teppichfliesen sein. In der Gruppe wird jedem Kind eine Teppichfliese zugeordnet, sowie eine

auf dieser nach der Landung stehen.

- Das Kind benennt folgende Farben ...
- Das Kind benennt folgende Farben ... als Primärfarben.
- Das Kind benennt folgende Farben ..., die in ihrer Mischung zu Farbe ... führen.
- Das Kind benennt folgende geometrische Formen ...
- Das Kind benennt folgende Merkmale ... der geometrischen Form ...
- Das Kind beteiligt sich wie folgt ... an der Gruppenarbeit.
- Das Kind benennt eigene Absprung- und Landewünsche.
- Das Kind wünscht sich auf folgende Teppichfliese einer Pyramide zu springen.
- Das Kind äußert folgende Faktoren ..., die für die Lösung der Aufgabe in der Gruppe ihm bedeutend erscheinen.
- Das Kind beteiligt sich an der Reflexion, in dem ...
- Das Kind berich-

Absprungtechnik (und Landeposition). Nacheinander versuchen die Kinder in abgesprochener Form auf die Teppichfliesen zu springen.
- In einer Gruppe befindet sich die gleiche Anzahl an Kindern wie Teppichfliesen. Die Gruppe überlegt sich eine Strategie dahingehend, wer in welcher Form springt und auf welcher Teppichfliese er landen und stehen soll. Der Boden darf nicht berührt werden. Die Aufgabe war erfolgreich, wenn ALLE Kinder entsprechend der Zuordnung in der Gruppe ihr „Ziel" erreicht haben.

- Die Kinder diskutieren die verschiedenen Sprung- und Landetechniken und reflektieren diese hinsichtlich ihrer Effektivität. Für welche Aufgabe ist welche Sprung-/ Landetechnik am besten geeignet?

tet über seine Erfahrungen mit … Absprungtechniken.

Ricarda & Alexander schwingen durch den Raum

Alexander erfährt sein Gleichgewicht schaukelnd

Den und mit dem Körper sich drehen und rollen

Empfohlene Klassenstufe (RRL)	1.-4. Klasse
Fach	Sport
Angesprochene Inhaltsbereiche (RRL)	- Den Körper wahrnehmen und Bewegungsfä-higkeiten ausprägen - Bewegen an Geräten - Turnen
Aufgabenschwerpunkte (RRL)	- den Körper im Drehen und Rollen erleben - den Körper im Gleichgewicht halten - Körperspannung und Kraft erleben - sich des eigenen Körper bewusst werden
Methodenschwerpunkte	Lernen in Bewegung, Lerntypen (visuell-räumlich, körperlich-bewegungsbezogen, lo-gisch-mathematisch), Kooperation, Reflexion
Materialien	Langbank, Drehscheibe, Weichbodenmatte, Rollbretter, Teppichfliesen, Seile
Sozialform	E + G
Quelle (Ursprung der Aufgabe)	Miedzinski/Fischer (2006)

Ursprungsaufgabe

„Das Erlebnis der Geschwindigkeit steigert sich mit dem Gebrauch verschiedener Rollgeräte beginnend mit dem Dreirad, dem Roller bzw. dem Fahrrad. Mit diesen Gerätschaften werden schon bald nach der Beherrschung des einfachen Gera-deausfahrens Variationen der Geschwindigkeit, des kurvigen Fahrens, Fahren auf abschüssigen Strecke oder gar welliger Bahn experimentiert. Erfahrungen über Gleichgewicht, Flieh- und Zugkräfte werden durch diese Experimente quasi ganz nebenbei Bestandteile eines „Körperwissens", das sogleich Erfahrungswissen" be-deutet." (Miedzinski/Fischer 2006, 60).

Aufgabe und Differenzierungen	Mögliche Beobach-tungen im Lernpro-zess

Den eigenen Körper rollen und drehen:
• Die Kinder probieren in der Halle (oder draußen) aus, wie sie sich drehen und ihren Körper rollen können. Die Ideen werden anschließend untereinander ausgetauscht und mittels Strichmännchen auf eine Tafel gemalt. Pfeile demonstrieren Dreh- und Rollrichtungen.
• Die Kinder probieren verschiedene Dreh- und Rollrich-tungen mit dem eigenen Körper auf verschiedenen schiefen Ebenen aus (z.B. zwei Langbänke werden in die Sprossenwand eingehängt und darauf eine oder zwei Weichbodenmatten gelegt, die mit Seilen an der Sprossenwand befestigt werden). Die Dreh- und Roll-richtungen werden sowohl von unten nach oben (einen Berg hinauf rollen) als auch von oben nach unten (einen Berg hinab rollen) ausgeführt.
• In einer Kleingruppe tauschen die Kinder ihre Erfahrun-gen aus, können verschiedene Fragen stellen und sich gegenseitig Tipps geben:
  - Was war (un-)angenehm?
  - Welche Muskeln, Gelenke, … habe ich wann ge-spürt?
	• Das Kind probiert folgende Roll- und Drehbewegungen … aus.
	• Das Kind führt die Roll- bzw. Dreh-bewegung … wie folgt aus …
	• Das Kind be-schreibt den Ablauf der Bewegung … wie folgt …
	• Das Kind führt fol-gende Bewegun-gen … auf ver-schiedenen Ebe-nen gegen und/oder zur Schwer-kraft aus.
	• Das Kind beteiligt

- Was konnte ich (weniger) gut?
- Was kann ich tun, damit mir ... besser gelingt?

• Die Kinder beschreiben, wie sie die einzelnen Bewegungen mit ihrem Körper ausführen (Reihenfolge der Bewegungen: z.B. Rolle vorwärts: beide Hände auf den Boden. Arme angewinkelt, Kinn auf die Brust, mit den Beinen abstoßen, der Kopf bleibt in der Luft, in der Luft werden die Knie angewinkelt und Richtung Brust gezogen, ...). Die anderen Kinder schauen zu und ergänzen die Beschreibungen.

• Die Bewegungen können von den Kindern gefilmt und anschließend gemeinsam reflektiert werden. Der Vorteil von Videoaufnahmen besteht darin, dass ein Kind seine Bewegungen selbst sieht und somit besser wahrnehmen kann.

• Drei Kinder gehen zusammen. Ein Kind wird von den beiden anderen Kindern über unterschiedlich steile und schiefe Ebenen gerollt.
  - Die Kinder tauschen sich aus, wie es ist, von jemandem gerollt zu werden.
  - Das zu rollende Kind gibt vor, wie es gern gerollt werden möchte (Grifftechnik, Schnelligkeit, ...).

• Zwei Kinder gehen zusammen. Sie erhalten ein Seil und eine Teppichfliese (oder Rollbrett). Ein Kind legt sich auf die Teppichfliese (oder das Rollbrett) und wird von dem anderen Kind in der Halle in unterschiedlichen Tempi (das Tempo bestimmt das gezogene Kind, durch vorher vereinbarte Signale: z.B. schneller, Stopp, langsamer) im Kreis gedreht. Es werden verschiedene Körperpositionen auf der Teppichfliese (oder dem Rollbrett) eingenommen und erprobt (z. B. stehend, auf Knien, sitzend, bäuchlings, auf dem Rücken, seitlich, rückwärts).

• Der Pädagoge dreht ein Kind, welches auf einem Rollbrett liegt im Kreis. Das Kind liegt bäuchlings auf dem Rollbrett und hält das Rollbrett jeweils mit einer Hand an den beiden Seiten des Rollbrettes fest. Der Pädagoge dreht das Kind so schnell, dass es mit dem Rollbrett abhebt und ohne Bodenkontakt mit seinem Rollbrett durch die Luft „fliegt".
  - Hier kann ein Bezug zum Sachunterricht geschaffen werden, in dem gemeinsam überlegt wird, wann und warum das Kind „fliegt".
  - Die Kinder erproben mit einem leeren Rollbrett, welches sie an einem Seil festhalten, wann das Rollbrett „fliegt". Welche Bedingungen bzw. Voraussetzungen müssen erfüllt sein?

• Zwei Kinder gehen zusammen. Sie erhalten ein Rollbrett und ein Seil. An die schmale Hallenseite werden Weichbodenmatten gestellt. Die Kinder drehen sich gegenseitig in verschiedenen Positionen (und/oder mit geöffneten oder geschlossenen Augen) nahe der Mat-

sich wie folgt ... an der Beschreibung von Bewegungsabläufen (z. B. schaut zu, erzählt mit einem Nachbarn, ergänzt Ablaufschritt, benennt Körperteile, nickt, schüttelt den Kopf, ...).

• Das Kind zeigt folgende Reaktionen ... als es im Kreis gedreht wird (z. B. Körperspannung steif, Mimik (aufgerissene Augen / Mund), gibt Laute von sich (Juchzen, stöhnen, ...)).

• Das Kind fordert folgende Geschwindigkeiten ... (schneller, langsamer, Drehstopp,...) ein.

• Die Drehgeschwindigkeit unterscheidet sich bei den einzelnen eingenommenen Körperpositionen wie folgt ...

• Das Kind äußert folgende Empfindungen ..., nachdem es in Körperposition ... im Kreis gedreht wurde.

• Das Kind benennt folgende Empfindungen ... beim Neigen des Oberkörpers nach vorne/ nach hinten auf einer sich drehenden Bank.

• Das Kind beteiligt sich an der Reflexion wie folgt ...

ten im Kreis. Bei einer selbst gewählten Geschwindigkeit lassen die Kinder das drehende Kind los, so dass es mit unterschiedlicher Geschwindigkeit gegen die Weichbodenmatte fährt.

Erleben und Auseinandersetzung mit Fliehkräften:

- Eine Langbank wird auf eine Drehscheibe gelegt. Eine verschiedene Anzahl von Kindern kann sich auf die Langbank setzen, sie stoßen sich mit den Beinen vom Boden ab und beginnen so, sich im Kreis zu drehen. Was können sie im und am Körper spüren? Es können verschiedene Gegenstände auf die Langbank gelegt werden und dann die Langbank in unterschiedlicher Geschwindigkeit gedreht werden. Was passiert mit den Gegenständen auf der Langbank? Verhalten sich die Gegenstände zu jedem Zeitpunkt gleich oder gibt es Unterschiede?
- Eine Langbank wird auf eine Drehscheibe gelegt. Jeweils zwei Kinder setzen sich ans Ende der Langbank. Die Kinder werden angeschubst bis sie sich drehen. Auf ein Signal hin beugen die Kinder ihre Oberkörper nach vorne. Auf ein erneutes Signal beugen sie ihre Oberkörper nach hinten. Was passiert, wenn der Oberkörper nach vorne und was, wenn der Oberkörper nach hinten geneigt wird?
- Eine Langbank wird auf eine Drehscheibe gelegt. Jeweils 4 Kinder sitzen auf einer Seite der Langbank. Auf ein Signal rutschen sie gemeinsam zur Mitte, bis die Kinder ganz nah hintereinander nahe der Mitte sitzen. Auf ein Zeichen rutschen sie wieder zurück. Dies wird in unterschiedlichen Tempi ausgeführt. Was geschieht mit dem Körper und der Drehgeschwindigkeit, wenn die Kinder nach vorne rutschen und was, wenn sie nach hinten rutschen?

- Die Kinder reflektieren verschiedene Erfahrungen mit Drehen und Rollen und setzen diese in Bezug zu ihrem Wissen und Können.
- Die Kinder überlegen, was sie dazu beigetragen haben, dass sie die entsprechenden Aufgaben (weniger) gut bewältigt haben.
- Welche Einflussfaktoren und Bedingungen gibt es, die die Art des Rollens und Drehens mit bestimmen?

- Das Kind benennt folgende Unterschiede/ Gemeinsamkeiten von Dreh-/ Rollerfahrungen …
- Das Kind bringt Vermutungen ein, wovon die Bewältigung einer Aufgabe abhängig ist …
- Das Kind nennt folgende Einflüsse, die auf die Handlungssituation einwirken …
- Das Kind äußert folgende Wünsche … in Bezug auf …
- Das Kind äußert folgende Gefühle …

Christopher & Mirko erfahren ihren Körper auf Rollen

Erproben von Wurftechniken	
Empfohlene Klassenstufe (RRL)	1.-4. Klasse
Fach	Sport
Angesprochene Inhaltsbereiche (RRL)	- Laufen, Springen, Werfen - Leichtathletik
Aufgabenschwerpunkte (RRL)	- Verschiedene Wurfobjekte nutzen, Wurfabsichten entwickeln und verfolgen sowie sich unterschiedlichen Wurfanforderungen stellen - Vielfältige Wurfarten entdecken, ausprägen und anwenden
Methodenschwerpunkte	multisensorisch (auditiv, visuell), Reflexion, Lernen in und über Bewegung, Lerntypen (körperlich-bewegungsbezogen, visuell-räumlich, logisch-mathematisch), Kommunikation
Materialien	Unterschiedliche Bälle, Bildkarten, bei Bedarf Klein- und Großmaterialien, Fotoapparat
Sozialform	E + G
Quelle (Ursprung der Aufgabe)	

Ursprungsaufgabe:
Verschiedene Wurftechniken werden mittels Bällen unterschiedlicher Größe und Formen frei sowie in konkreten Situationen erprobt und reflektiert.

Aufgabe und Differenzierungen	Mögliche Beobachtungen des Lernprozesses
Die Kinder erproben eigenständig verschiedene Wurftechniken mit Bällen unterschiedlicher Größe und Formen: • Die Kinder wählen verschiedene Bälle aus und verteilen sie in der Halle. Jedes Kind hat die Möglichkeit, die verschiedenen Bälle (z. B. Softbälle, Physiobälle, Igelbälle, Tennisbälle, Tischtennisbälle, ...) auszuprobieren und sich mit diesen hinsichtlich Material, Qualitäten, ... auseinanderzusetzen. • Jedes Kind nimmt sich einen Ball. Die Kinder versuchen, ihren Ball auf unterschiedliche Weise möglichst hoch in die Luft zu werfen (z. B. der Ball wird in beiden Händen gehalten und die Arme gestreckt von unten nach oben geführt; der Ball wird in Brusthöhe (oder Kopfhöhe) in beiden Händen gehalten, die Handflächen zeigen dabei nach oben (die Hände können dabei auch um 180° gedreht werden (Volleyball) und bilden eine Kuhle wobei die Fingerspitzen sich berühren, in die der Ball gelegt wird, der Ball wird nun durch ruckartiges nach oben stoßen der Hände, in die Höhe gestoßen, ...). • Die Kinder sammeln Ideen, wie ein Ball hoch in die Luft geworfen werden kann. Die Kinder demonstrieren ihre Ideen und werden bei ihren Wurfbewegungen fotografiert. Die Kinder probieren die Wurfideen der anderen Kinder aus. Die Fotografien können als Vorlage und zur Erinnerung genutzt werden. • Den Kindern werden Bilder oder Fotografien von ver-	• Das Kind probiert folgende Wurftechniken ... mit dem Ball ... aus. • Die Bewegung des Kindes kann bei Wurftechnik ... wie folgt beschrieben werden ... • Das Kind imitiert folgende Wurftechniken ... • Das Kind benennt folgende Wurftechniken ... für das Werfen eines Balles in die Höhe/ Weite als besonders gut/ weniger gut geeignet. • Das Kind benennt folgende Gründe ... für die subjektive Empfehlung der Wurftechnik ...

schiedenen Wurftechniken gezeigt, mit denen der Ball hoch in die Luft geworfen werden kann. Die Kinder wenden diese Techniken an, versuchen jedoch diesmal den Ball möglichst weit zu werfen.

- Die Kinder überlegen und erproben weitere Ideen, welche Möglichkeiten es gibt, den Ball möglichst hoch und weit zu werfen (Werfen mit Ausfallschritt oder Füße parallel nebeneinander, Arm wird seitlich von hinten nach vorne geschleudert, Ball wird in beiden oder einer Hand gehalten, die Haltung des Oberkörpers verändert sich oder bleibt stabil, ...).

- Die Kinder gehen in Kleingruppen zusammen und finden Argumente pro und contra verschiedene Wurftechniken hinsichtlich der Aufgabe, einen Ball möglichst hoch/weit zu werfen. Zeichnungen/Fotografien von Wurftechniken können zur Einschätzung in eine entsprechende Reihenfolge (von „besonders empfehlenswert" bis „wenig empfehlenswert") gelegt werden.

- Die Kinder erhalten verschiedene Ballarten (Größe, Gewicht und Formen). Nacheinander werden die Bälle hinsichtlich verschiedener Wurftechniken erprobt und bewertet (z. B. Handpassung, Wurfabsicht).

- Die Kinder finden Kategorien der Bewertung bzw. Einschätzung von Bällen in Bezug auf die Aufgabenstellung. Die zusammengefassten Ergebnisse werden der Gesamtgruppe vorgestellt und diskutiert.

Die Kinder werfen mittels verschiedener Wurftechniken auf ein Ziel:

- Jedes Kind erhält eine bestimmte Anzahl an verschiedenen Bällen. Die Kinder bilden einen Kreis. In der Mitte des Kreises steht ein kleiner Kasten/ Gymnastikreifen/ kleine Matte.

- Die Kinder versuchen ihre Bälle nacheinander so zu werfen, dass diese auf bzw. in dem in der Mitte stehenden Kasten landen. Die Entfernung zum Kasten sowie die Wurftechniken werden pro Wurf variiert.

- Jedes Kind erhält drei verschiedene Bälle und sucht sich eine aus seiner Sicht günstige Wurfposition aus. In der Halle sind ungleich viele kleine Matten, kleine Kästen sowie große Kästen, auf denen kleine Kästen umgedreht liegen, verteilt. Jedes Kind wählt entsprechend der Anzahl der Bälle, Gegenstände aus, die es abtreffen möchte. Die Entfernung zu einem Gegenstand sowie der Ball, mit dem geworfen wird, kann von jedem Kind selbst ausgewählt werden.

- In einer Reflexion tragen die Kinder ihre Erfahrungen mit Bällen zusammen und reflektieren den Einsatz verschiedener Wurftechniken und Ballqualitäten.

- Das Kind macht folgende gesehene Wurftechnik ... korrekt nach.
- Das Kind nennt folgende Gründe ..., warum sich Ball ... in der benannten Wurftechnik ... besonders gut werfen lässt.
- Das Kind benennt folgende Gründe ..., warum ihm die Wurftechnik ... nicht zusagt.
- Das Kind wirft mittels folgender Wurftechniken ... auf das Ziel ..., welches in ... Meter Entfernung steht.
- Das Kind äußert folgende Begründungen ... für die Wahl der angewendeten Wurftechnik ..., um auf folgendes Ziel ... zu werfen.
- Das Kind berichtet von folgenden Erfahrungen ...
- Das Kind äußert sich wie folgt zu ...

Experimentieren mit Flugeigenschaften von Kleinmaterialien

Empfohlene Klassenstufe (RRL)	1.-4. Klasse
Fach	Sport
Angesprochene Inhaltsbereiche (RRL)	- Den Körper wahrnehmen und Bewegungsfähigkeiten ausprägen - Laufen, Springen, Werfen - Leichtathletik
Aufgabenschwerpunkte (RRL)	- Die Sinne üben und die Bedeutung der Wahrnehmungsfähigkeit für den Bewegungsvollzug erfahren - Verschiedene Wurfobjekte nutzen
Methodenschwerpunkte	Kommunikation, Kooperation, Lernen in und über Bewegung, multisensorisch (auditiv, visuell), Lerntypen (körperlich-bewegungsbezogen, logisch-mathematisch), Reflexion
Materialien	Unterschiedliche Kleinmaterialien, Luftballons, Bälle, Säcke, Papier, Stifte, Kleingeräte, Wasser
Sozialform	E + G
Quelle (Ursprung der Aufgabe)	

Ursprungsaufgabe:
Kleinmaterialien mit unterschiedlichen Materialbeschaffenheiten, Größen und Formen werden hinsichtlich ihrer Qualitäten, Flugeigenschaften sowie verschiedener Wurftechniken erprobt und reflektiert.

Aufgabe und Differenzierungen	Mögliche Beobachtungen im Lernprozess
<u>Die Kinder erproben Flugeigenschaften (Weite, Flugbahn, Fluggeschwindigkeit) von verschiedenen Kleinmaterialien</u> • Die Kinder experimentieren mit verschiedenen in der Halle liegende Kleinmaterialien (z.B. befühlen, werfen, rollen, dribbeln, schießen, …). • Die Kinder versuchen die Materialien besonders weit/ hoch fliegen zu lassen, lange in der Luft zu halten, weit zu rollen, hoch aufticken zu lassen, weit zu schießen/ stoßen, … • Die Kinder prüfen die Flugweite von verschiedenen Materialien, in dem sie versuchen mit zunehmender Entfernung zu einem Zielpunkt ein Material so nah wie möglich an diesen Zielpunkt zu werfen (zu rollen, zu schießen, zu stoßen, …).	• Das Kind erprobt folgende Materialien … folgendermaßen … • Das Kind benennt folgende Eigenschaften …, welche das Material … auszeich-

Paul erprobt Ballqualitäten

- Die Kinder probieren, welches Material am schnellsten/ langsamsten fliegen oder rollen kann.
- Die Kinder erproben und vergleichen die Flugbahn verschiedener Kleinmaterialien.
- In der Gruppe werden die Erfahrungen ausgetauscht und anschließend systematisch zusammengefasst und reflektiert.

Kleinmaterialien werden hinsichtlich ihrer Material- und Flugeigenschaften erprobt, überprüft und analysiert.

- In Kleingruppen werden jeweils zwei Kleinmaterialien näher betrachtet und befühlt. Die Kinder beschreiben, welche Informationen sie über das Fühlen und Sehen vom Material erhalten, z. B. Größe, Form, Gewicht, Farbe, Materialbeschaffenheit (Plastik, Gummi, …), Materialeigenschaften (rau, glatt, kalt, geriffelt, …), …
- Die Kinder vergleichen verschiedene Kleinmaterialien und sortieren diese nach ihren Materialeigenschaften und -beschaffenheiten.

- Die Kinder untersuchen die Flug- und Bewegungseigenschaften verschiedener Materialien, in dem sie die einzelnen Materialien nacheinander in die Luft werfen/ schießen oder am Boden rollen/ stoßen, … (z. B. hinsichtlich Flug-/Wurfbahn, (Flug-)Geschwindigkeit, …). Gibt es einen Zusammenhang zwischen Material und Form eines Gegenstandes und dessen Flug- oder Bewegungseigenschaften?

nen.
- Das Kind sagt, dass folgende Materialien … besonders weit (hoch) geworfen (gerollt, geschossen, gestoßen) werden können.
- Das Kind benennt folgende Unterschiede … hinsichtlich folgender Flugeigenschaften … bei den Materialien …
- Das Kind benennt folgende Materialbeschaffenheiten … von … Materialien.
- Das Kind unterscheidet Materialien … hinsichtlich …
- Das Kind benennt folgende Flugeigenschaften …, die folgende Materialien … kennzeichnen.

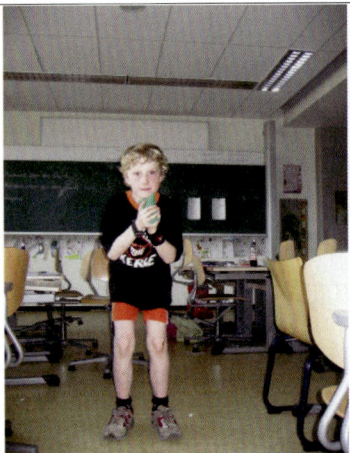

Paul fängt einen Sandsack auf

- Die Kinder gehen in Kleingruppen zusammen. Jede Gruppe erhält vier verschiedene Kleinmaterialien. Ein Kind versucht das Material zunächst möglichst hoch und anschließend möglichst weit zu werfen.
- Die anderen Kinder zeichnen während dessen auf einem Blatt Papier die Flugbahn des Materials nach.
- Ein Kind fotografiert das Material in der Bewegung.
- Jedes Material erhält eine andere Farbe, so dass anschließend die Flugbahnen auf dem Papier unterschieden und verglichen werden können.
- Die Zeichnungen werden mit den Fotos verglichen.

Die Kinder experimentieren mit Flugeigenschaften verschiedener Materialien und reflektieren diese:
- Jedes Kind erhält ein Kleinmaterial und versucht es möglichst weit zu werfen (zu rollen, zu schießen, …).
- Anschließend wird das Material in Wasser getaucht und erneut weit geworfen (gerollt, geschossen, …).
- Gibt es Unterschiede in der Flugbahn, Fluggeschwindigkeit oder Flughöhe?
- Welche Materialien verändern ihre Flugeigenschaften?
- Welche Flugeigenschaften eines Materials verändern sich und welche bleiben gleich?
- Was könnten mögliche Ursachen bzw. Gründe sein, dass sich die Flugeigenschaften bei einigen Materialien verändert und bei einigen nicht?

- Die Kinder erproben verschiedene Größen eines gleichen Materials aus. Welche Unterschiede gibt es hinsichtlich einzelner Flugeigenschaften?
- Die Kinder erproben gleiche Materialien (bzgl. Materialeigenschaften und -beschaffenheiten in unterschiedlichen Formen aus (z. B. als Dreieck, Viereck, Quader, …) und vergleichen

- Das Kind erklärt unterschiedliche Flugbahnen der Materialien … folgendermaßen …
- Das Kind benennt folgende Überlegungen … hinsichtlich eines Zusammenhanges von Materialbeschaffenheit … und Flugeigenschaft …
- Das Kind äußert folgende Überlegungen … hinsichtlich der Form … des Materials … und dessen Flugeigenschaft.
- Das Kind äußert folgende Überlegungen … hinsichtlich der Größe/ Gewicht des Materials … und dessen Flugeigenschaft …
- Das Kind nennt folgende Argumente …
- Das Kind bringt sich wie folgt in die Reflexion ein …

sie.

- Die Kinder übertragen benannte und erfahrene Flugeigenschaften auf Alltagsgegenstände (z. B. Schuhe, Socken, Bleistift, Blätter, …).

Nathalie & Florian lassen Bälle über schiefe Ebenen rollen

Regelspiele mal anders...	
Empfohlene Klassenstufe (RRL)	1.-4. Klasse
Fach	Sport
Angesprochene Inhaltsbereiche (RRL)	Das Spielen entdecken und Spielräume nutzen Spiele in und mit Regelstrukturen
Aufgabenschwerpunkte (RRL)	- Spielmöglichkeiten in ihrer Vielfalt entdecken und als freudvoll erleben - Spielideen entwickeln und das Spielen aufrecht erhalten - Gemeinsam Spielvereinbarungen treffen und unterschiedlichen Interessen gerecht werden - Spielideen vorgegebener Spiele und ihre grundlegende Spielstruktur erkennen und nachvollziehen - Nach vorgegebenen Regeln spielen können, Spielregeln einhalten und situationsgerecht verändern
Methodenschwerpunkte	Kommunikation, Kooperation, Reflexion, Arbeitsplan, Lernkartei
Materialien	Seile, Matten oder Bälle, Stifte, Plakat
Sozialform	E + G
Quelle (Ursprung der Aufgabe)	Reichenbach/Lücking (2007)

Ursprungsaufgabe
Bekannte Spiele werden in neue Spiele umgewandelt, in dem neue, eigene Spielvarianten und Ideen entwickelt und mit dem Ursprungsspiel verknüpft werden.

Aufgabe und Differenzierungen	Mögliche Beobachtungen im Lernprozess
Eine Kleingruppe von Kindern erhält jeweils ein Sportmaterial (z. B. Ball, Seil, Turnkasten, Matte, ...). Die Kinder schreiben alle ihnen bekannte Spiele, die mit dem Sportmaterial gespielt werden können, auf Karteikarten und legen die Karten in eine Box. • Die Kinder notieren zu allen Spielideen, die sie gesammelt haben, die entsprechenden Regeln, wie dieses Spiel gespielt wird (z.B. Anzahl an Spieler, Zeitdauer, Ziel des Spiels, Regeln des Spiels, ...). Die Regeln können auch mittels Zeichnungen/ Fotos dargestellt werden (z. B. Strichmännchen, Uhr, ...). • Die Kinder diskutieren gemeinsam, was ihnen an den gesammelten Spielen (weniger) gut gefällt. Die Bewertungen werden auf den Karteikarten mittels Symbole (z. B. 5 Sterne = super Spiel, 1 Stern = schlechtes Spiel) kenntlich gemacht. • Die Kinder gehen in Kleingruppen zusammen und erhalten pro Gruppe jeweils ein Sportgerät (Ball, Seil, Matte, ...). Die Kinder sammeln Spielideen, was mit diesem Material gespielt werden kann, schreiben diese auf eine Karteikarte und sammeln sie in einer Box.	• Das Kind nennt folgende ihm bekannte Spiele ..., welche mit dem Material ... gespielt werden können. • Das Kind benennt folgende Regeln ..., welche für das Spiel ... bedeutend sind. • Das Kind zeichnet folgende Symbole ... für folgende Regeln ... • Das Kind sagt, dass folgende Regeln ... des Spiels ... ungünstig sind und begründet dies folgendermaßen ...

- Jedes Kind nimmt sich das gleiche Material und probiert aus, was es mit diesem Material alles machen kann und schreibt (bzw. malt) jeweils seine Spielidee auf eine Karteikarte.	• Das Kind benennt folgende Verbesserungsvorschläge ... für das Spiel ...
- Jeweils zwei Kinder gehen zusammen und erproben gemeinsam, was sie mit einem Material spielen können und schreiben (bzw. malen) anschließend ihre Ideen auf Karteikarten.	• Das Kind führt folgende Dinge ... mit dem Material ... aus.
- Die Kinder gehen in Kleingruppen zusammen und überlegen, was sie gemeinsam mit einem Material spielen können. Die Gruppe entscheidet sich gemeinsam für eine Spielidee, die ihnen besonders gut gefällt und entwickelt zu dem Spiel entsprechende Regeln und ein Ziel. Anschließend wird das Spiel in der Kleingruppe durchgeführt und nach der Durchführung gemeinsam reflektiert (beispielhalte Reflexionsfragen: Was hat gut geklappt? Was noch nicht so gut? Fehlen noch Regeln? Wurde das Ziel des Spiels erreicht? ...).	• Das Kind tritt wie folgt ... in Kontakt mit einem anderen Kind bei der gemeinsamen Entwicklung einer Spielidee mit dem Material ... • Das Kind teilt seine Ideen wie folgt mit ... (z. B. verbal, handlungsorientiert)
- Die Kinder gehen in Kleingruppen zusammen und überlegen sich eine Spielidee mit einem Material. Sie überlegen sich verschiedene Varianten für die Durchführung der Spielidee, wobei die Spielidee erhalten bleibt (unterschiedliche Ziele und Durchführungsregeln). Die Ideen werden anschließend gemeinsam in der Gruppe durchgeführt und in der Gruppe reflektiert.	• Das Kind benennt folgende Spielideen ... • Das Kind beteiligt sich wie folgt ... an der Reflexion ...

Spinnennetz	
Empfohlene Klassenstufe (RRL)	1.-4. Klasse
Fach	Sport
Angesprochene Inhaltsbereiche (RRL)	- Das Spielen entdecken und Spielräume nutzen - Bewegen an Geräten – Turnen - Laufen, Springen, Werfen – Leichtathletik
Aufgabenschwerpunkte (RRL)	- Gemeinsam Spielvereinbarungen treffen - Spiel- und Bewegungsräume selbsttätig erschließen - Beim Springen etwas wagen und eigene Leistungsmöglichkeiten einschätzen - Den Körper im Fliegen erleben - Körperspannung und Kraft in ihrer Bedeutung für das Gelingen turnerischer Anforderungen erleben und aufbauen
Methodenschwerpunkte	Kommunikation, Kooperation, Reflexion, Lerntypen (logisch-mathematisch, körperlich-bewegungsbezogen), multisensorisch (auditiv, visuell), Arbeitsplan
Materialien	Springseile (mit Möglichkeiten der Befestigung)
Sozialform	E + G
Quelle (Ursprung der Aufgabe)	Köckenberger (2006), Beudels/Anders (2001)

Ursprungsaufgabe
Bei Strategiespielen geht es darum, dass die Kinder für einen gesamten Spielverlauf vor Spielbeginn ein grobes Vorgehen planen, wobei mehrere Sachverhalte im Voraus bedacht werden müssen, um zu einem gemeinsamen Erfolg zu kommen.

Aufgabe und Differenzierung	Mögliche Beobachtungen im Lernprozess
• Zwischen zwei Grenzstangen wird eine verschiedene Anzahl an Seilen gespannt, so dass diese ein „Spinnennetz" bilden. 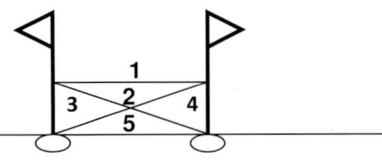	• Das Kind durchquert folgende Öffnung ... des Spinnennetzes. • Das Kind äußert sich folgendermaßen ... bei der Durchquerung der Öffnung ... des Spinnennetzes. • Das Kind durchquert selbständig ... Öffnungen. • Das Kind durchquert die Öffnungen ... in folgenden Kör-
• Die Zwischenräume zwischen den Seilen und den Stangen werden in unterschiedlicher Form von den Kindern bewältigt. • Die Kinder versuchen, durch jede Öffnung zwischen den Seilen und den Stangen hindurch zu steigen. • Die Kinder probieren in unterschiedlichen Körperhaltungen (z. B. Spinnengang, Bankstellung, Entengang, ...) und Bewegungsrichtungen (z. B. vorwärts, rückwärts, seitlich, ...) durch die Öffnungen zwischen den Seilen und den Stangen hindurch zu steigen. • Die Kinder überlegen gemeinsam, welche unterschiedlichen	

Körperhaltungen sie kennen. Die genannten Körperhaltungen werden auf ein Plakat gemalt. Die Kinder versuchen in allen genannten Körperhaltungen mindestens einmal durch eine frei ausgewählte Öffnung im Spinnennetz hindurch zu steigen.

- Die Kinder erproben, durch jede Öffnung in unterschiedlichen Körperhaltungen hindurch zu steigen, ohne dass die Seile und die Stangen berührt werden.

Die Kinder schätzen verschiedene Körperhaltungen, hinsichtlich ihrer Eignung zur Bewältigung der einzelnen Öffnungen ein.

- Die Kinder überlegen, in welcher Körperhaltung die einzelnen Öffnungen (1, 2, 3, 4 und 5) besonders gut bewältigt werden können. Die einzelnen Körperhaltungen werden gemeinsam hinsichtlich ihrer Eignung vor der Bewegungsausführung kritisch betrachtet und reflektiert.
- Jedes Kind wählt drei verschiedene Körperhaltungen. Jedes Kind überlegt für jede (oder vorher bestimmte) Öffnung im Spinnennetz (1, 2, 3, 4 und 5), welche dieser drei benannten Körperhaltung sich zum Bewältigen der Öffnung besonders gut/ weniger gut/ am wenigsten (hierarchische Bewertung) eignet. Karteikarten, auf denen die Körperhaltungen abgebildet sind, können in eine entsprechende Reihenfolge gelegt werden. Nach der Durchführung werden die subjektiven Bewertungen hinsichtlich ihrer realen Einschätzung reflektiert.
- Vor den Kindern liegen Karteikarten, auf denen jeweils eine Körperhaltung abgebildet ist. Es wird eine Öffnung im Spinnennetz vorgegeben, für die die folgende Aufgabe gilt:
  - Die Kinder gehen in Kleingruppen (mind. 5 Kinder) und jede Gruppe sucht sich eine Körperhaltung aus, in der es annimmt, diese Öffnung NICHT bewältigen zu können.
  - Die Gruppe überlegt sich Bedingungen, die erforderlich sind, so dass es einem Kind aus der Gruppe gelingt, in der herausgesuchten Körperhaltung diese Öffnung hindurch zu steigen (z. B. eine Rampe bauen, Räuberleiter, …).
  - Fünf Kinder bilden eine Gruppe und bekommen eine Aufgabe, die sie ausschließlich gemeinsam als Team lösen können: Jedes Kind muss durch eine Öffnung steigen. Jedoch ist die Öffnung, durch die ein Kind gestiegen ist, dann für die anderen Kinder gesperrt. Die Kinder überlegen, wie sie es schaffen, dass alle Kinder auf die andere Seite kommen. Hierfür überlegen sie sich vorher eine Strategie, hinsichtlich der Vorgehensweise (mit welcher Öffnung wird begonnen, welches Kind steigt durch welche Öffnung, welches Kind kann z. B. auf der anderen Seite anschließend einem anderen Kind helfen, …). Die Aufgabe ist erfolgreich, wenn alle Kinder die andere Seite erreicht haben und jede Öffnung ausschließlich einmal durchquert wurde.

perhaltungen …
- Das Kind durchquert Öffnung … in folgenden Körperhaltungen … mit/ ohne Berührung der Seile.
- Das Kind bewertet die Durchquerung der Öffnung … in Körperhaltung … als besonders leicht und in Körperhaltung … als besonders schwer.
- Das Kind benennt folgende Argumente … hinsichtlich seiner Bewertung … der Eignung der Körperhaltung …
- Das Kind benennt folgende Ideen … für die erfolgreiche Bewältigung der Öffnung … in der Körperhaltung …
- Das Kind beteiligt sich folgendermaßen … an der Planung der Aufgabe …

Mobilität und Seifenkisten	
Empfohlene Klassenstufe (RRL)	1.-4 Klasse
Fach	Sport
Angesprochene Inhaltsbereiche (RRL)	- Das Spielen entdecken und Spielräume nutzen - Gleiten, Fahren, Rollen – Rollsport, Bootssport, Wintersport
Aufgabenschwerpunkte (RRL)	- Spielmöglichkeiten in ihrer Vielfalt entdecken und als freudvoll erleben - Spiel- und Bewegungsräume selbsttätig erschließen und ausgestalten - grundlegende Fähigkeiten zum adäquaten Umgang mit Gleit-, Fahr- und Rollgeräten erlernen und üben - Fahren und Rollen in natürlicher und gestalteter Umwelt erleben
Methodenschwerpunkte	Kommunikation, Kooperation, multisensorisch (taktil, visuell), Arbeitsplan, Projektarbeit, Reflexion, Lerntypen (logisch-mathematisch, körperlich-bewegungsbezogen, visuell-räumlich), Lernen in und über Bewegung, Projektarbeit
Materialien	Bildkarten mit Automobilen unterschiedlicher zeitlicher Epochen / Kutschen, Stifte, Papier, Karteikarten, Baumaterial und Zubehör
Sozialform	G
Quelle (Ursprung der Aufgabe)	

Ursprungsaufgabe
Die Kinder setzen sich mit unterschiedlichen Fahrmöglichkeiten, Fahrstrecken, Automobilen und dem Bau von Automobilen auseinander.

Aufgabe und Differenzierung	Mögliche Beobachtungen im Lernprozess
Fahrmöglichkeiten und Fahrstrecken: • Die Kinder überlegen, welche Fahrzeuge ihnen bekannt sind (z.B. Auto, Bus, Dreirad, Fahrrad, Inliner, Pedalo, Rollbrett, Roller, ...). • Die Kinder zeichnen alle Fahrzeuge, die sie nutzen dürfen (z.B. Fahrrad, Roller, Inliner, Dreirad, ...), auf Karteikarten. Es können auch Fotos von Fahrzeugen gezeigt oder Fahrzeuge vorgeführt und vor Ort betrachtet werden. • Die Karteikarten werden an die Wand gehängt. Die Kinder überlegen für jedes abgebildete Fahrzeug, aus welchen Elementen das Fahrzeug gebaut ist (z. B. Anzahl der Räder, Größe der Räder, Entfernung der Räder zueinander, Form des Lenkrades, ...). • Die Kinder systematisieren und vergleichen die Elemente der Fahrzeuge miteinander und schreiben / zeichnen alle Gemeinsamkeiten auf ein Plakat (Mind-Mapping). • Grundlegende Elemente, die ein Fahrzeug ausmachen und an jedem Fahrzeug vorhanden sind, werden farblich markiert. • Die Kinder überlegen, welche Funktionen die grundlegen-	• Das Kind nennt folgende Fahrzeuge ... • Das Kind malt folgende Fahrzeuge ... auf. • Das Kind nennt folgende grundlegende Elemente ..., aus denen ein Fahrzeug besteht ... • Das Kind nennt folgende Materialien ..., aus denen Räder bestehen können. • Das Kind nennt folgende Materialien ..., aus

den Elemente eines Fahrzeuges haben und welche Auswirkungen verschiedene Größen und Formen der grundlegenden Elemente auf die Fahrweise haben.

<u>Automobilarten und Automobile in ihrer Entwicklung:</u>

- Die Kinder überlegen, welche Automobilarten sie kennen, z. B. Personenkraftwagen (PKW), Lastkraftwagen (LKW), Spezialfahrzeuge (Trecker, Kran, ...), ...
- Die Kinder recherchieren in welcher zeitlichen Epoche die entsprechenden Fahrzeuge entwickelt wurden und wie sie sich im Verlauf der Jahrzehnte/ Jahrhunderte verändert haben.
- Die Kinder bringen in Erfahrung, ob es bereits immer Automobile wie heute gab, oder ob sie Ideen haben, in welchen Fahrzeugen sich Menschen früher fortbewegt haben (z. B. Kutschen, Fahrräder) und wie diese ausgeschaut haben könnten.
- Den Kindern werden Bilder von Kutschen, alten Fahrrädern, ersten Automobilen, Automobile aus den 70er Jahren und Automobile aus der aktuellen Zeit gezeigt. Die Kinder vergleichen die Bilder und systematisieren die Unterschiede (z.B. Modelle, Materialien, Formen der Materialien und Elemente der Automobile. Die Kinder überlegen, welche Veränderungen sich durch die veränderten Formen, Zusammensetzung der Elemente und den Materialien in den Fahreigenschaften der Automobile ergeben haben könnten (z.B. Luftwiderstand, aerodynamische Form, Motoreigenschaften, PS, ...).
- Die Kinder probieren verschiedene Fahrzeuge (Roller, Rollbrett, Dreirad, ...) aus.
- Die Kinder überprüfen die Fahrzeuge hinsichtlich verschiedener Fahreigenschaften (z.B. Wendigkeit, Tempo, Bremsschnelligkeit, Rolleigenschaften ...) und versuchen zwischen den Fahreigenschaften und den verwendeten Materialien (z. B. Gummi-, Plastik-, Holzräder, Größe der Räder, Luftdruck in den Rädern, ...) und dem Bau der Elemente des Fahrzeuges (Anzahl der Reifen, Größe der Reifen, Breite und Dicke der Sitz- bzw. Stehfläche, ...) Zusammenhänge herzustellen.
- Die Kinder nutzen die Fahrzeuge in unterschiedlichen Fahrparcours (z. B. im Slalom Pylone umfahren, mit Seilen „Straßen" nachlegen, zwischen zwei Begrenzungsstangen hindurch fahren, ...).
- Die Kinder ändern den Luftdruck in den Rädern und erproben die Auswirkungen des veränderten Luftdrucks auf verschiedene Fahreigenschaften des Fahrzeuges in unterschiedlichen Situationen.
- Die Kinder versuchen mit verschiedenen Fahrzeugen unterschiedliche Hindernisse zu überqueren (z. B. über Matten unterschiedlicher Dicke und unterschiedlicher Festigkeit) und zu bewältigen (z. B. eine abgegrenzte Strecke über hintereinander liegende Langbänke fahren). Sie er-

denen die Karosserie eines Fahrzeuges bestehen kann.

- Das Kind nennt folgende Funktionen ..., die das Element ... beim Fahrzeug hat.
- Das Kind nennt folgende Unterschiede ... im Bau der Fahrzeuge ...
- Das Kind äußert folgende Vermutungen über einzelne Fahreigenschaften bei Fahrzeug ...
- Das Kind benennt folgende Unterschiede ... bei den Fahreigenschaften der Fahrzeuge ...
- Das Kind benennt folgende Unterschiede bei den Fahreigenschaften bei verändertem Reifendruck ...
- Das Kind überquert mit dem Fahrzeug ... folgende Hindernisse ... und Untergründe ...
- Das Kind äußert folgende Ideen ... hinsichtlich der zeitlichen Entwicklung von Automobilfahrzeugen.
- Das Kind benennt folgende Veränderungen in der äußerli-

proben die Auswirkungen verschiedener Radtypen auf unterschiedlichen Untergründen.

Der Bau von Seifenkisten kann im Rahmen eines Projektes oder einer Projektwoche stattfinden. Entsprechend des zeitlichen Rahmens werden die Kinder mehr oder weniger mit in die Organisation einbezogen.

- Die Kinder planen den Bau von Seifenkisten:
  - Die Kinder sammeln und zeichnen gemeinsam, für den Bau einer Seifenkiste relevante Materialien auf ein Plakat.
  - Die Kinder organisieren alle relevanten Materialien gemeinsam und ordnen diese. (Materialien können im Voraus organisiert werden).
  - Die Kinder fertigen eine Skizze von dem Bau einer Seifenkiste mit den vorhandenen Materialien an, in dem sie einen Bauplan anfertigen. Bau-Erfahrungen von Kindern werden einbezogen und berücksichtigt. Den Kindern kann eine Bauanleitung gezeigt werden (z.B. von einem Schrank). Die Kinder erstellen gemeinsam einen Arbeitsplan für den Bau einer Seifenkiste.
- Die Kinder bauen eine Seifenkiste:
  - Die Kinder erhalten zugeschnittene Bretter und entsprechende Materialien zum Bau einer Seifenkiste.
  - Die Kinder orientieren sich an ihrem Bau-/ Arbeitsplan und erfüllen entsprechende Aufgaben.
  - Die Teile der Seifenkiste werden mit Hilfe zusammengeschraubt und montiert.
  - Die Kinder gestalten die Seifenkisten (z. B. bemalen, bekleben).
- Die Kinder erproben die Seifenkisten:
  - Die Kinder überlegen in Kleingruppen, was sie alles mit den Seifenkisten machen können und möchten. Jede Gruppe plant einen Parcours, der dann anschließend durchfahren wird. Der Parcours kann z.B. verschiedene Rampen, eine Seifenkistenrennbahn, Hindernisse enthalten. Die Kinder fertigen eine Planungs- und Übersichtsskizze an. Die geplanten Parcours werden vorgestellt und eine Reihenfolge wird abgestimmt.
  - Die Kinder erproben ihre selbst gebauten Seifenkisten hinsichtlich ihrer Eigenschaften (Bremsfähigkeit oder -möglichkeiten, Lenkfähigkeit, Wendekreis, ...).
  - Die Kinder veranstalten ein Seifenkistenrennen, in dem sie zunächst in möglichst kurzer Zeit einen Fahrparcours bewältigen und anschließend eine Rampe hinunter fahren und versuchen, möglichst weit zu rollen.
- Die Kinder reflektieren das Projekt „Seifenkiste" v. a. hinsichtlich:
  - Teamfähigkeit,
  - den eigenen Lernprozess,

chen Gestaltung von Automobilen im zeitlichen Verlauf.

- Das Kind äußert folgende Vermutungen für die äußerlichen Veränderungen der Automobile in ihrer Entwicklung.
- Das Kind zeichnet folgende Materialien ... (alle) für den Bau einer Seifenkiste auf ein Plakat.
- Das Kind begründet die Auswahl der Materialien ... für den Bau einer Seifenkiste wie folgt ...
- Das Kind benennt folgenden Arbeitsplan ... für den Bau der Seifenkiste.
- Das Kind begründet seinen Arbeitsplan... wie folgt ...
- Das Kind beteiligt sich wie folgt am Bau der Seifenkiste ...
- Das Kind wendet selbständig (mit Hilfe von ...) folgende Werkzeuge ... an.
- Das Kind berichtet über Erfahrungen mit dem Bau von ...
- Das Kind äußert folgende Gedanken zur Reflexion ...
- Das Kind arbeitet

- der Nützlichkeit des neuen Wissens für ähnliche Projekte, - der Anwendung der Seifenkiste (Gemeinsamkeiten/ Unterschiede verschiedener Seifenkisten), - Ideen zur Verbesserung einer zukünftigen Planung.	in der Form … mit anderen Kindern zusammen.

Auseinandersetzung mit einer physikalischen Eigenschaft des Wassers
- spezifisches Gewicht und statischer Auftrieb -

Empfohlene Klassenstufe (RRL)	1.-4. Klasse
Fach	Sport (Sachunterricht)
Angesprochene Inhaltsbereiche (RRL)	- Den Körper wahrnehmen und Bewegungsfähigkeiten ausprägen - Bewegen im Wasser – Schwimmen
Aufgabenschwerpunkte (RRL)	- sich mit dem Bewegungsraum Wasser vertraut machen - Bewegungen im Wasser ausprobieren und gestalten
Methodenschwerpunkte	Kooperation, Kommunikation, multisensorisches Lernen, Reflexion, Lerntypen (körperlich-bewegungsbezogen, naturbezogen, logisch-mathematisch)
Materialien	Unterschiedliche Materialien, z.B. Wasserball, Gummiball, Softball, Gewichtball, Poolnudel, Schwimmbretter, Seil
Sozialform	E + G
Quelle (Ursprung der Aufgabe)	Volck (1977), Reischle (1988)

Ursprungsaufgabe
Es gibt drei verschiedene physikalische Eigenschaften des Wassers, die das Verhalten unseres Körpers im Wasser unter dem Einfluss der Eigenschaften des Wassers bestimmen. Eine der physikalischen Eigenschaften des Wassers ist „das spezifische Gewicht und der statische Auftrieb". Im Wasser wirken zwei Kräfte auf den Körper. Zum einen die Schwerkraft (= Gewichtskraft) und der statische Auftrieb (verlaufen antiparallel). Dies bedeutet, dass die Schwerkraft „nach unten" und die statische Antriebskraft „nach oben" gerichtet sind. Die Auftriebskraft eines Körpers ist von der Gewichtskraft des vom Körper verdrängten Wasservolumens abhängig (Prinzip des Archimedes).

Aufgabe und Differenzierungen	Mögliche Beobachtungen im Lernprozess
• Das Restgewicht eines Körpers im Wasser hängt von den unterschiedlichen Dichten von Körper und Wasser ab. Dieses wird mittels verschiedener Materialien und dem eigenen Körper im Wasser erfahren und erprobt: 1. Sind die Dichten von Wasser und dem eingetauchten Gegenstand gleich, so schwebt der Körper im Wasser. 2. Ist die Dichte des Körpers geringer als die Dichte des Wassers, so muss eine Kraft aufgewendet werden, um den Körper im Wasser unter Wasser zu drücken. 3. Ist die Dichte des Wassers geringer als die Dichte des Gegenstandes, so wird dieser untergehen. Erfahrungen mit Materialien: • Es werden verschiedene Materialien mit unterschiedlichen Gewichten, Formen und Größen, z.B.	• Das Kind setzt sich mit folgenden Materialien ... in folgender Form ... (z.B. Versuch/Irrtum, Vergleich der Materialien) auseinander. • Das Kind benennt folgende Unterschiede bzgl. des Sinkverhaltens einzelner Materialien (z.B. Tempo des Sinkens; welche Materialien schwimmen, welche untergehen ...). • Das Kind äußert folgende Ideen bzgl. der Unterschiede im Sinkver-

Bälle (Wasserball, Gummiball, Gewichtball bzw. Ring, Softball, ...), Seil, Poolnudel, Schwimmbretter, ... eigenständig erprobt.

- Die Kinder gehen mit den Materialien ins Wasser und erfahren welches Material schwimmt, welches untergeht und welches „schwerelos" im Wasser schwimmt.
- Die Kinder schätzen, bevor ein Material ins Wasser geworfen wird, ob es untergeht, schwimmt oder „schwerelos" im Wasser schwimmt.
- Die Kinder versuchen, dass Sinkverhalten verschiedener Gegenstände zu verzögern und/ oder zu verändern, ohne das Material direkt zu berühren (z.B. durch Auf- und Abbewegungen mit den Händen und/ oder Armen im Wasser, durch Hinzunahme anderer Materialien).
- Die Kinder erproben, dass ein sinkendes Material möglichst nah an einen vorher markierten Punkt am Beckenbogen (z.B. in einen Tauchring) auf dem Boden aufkommt (unterschiedliche Entfernungen zum markierten Punkt können erprobt werden).
- Verschiedene Materialien werden nacheinander versucht zur Hälfte mit den Händen unter Wasser zu drücken, dann ca. 10 cm tief ins Wasser zu drücken bzw. in 10 cm Tiefe zu halten.
- Verschiedene schwimmende Materialien (z.B. Schwimmbrett, Poolnudel) werden mit verschiedenen Körperteilen (z.B. Po, Füße, Brust, Rücken) unter Wasser gehalten (Beachtung der Zeitdauer möglich). Die Kinder können sich gegenseitig unterstützen oder aber dies alleine erproben.
- 4 bis 5 Kinder gehen zusammen. Sie erhalten 1 Schwimmbrett: Die Kinder überlegen gemeinsam, wie lange es dauert, bis das Brett, wenn sich ein Kind im Wasser darauf stellt, braucht, bis es sinkt.
- 4 bis 5 Kinder gehen zusammen. Sie erhalten 2 (bis 3) Schwimmbretter. Die Kinder überlegen vor der Ausführung, ob es ein Kind schaffen kann, wenn es darauf steht, das Brett zum Sinken zu bringen. Wenn nicht: Wie und wodurch könnte die Gruppe es gemeinsam schaffen, dass, wenn ein Kind auf dem Brett steht, das/die Brett(er) untergehen?
- 4-5 Kinder bilden eine Gruppe und erhalten 4-5 unterschiedliche Bälle. Die Kinder erhalten die Aufgabe, jeden Ball nacheinander auf den Grund des Wasserbeckens zu legen. Ist es möglich, den Ball zum Beckengrund zu transportieren? Wie viel Zeit (Sekunden, Minuten) benötigt der Ball, um wieder aufzutauchen? Wird der Ball am Grund liegen blei-

halten der Materialien (z.B. Größe, Form, Gewicht, ...).

- Das Kind entwickelt folgende Ideen ... und/ oder Bewegungen mit dem Körper ..., die zu einem veränderten Sinkverhalten eines Materials führen.
- Das Kind benennt folgende Strategien ..., die das Sinken eines Gegenstandes wie folgt ... verändert (z.B. welche Bewegungen verursachen ein bestimmtes Sinkverhalten).
- Das Kind benennt folgende Ursachen ..., die es ermöglichen, das Material ... in seinem Sinkverhalten zu ändern.
- Das Kind benennt folgende Unterschiede ... beim Vorgehen, die Materialien unter Wasser zu drücken.
- Das Kind entwickelt folgende Kategorien ..., welche ein schnelles oder langsames Sinken verursachen.
- Das Kind benennt andere, noch nicht erprobte Materialien ..., die sich im Wasser ähnlich verhalten werden wie Material ...
- Das Kind versinkt folgende Materialien ... bis zu einer vorgegebenen Tiefe.
- Das Kind variiert den Einsatz seiner Körperkraft, in dem es ... macht.
- Das Kind verhält sich in der Gruppe wie folgt ... (z.B. schaut anderen zu,

ben oder auftauchen?

<u>Erfahrungen mit dem eigenen Körper</u>

- Alle Kinder bilden einen Kreis. Ein Kind kommt in die Mitte und versucht eine starre Körperhaltung einzunehmen. So wird es in waagerechter Position von dem Pädagogen auf das Wasser gelegt und gehalten.
  - Wenn der Pädagoge das Kind loslässt, was passiert mit der Lage des Körpers? (Volumenmittelpunkt und Körperschwerpunkt befinden sich nicht aufeinander, daher dreht sich der Körper in eine senkrechte Position).
  - Die Kinder gehen in Kleingruppen, wobei jedes Kind die Möglichkeit bekommt, auszuprobieren und zu spüren, wie der Körper sich dreht.
- Die Kinder bilden einen Kreis. Ein Kind wird in angespannter Körperhaltung waagerecht auf das Wasser gelegt und in der Körperhaltung von einem anderen Kind gehalten.
  - Das Kind erhält die Aufgabe, tief einzuatmen (oder: auszuatmen, Arme über den Kopf gestreckt, Beine angewinkelt und mit den Armen umklammert, seitlich auf dem Wasser liegend, in Bauchlage, ...) und die Luft anzuhalten.
  - Direkt im Anschluss wird das Kind losgelassen: Was passiert mit der Lage des Körpers? Welche Unterschiede sind beobachtbar und spürbar? Was könnten mögliche Ursachen bzw. Gründe für das unterschiedliche Sinkverhalten des Körpers sein? Durch welche Bewegungen, die mit dem Körper gemacht werden, ist es möglich, ein Sinken einzelner Körperteile und/oder des gesamten Körpers zu verhindern bzw. in waagerechter Position zu ermöglichen?

äußert folgende Ideen ..., befürwortet oder lehnt Vorschläge ... von ... ohne/mit folgender Begründung, ...).

- Das Kind äußert folgende Zeitdauer, die das Material ... zum Sinken/Auftauchen benötigt.
- Das Kind benennt folgende Körperteile ..., die in waagerechter Körperposition am schnellsten Sinken.
- Das Kind äußert folgende Ideen ..., die zum schnelleren Sinken einzelner Körperteile führen.
- Das Kind benennt folgende Zusammenhänge ... zwischen Sinkverhalten des eigenen Körpers und der Position des Körpers im Wasser.
- Das Kind benennt folgende Gesetzmäßigkeiten ..., die dazu führen, dass ein Körperteil schneller und/oder langsamer sinkt.

Literaturverzeichnis

Arbeitsgemeinschaft für Qualifikations-Entwicklungs-Management, Geschäfts-stelle der Arbeitsgemeinschaft Betriebliche Weiterbildungsforschung (Hrsg.): Kompetenzentwicklung, 99. Aspekte einer neuen Lernkultur. Argu-mente, Erfahrungen, Konsequenzen. Münster: Waxmann.

Arnold, E. (2000): Jetzt versteh´ ich das! Bessere Lernerfolge durch Förderung der verschiedenen Lerntypen. Mühlheim: Verlag an der Ruhr.

Bartl, A. (2005): Viele klitzekleine Spielideen für den Unterricht. Donauwörth: Auer.

Beck, E./Guldimann, T./Zutavern, M. (Hrsg.): Lernkultur im Wandel. Tagungs-band der Schweizerischen Gesellschaft für Lehrerinnen- und Lehrerbildung und der Schweizerischen Gesellschaft für Bildungsforschung. St. Gallen (UVK).

Becker, G./Heisterberg, W./Höfer, C./Tymister, H. J./Werning, R. (Hrsg.) (2002): Disziplin. Sinn schaffen, Rahmen geben, Konflikte bearbeiten. Friedrich Jahresheft XX.

Becker, G./Lenzen, K.-D./Steudel, L./Tillmann, K.-J./Werning, R./Winter, F. (Hrsg.) (2004): Heterogenität. Unterschiede nutzen – Gemeinsamkeiten stär-ken. Friedrich Jahrensheft XXII.

Beigel, D. (2005): Beweg dich, Schule! Eine „Prise Bewegung" im täglichen Un-terricht der Klassen 1 bis 10. Dortmund: Borgmann.

Beins, H.-J. (2007): Kinder lernen in Bewegung. Dortmund: borgmann.

Beudels, W./Anders, W. (2001): Wo rohe Kräfte sinnvoll walten. Dortmund: borg-mann.

Bieri, P. (2005): Wie wäre es gebildet zu sein? Festrede: Pädagogische Hoch-schule Bern.

Blumenstock, L. (2004): Handbuch der Leseübungen. Weinheim: Beltz.

Bucher, W. (Hrsg.)(2000):Bewegtes Lernen. 1070 Spiel- und Übungsformen. Schorndorf: Hofmann.

Botermans, J./Van Delft, P./Van Den Hobbelsteen, R. (1981): Denkspiele. Mün-chen: Hugendubel.

Breuer, H./Weuffen, M. (2006): Lernschwierigkeiten am Schulanfang. Weinheim und Basel: Beltz.

Bundschuh, Konrad (2003): Emotionalität, Lernen und Verhalten. Bad Heilbrunn. Klinkhardt.

Burke, P. (2003): Die Wissensgesellschaft. In: Killius, N./Kluge, J./ Reisch, L. (Hrsg.): Die Bildung der Zukunft. Frankfurt/Main: Suhrkamp, 76-80.

Buzan, T. (1991). The Mind Map Book. New York: Penguin

Caspary, R. (Hrsg.) (2006): Lernen und Gehirn. Der Weg zu einer neuen Pädagogik. Freiburg: Herder.

Dordel, S. (2003): Bewegungsförderung in der Schule. Dortmund: verlag modernes lernen.

Drave, W./Rumpler, F./Wachtel, P. (Hrsg.) (2000): Empfehlungen zur Sonderpädagogischen Förderung. Würzburg: edition bentheim.

Dummer-Smoch, L./Hackethal, R. (2002): Kieler Leseaufbau. Kiel: Veris Verlag.

Eggert, D./Bertand, L. (2002): RZI – Raum-Zeit-Inventar der Entwicklung der räumlichen und zeitlichen Dimension bei Kindern im Vorschul- und Grundschulalter und deren Bedeutung für den Erwerb der Kulturtechniken Lesen, Schreiben und Rechnen. Dortmund: borgmann.

Eggert, D./Reichenbach, C./Bode, S. (2003): Das Selbstkonzept Inventar (SKI) für Kinder im Vorschul- und Grundschulalter. Theorie und Möglichkeiten der Diagnostik. Dortmund: borgmann.

Eggert, D./Reichenbach, C./Lücking, C. (2007): Von den Stärken ausgehen...Individuelle Entwicklungspläne in der Lernförderdiagnostik. Dortmund: borgmann.

Endres, W. (2004): Das Anti-Pauk-System. Weinheim: Beltz.

Emmrich, D./Felten, S./Heid, R./Klose, S./Kremers, B. (2006): Lehrerhandbuch. Sachbuch 1/2. Donauwörth: Auer

Fischer, K./Knab, E./Behrens, M. (Hrsg.) (2006): Bewegung in Bildung und Gesundheit. Lemgo.

Fthenakis, W.E. (2007): Bildung von Anfang an: Perspektiven zur weiteren Entwicklung des Systems der Tageseinrichtungen für Kinder unter 6 Jahren in Deutschland. In: Hunger. I./Zimmer, R. (Hrsg.): Bewegung – Bildung – Gesundheit. Entwicklung fördern von Anfang an. Schorndorf: Hofmann.

Furck, C.-L./Führ, C. (Hrsg.) (1998): Handbuch der deutschen Bildungsgeschichte. Band 5/1. 1945 bis zur Gegenwart, Bundesrepublik Deutschland. München.

Ganser, B./Schindler, M./Schüller, S. (Hrsg.) (2003): Rechenschwäche überwinden. Band 1. Donauwörth: Auer.

Ganser, B./Schindler, M. (2005): Rechenschwäche überwinden. Band 2. Donauwörth: Auer.

Gasse, M./Dobbelstein, P. (2005): Lernen braucht Bewegung. Die Bedeutung der Motorik für Verarbeiten, Speichern, Erinnern. In: Münchner Stadtgespräche, Nr. 36, 3, 3-5.

Gerster, H.-D./Schultz, R. (2004): Schwierigkeiten beim Erwerb mathematischer Konzepte im Anfangsunterricht. Bericht zum Forschungsprojekt Rechenschwäche – Erkennen – Beheben – Vorbeugen. Freiburg: Pädagogische Hochschule Freiburg, unveröffentlichtes Manuskript.

Goeudevert, D. (2001): Der Horizont hat Flügel. Die Zukunft der Bildung. München: Econ.

Hannaford, C. (2004): Bewegung. Das Tor zum Lernen. Regensburg: VAK Verlag.

Hasemann, K. (2003): Anfangsunterricht Mathematik. Heidelberg. Berlin: Spektrum.

Herné, K.-L./Naumann, C. L. (2003): Aachener Förderdiagnostische Rechtschreibfehleranalyse. Alfa Zentaurus.

Heuer, G. U. (1997): Beurteilen, Beraten, Fördern. Dortmund: borgmann.

Hölter, G. (Hrsg.) (1993): Mototherapie mit Erwachsenen. Schorndorf: Hofmann.

Hölter, G. (1993): Selbstverständnis, Ziele und Inhalte der Mototherapie. In: Hölter, G. (Hrsg.): Mototherapie mit Erwachsenen. Schorndorf: Hofmann, 12-33.

Hölter, G./Flosdorf, P. (2006): Beziehung als dialogischer Prozess. In: Fischer, K./Knab, E./Behrens, M. (Hrsg.): Bewegung in Bildung und Gesundheit. Lemgo: akL, 148-160.

Hüholdt, H. (1995): Wunderland des Lernens. Lernbiologie, Lernmethodik, Lerntechnik. Bochum: Verlag für Didaktik.

Hüther, G. (2006): Wie lernen Kinder? Voraussetzungen für gelingende Bildungsprozesse aus neurobiologischer Sicht. In: Caspary, R. (Hrsg.): Lernen und Gehirn. Der Weg zu einer neuen Pädagogik. Freiburg: Herder.

Illi, U./Breithecker, D./Mundigler, S. (Hrsg.) (1998): Bewegte Schule, gesunde Schule. Wäldi: Eigenverlag IFB.

Keller, R./Fritz, A. (1995): Auf leisen Sohlen durch den Unterricht. Schorndorf: Hofmann.

Killius, N./Kluge, J./Reisch, L. (Hrsg.) (2003): Die Bildung der Zukunft. Frankfurt/Main: Suhrkamp.

Klafki, Wolfgang (1996): Neue Studien zur Bildungstheorie und Didaktik. Zeitgemäße und kritisch-konstruktive Didaktik. Weinheim/Basel: Beltz.

Klauer, K.J./Lauth, G.W. (1997): Lernbehinderung und Leistungsschwierigkeiten bei Schülern. In: Weinert, F.E. (Hrsg.): Psychologie des Unterrichts. Enzyklopädie der Psychologie. Serie I, Bd. III. Göttingen: Hogrefe, 701-738.

Klein, J. (2002): Spiele zur ganzheitlichen Lernförderung. Hamburg: Lesen und Schreiben e.V.

Klippert, H./Müller, F. (2004): Methodenlernen in der Grundschule. Bausteine für den Unterricht. Weinheim: Beltz.

Klotz, T./Stutz, A. (2001): Basistraining Rechtschreibung. Mühlheim: Verlag an der Ruhr.

Klupsch-Sahlmann, R.: Bewegte Schule. In: Sportpädagogik 19 (1995) 6, 14-22

Köckenberger, H. (2006): Rollbrett, Pedalo & Co. Dortmund: borgmann.

Köckenberger, H. (1997): Bewegtes Lernen. Lesen, Schreiben, Rechnen lernen mit dem ganzen Körper. Dortmund. borgmann.

Krampe, J./Mittelmann R. (2000): Rechtschreibspiele für die Klasse 4. Donauwörth: Auer.

Krampe, J./Mittelmann R. (2001): Rechtschreibspiele für die Klasse 3. Donauwörth: Auer.

Krüger, V. (2000): Mit Spielkarten und Würfeln. Entwicklung rechnerischer Grundfertigkeiten. Krefeld, unveröffentlicht.

Küspert, P./Schneider, W. (2006): Hören, lauschen, lernen. Göttingen: Vandenhoeck & Ruprecht.

Kutzer, R. (2001): Mathematik entdecken und verstehen. Band 2. Braunschweig: Diesterweg Verlag.

Kutzer, R. (2001): Mathematik entdecken und verstehen. Band 4. Braunschweig: Diesterweg Verlag.

Laging, R. (1997). Die Bewegungswerkstatt – ein bewegter Lernort. sportunterricht, 46(12), 517-529.

Landau, G./Sobczyk, B. (2001): Das mobile Klassenzimmer – ein Konzept „Unterricht in Bewegung" zu bringen. In: Zimmer, R./Hunger, I.: Kindheit in Bewegung. Schornddorf: Hofmann. 226-231.

Langfeldt, H. (1996). Psychologie. Berlin: Leuterhand.

Liebrich, K./Schubert, H. (2000): Auf dem Thron des Rechenkönigs. Abbau von Rechenangst und Rechenstörung durch psychomotorische und mnemotechnische Übungssequenzen. Donauwörth: Auer.

Liessmann, K. P. (2006): Theorie der Unbildung. Wien: Paul Zsolnay Verlag.

Martschinke, S./Kirschhock, E.-M./Frank, A. (2004): Diagnose und Förderung im Schriftspracherwerb. Donauwörth: Auer.

Matjugin, I./Rybnikova, I. (1993/1998): Zahlengedächtnis. Dortmund. Borgmann.

Mertens, K./Wasmund-Bodenstedt, U. (1991): 10 Minuten Bewegung,☐ Dortmund: verlag modernes lernen.

Miedzinski, K./Fischer, K. (2006): Die Neue Bewegungsbaustelle. Dortmund: borgmann.

Mielke, R. (2001). Psychologie des Lernens. Eine Einführung. Stuttgart: Kohlhammer.

Miller, R. (2002): Auflehnung gegen den Stundenplan. Wie man eine schülergerechte Unterrichtssituation vermittelt. Friedrich Jahresheft XX 2002, 86-88.

Ministerium für Schule, Jugend und Kinder des Landes Nordrhein-Westfalen (2003): Richtlinien und Lehrpläne zur Erprobung für die Grundschule in Nordrhein-Westfalen. Düsseldorf, Frechen: Ritterbach.

Müller, C. (1999): Bewegte Grundschule. St. Augustin, 191-203.

Müller, C. (2005): Bewegte Schule – Modifizierungen für Schulen zur Lernförderung. Leipzig: Universität, Sportwissenschaftliche Fakultät.

Müller, E. (2000): Zahlenaufbau bis 100 in kleinen Schritten. Horneburg/Niederelbe: Persen Verlag.

Narr, R. (2002): Schülerdisziplin durch Lehrerkompetenz. Friedrich Jahresheft XX 2002, 126-129.

Nickisch, A./Heber D./Burger-Gartner, J. (2005): Auditive Verarbeitungs- und Wahrnehmungsstörungen (AVWS) bei Schulkindern. Diagnostik und Therapie. Dortmund: Verlag modernes Lernen.

Ministerium für Schule, Jugend und Kinder des Landes Nordrheinwestfahlen (2003): Grundschule, Richtlinien und Lehrpläne. Sport. Düsseldorf: Ritterbach.

Radatz, H. (1996): Handbuch für den Mathematikunterricht 1. Schuljahr. Hannover: Schroedel.

Reichenbach, C./Lücking, C. (2007): Diagnostik im Schuleingangsbereich. Dortmund: borgmann.

Reinecke, P. (2007): Motomathe-Lernen an der Königin Juliana Schule. In: Beins, H.-J. (2007): Kinder lernen in Bewegung. Dortmund: borgmann. 87-107

Reischle, K. (1988): Biomechanik des Schwimmens. Bockenem: Fahneman.

Rinderle, B. (2005): Übungen & Strategien für LRS-Kinder. Band 1. Rheinmünster: AOL-Verlag.

Rogers, C. (1951): Client-centered Therapy. Boston: Houghton Mifflin.

Roth, G. (2006): Möglichkeiten und Grenzen von Wissensvermittlung und Wissenserwerb. Erklärungsansätze aus Lernpsychologie und Hirnforschung. In: Caspary, R. (Hrsg.): Lernen und Gehirn. Der Weg zu einer neuen Pädagogik. Freiburg: Herder.

Rücker-Vennemann, U. (2001): Lernen mit Kopf und Bauch. Ganzheitliches Lerntraining für Schüler. München: Kösel.

Schäfer, G. (2002): Bildung beginnt mit der Geburt. In: Klein und Groß, (1), 10-15.

Schäfer, G. (2007): Bewegung bildet. In: Hunger. I./Zimmer, R. (Hrsg.): Bewegung – Bildung – Gesundheit. Entwicklung fördern von Anfang an. Schorndorf: Hofmann.

Schmetz, D. (1999): Förderschwerpunkt Lernen. In: Verband Deutscher Sonderschulen (Hrsg.): Sonderpädagogische Förderung in der Bundesrepublik Deutschland. Würzburg:

Schuck, K.-D. (2001): Fördern, Förderung, Förderbedarf. In Antor, G./Bleidick, U. (Hrsg.): Handlexikon der Behindertenpädagogik – Schlüsselbegriffe aus Theorie und Praxis. Stuttgart: Kohlhammer, 63-67.

Siebert, H. (2002): Bildungsoffensive. Frankfurt: VAS.

Sieland, B. (2002): Lachen können und eine Sache lieben. Lehrer als Vorbbilder. Friedrich Jahresheft XX 2002, 50-53.

Sobczyk, B./Landau, G. (2003): Das mobile Klassenzimmer: ein neuer Weg zur Entwicklungs- und Bewegungsförderung

Spitzer, Manfred (2002): Lernen. Gehirnforschung und die Schule des Lebens. Heidelberg: Spektrum Akademischer Verlag.

Steffen, H. (2004): Methoden Schule Deutsch: Gesprächsregeln und Streitgespräche. Mühlheim: Verlag an der Ruhr.

Theis-Scholz, M. (2002): Sonderpädagogische Förderung lernbehinderter Kinder. Stuttgart: Kohlhammer.

Trebels, A. H. (1983) (Hrsg.): Spielen und Bewegen an Geräten. Reinbek: Rowohlt.

Tymister, H. J. (2002): Das Recht auf Probehandeln. Disziplinverstöße als Voraussetzung eines verantwortlichen Umgangs mit Disziplin. Friedrich Jahresheft XX 2002, 82-85.

UNESCO, World Conference on Special Needs Education (1994): SALAMANCA.

Verband Deutscher Sonderschulen (Hrsg.): Sonderpädagogische Förderung in der Bundesrepublik Deutschland. Würzburg.

Volck, G. (1977): Schwimmen in der Schule. Schorndorf: Hofmann.

Vopel, K. (1994): Interaktionsspiele für Jugendliche. Teil 2. Salzhausen: Iskopress.

Watzlawick, P./Beavin, J. H./Jackson, D. D. (1996): Menschliche Kommunikation. Formen, Störungen, Paradoxien, 9. Aufl. Stuttgart: Huber.

Webersberger (2001): Spiele für die Schule. München: Oldenbourg Schulbuchverlag.

Weinberg, J. (1999): Lernkultur - Begriff, Geschichte, Perspektiven. In: Arbeitsgemeinschaft für Qualifikations-Entwicklungs-Management, Geschäftsstelle der Arbeitsgemeinschaft Betriebliche Weiterbildungsforschung (Hrsg.): Kompetenzentwicklung, 99. Aspekte einer neuen Lernkultur. Argumente, Erfahrungen, Konsequenzen. Münster: Waxmann. S. 81-143.

Weinert, F. E. (1997): Lernkultur im Wandel. In: Beck, E./Guldimann, T./ Zutavern, M. (Hrsg.): Lernkultur im Wandel. Tagungsband der Schweizerischen Gesellschaft für Lehrerinnen- und Lehrerbildung und der Schweizerischen Gesellschaft für Bildungsforschung. St. Gallen (UVK). S. 11-29.

Weinert, F.E. (1997) (Hrsg.): Psychologie des Unterrichts. Enzyklopädie der Psychologie. Serie I, Bd. III. Göttingen: Hogrefe.

Werning, Rolf (2002): Keine vorschnellen Lösungen! Perspektiven für „alternative" Klassenkonferenzen. Friedrich Jahresheft XX 2002, 130-133.

Widmer, R./Sünkel R. (2000): Grammatik-Werkstatt: Verben, Nomen, Adjektive. Iserlohn: Verlag an der Ruhr.

Wittmann, E./Müller, G. (1993): Handbuch produktiver Rechenübungen. Band 1. Leipzig: Klett.

Wittmann, E. C./Müller, G. H. (2002): Handbuch produktiver Rechenübungen. Band 2. Stuttgart, Düsseldorf, Berlin, Leipzig: Klett.

Zimbardo, P./Gerrig, R. (2003): Psychologie. Berlin: Springer.

Zimmer, R./Circus, H. (1987): Psychomotorik. Neue Ansätze im Sportförderunterricht und Sonderturnen. Schorndorf: Hofmann.

Zimmer, R./Hunger, I. (2001): Kindheit in Bewegung. Schornddorf: Hofmann.

Hunger. I./Zimmer, R. (Hrsg.) (2007): Bewegung – Bildung – Gesundheit. Entwicklung fördern von Anfang an. Schorndorf: Hofmann.

Zinke-Wolter, P. (2001): Spüren – Bewegen – Lernen. Dortmund: borgmann.

Internetquellen:

Bieri, Peter (2005): Wie wäre es gebildet zu sein? Festrede. Pädagogische Hochschule Bern. *(http://www.phbern.ch/fileadmin/Bilder_und_Dokumente/ 01_PHBern/PDF/051104_Festrede_P._Bieri.pdf)*

Siebert, H. (2000): Neue Lernkulturen? nbeb - MAGAZIN 2/2000. (http:// www.nbeb.de/nbeb/Magazin/Archiv/Mag-00-2-Art1.pdf)

Glossar

Begriffe aus dem Bereich der Mathematik

Blitzblickübungen

Bei einer *Blitzblickübung* ist eine Anzahl von Elementen (z.B. eine Punktemenge) „auf einen Blick" zu erfassen und zu benennen. Dazu können beispielsweise Punktekarten für 1-2 Sekunden gezeigt werden.

Eins-zu-Eins-Zuordnung von Mengen

Das Prinzip der *Eins-zu-Eins-Zuordnung* bedeutet, dass jedem Element einer Menge genau ein Zahlwort zugeordnet wird, z.B. wird bei 7 zu zählenden Elementen jedes Element mit einem Zahlwort belegt (z.B. Eins, Zwei, Drei,...).
Invarianz von Mengen
Die *Invarianz* von Mengen bedeutet, dass ein Gegenstand oder eine Größe gleich, d.h. unveränderlich ist (vgl. Hasemann 2003). Somit ist die Einsicht gemeint, dass die Anzahl einer Menge stabil bleibt, auch wenn sich z.B. die Lage der Objekte verändert (z.B. wenn Wasser von einem schmalen in ein breiteres Gefäß geschüttet wird, Objekte auseinander/ zusammengeschoben werden, etc.).

Kommutativgesetz

Das *Kommutativgesetz* (auch Vertauschungsgesetz) bedeutet, dass die „Argumente" einer Rechenoperation vertauscht werden können, ohne dass sich das Ergebnis verändert, z.B. bei der Addition (3 + 5 = 5 + 3) oder Multiplikation (3 x 5 = 5 x 3).

Nachbaraufgaben

Die *Nachbaraufgaben* leiten sich immer aus einer Ursprungsaufgabe ab. Der Summand/Operator ist bei einer Nachbaraufgabe in der Regel um eins höher oder niedriger als bei der Ursprungsaufgabe.
Beispiele:
Ursprungsaufgabe ist 7+8, Nachbaraufgaben sind 6+8, 8+8, 7+7, 7+9
Ursprungsaufgabe ist 9-5, Nachbaraufgaben sind 10-5, 8-5, 9-6, 9-4

Quasi-simultane Erfassung von Mengen

Die *quasi-simultane Erfassung* von Mengen beschreibt die Fähigkeit, eine größere Menge „auf einen Blick" zu erfassen. Dies ist möglich durch eine Strukturierung der Menge, z.B. durch eine strukturierte Anordnung einer Menge.

Rechenaufgaben

Gerster (2004) unterteilt *Rechenaufgaben* in Grundaufgaben, Ableitungsaufgaben und Abrufaufgaben.

„Grundaufgaben"

Die *Grundaufgaben* werden mit einer/mehrfacher visueller Unterstützung (z.B. durch Punktebilder) präsentiert (z.B. in der Form, dass das Ergebnis einer Aufgabe über das Punktebild veranschaulicht wird).

„Ableitungsaufgaben"

Eine *Ableitungsaufgabe* ist eine Aufgabe, die ausgehend von einer Grundaufgabe logisch erschlossen werden kann (Vgl. Nachbaraufgaben).

„Abrufaufgaben"

Die *Abrufaufgaben* sind Aufgaben, die nur durch die Notation von Ziffern dargestellt sind (z.B. „7 + 8 = ").

Rechengeschichte

Durch *Rechengeschichten* werden reale „Probleme" mit konkreten mathematischen Aufgaben verbunden, z.B. „Fabian hat 8 Spielzeugautos. Er gibt Bernd 5 Spielzeugautos ab. Wie viele hat er noch?".

Dieses Operationsverständnis kann erweitert werden, indem die Sachsituation (Handlungsebene) bildhaft dargestellt, z.B. durch Skizzen oder Zeichnungen (Bildhafte Ebene) und mit der schriftlichen Notation (Symbolische Ebene) verbunden wird.

Rechenmaterial

Mit Hilfe des *Rechenmaterials* werden die Überlegungen der Kinder unterstützt und für sie nachvollziehbar. Nach RADATZ (vgl. RADATZ 1996) kann zwischen natürlichem und strukturiertem Material unterschieden werden.

Als natürliches Material werden Materialien bezeichnet, auf die im Alltag leicht zugegriffen werden kann, wie z.B. auf Stifte, Bauklötze, Schulmaterialien, Zeichnungen.

Strukturiertes Material wird gezielt dazu genutzt, Beziehungen und mathematische Strukturen über das Material deutlich werden zu lassen und somit die Einsicht in diese Strukturen zu unterstützen. Zu strukturiertem Material zählen z.B. Steckwürfel, Einerwürfel, Zehnerstangen, Hunderterplatten/ Tausenderwürfel.

Rechenstrategien

Es können verschiedene Rechenstrategien unterschieden werden, über die eine flexible Rechenfähigkeit entwickelt werden kann. Das Kind sollte über mehrere (eigene und fremde) Strategien verfügen, die es in Bezug auf ihre Zweckmäßigkeiten vergleichen und die Auswahl eines eigenen Verfahrens begründen kann. Die folgenden Rechenstrategien bieten sich nach GERSTER (vgl. GERSTER 2004) beispielsweise zur Lösung von Additions- und Subtraktionsaufgaben an:

„Kraft der 10":

Bei der *„Kraft der 10"* wird die besondere Position der 10 im Stellenwertsystem genutzt. Die bildhafte Darstellung des Zahlenraums, z.B. durch ein 20er-Feld, macht die Beziehung einer Zahl zum Zehner sichtbar, z.B.:

– Zehnerergänzung: die Menge 2 und 8, 3 und 7, 4 und 6, usw. ergeben einen Zehner (Wie viele müssen bei 2 hinzugefügt werden, bis eine Reihe voll ist?)

– Zehnerzerlegung: die Menge 10 kann zerlegt werden in 3 und 7, 4 und 6, 5 und 5, etc. (Wie viel bleibt von einer Reihe sichtbar, wenn die 3 verdeckt wird?)

– Zusammensetzungen aus 10: die Menge 13 besteht aus 10 und 3

„Kraft der 5":

Die *„Kraft der 5"* nutzt die Fünferbündelung oder die Zerlegung in Fünfer-portionen, die über die bildhafte Darstellung, z.B. im 20er-Feld, von den Kindern erfasst werden sollen. Die Fünferbündelung bedeutet, dass die Fünfermenge der beiden Summanden einer Aufgabe addiert und die restli-che Menge anschließend hinzugefügt wird (z.B. 6+7= (5+1) + (5+2)= 10+3= 13). Bei der Zerlegung in Fünferportionen wird die Menge 5 wie folgt ge-nutzt: 8-6 = (5+3) - (5+1) = (5-5) + (3-1) = 2.

„Verdoppeln" (plus 1/2):

Beim *„Verdoppeln"* wird einer Menge die gleiche Menge noch einmal hinzu-gefügt (z.B. 8+8, 6+6). Deutlich wird dieser Vorgang z.B. über strukturiertes Material (Steckwürfel oder Einerwürfel und Zehnerstangen, etc.). Die Auf-gaben 7+8 oder 6+8 können ebenfalls über den Vorgang des Verdoppelns gerechnet werden, allerdings müssen diese Aufgaben durch „einer mehr" (plus 1) oder „zwei mehr" (plus 2) ergänzt werden. Die Aufgabe 7+8 lässt sich also als 7+7+1, die Aufgabe 6+8 als 6+6+2 rechnen.

„Halbieren" (plus1/2):

Die Strategie des Halbierens baut auf das Erkennen doppelter bzw. halbier-ter Mengen auf. Hier bieten sich Aufgaben wie z.B. 8-4, 12-6, usw. an. Wie beim „Verdoppeln" kann der Zusatz „einer mehr" (plus 1) oder „zwei mehr" (plus 2) ergänzt werden (z.B. 13-6 = 12-6 +1 oder 16-7 = 14-7 +2).

„Plus 1/2":

Bei der Strategie *„Plus 1,2"* geht es darum, das Ergebnis durch ein Weiter-zählen um eine oder zwei Stellen in kürzester Zeit zu ermitteln (z.B. 3+1, 14+1, 12+2, 16+2, usw.).

„Minus 1/2":

Die Strategie *„Minus 1/2"* bietet sich bei Subtraktionsaufgaben mit den Sub-trahenden 1 oder 2 (z.B. 12-1, 19-1, 20-2) an und erfolgt durchs Rückwärts-zählen.

„Unterschied 0, 1, 2" und „Unterschied 10, 9, 8":

Bei einer Subtraktionsaufgabe kommt als Ergebnis die Differenz der beiden Zahlen (Minuend und Subtrahend) heraus. Die Strategien „Unterschied 1,

2, 3" oder „Unterschied 10, 9, 8" nutzen diesen Unterschied (z.B. bei Aufgaben wie 10-9, 18-16, 13-13). Die Kinder ermitteln das Ergebnis also nicht durch ein Vermindern, sondern durch ein Ergänzen von der kleineren zur größeren Zahl.

Analogien bilden:

Bei der Anwendung dieser Strategie können Analogien hergestellt und genutzt werden. Wenn also 3+4=7 sind, muss 13+4 auch was mit 7 ergeben.

Stellenwertsystem

Ein *Stellenwertsystem* ist ein Zahlensystem, das mit wenigen Symbolen (meist Ziffern oder Zahlzeichen genannt) große Zahlen darstellt.

Ein Beispiel für ein Stellenwertsystem ist das bei uns gebrauchte Dezimalsystem (dekadisches System mit der Grundzahl 10). Dabei gibt die Position im Zahlzeichen den Stellenwert einer Zahl an, z.B. repräsentiert die „6" in der Zahl „6723" sechs **T**ausender, die „7" steht für die Anzahl der **H**underter, die „2" für die **Z**ehner und die „3" für die **E**iner.

Stellenwertraster

Das *Stellenwertraster* beschreibt die Folge von Ziffern, also die Position einer Ziffer im Stellenwertsystem. z.B. die Zahl 462 = 4 **H**(underter), 6 **Z**(ehner), 2 **E**(iner).

H	Z	E
4	6	2

Simultanerfassung

Die *Simultanerfassung* beschreibt die Fähigkeit, eine Anzahl von mehreren Dingen zu erfassen, ohne diese abzuzählen. Die Obergrenze für dieses „Auf-einen-Blick-Erfassen" bei einer unstrukturierten Menge liegt bei Erwachsenen bei ca. 6 Objekten.

Serialität

Der Begriff *„Serialität"* beschreibt, dass etwas strikt nacheinander, also in Serie, und nicht nebeneinander, also parallel, abläuft.

Tauschaufgabe

Unter *Tauschaufgabe* wird eine Aufgabe verstanden, dessen „Argumente" der Operation vertauscht wurden, z.B. bei der Addition (7 + 8 = 8 + 7) oder bei der Multiplikation (4 x 5 = 5 x 4).

Teile-Ganzes-Konzept

Beim *Teile-Ganzes-Konzept* wird eine Zahl als Zusammensetzung aus anderen Zahlen betrachtet (z.B. die Zahl 7 als Summe aus 1+6, 2+5, 3+4, usw.). Es befasst sich mit den Beziehungen zwischen dem Ganzen (z.B. einer Zahl) und seinen Teilen (Teilmengen).

Zahlbeziehung

Die *Zahlbeziehung* meint Beziehungen, die zwischen den Zahlen bestehen, z.B. eine Zahl als „zusammengesetztes Ganzes" (Teile-Ganzes-Konzept). Die 9 besteht aus 3 und 6, sie ist um 1 kleiner als die 10, 18 besteht aus zwei 9er Portionen; usw. (vgl. Gerster 2004).

Zahlbedeutung

Die *Bedeutungen einer Zahl* können sehr unterschiedlich sein und sind immer im jeweiligen Kontext zu sehen (z.B. können die Zahlen des Geburtsdatums eine besondere Bedeutung haben, die 10 im Dezimalsystem stellt einen wichtigen Bezugspunkt dar, etc.). Die individuelle Bedeutung, die ein Mensch einer Zahl/den Zahlen gibt, ist bedeutend, um Denkvorgänge (Wichtigkeiten, Festschreibungen, Unsicherheiten, etc.) zu verstehen und passende Hilfen (Erklärungen, Erfahrungsmöglichkeiten, etc.) anbieten zu können.

Zahlwortreihe

Die *Zahlwortreihe* besteht aus einer festgelegten, aufeinander aufbauenden Reihenfolge der Zahlwörter, z.B. eins, zwei, drei, usw. Sie kann unendlich fortgesetzt werden (vgl. Hasemann 2003).
Es ist wichtig, dass die Zahlwortreihe immer in der richtigen Reihenfolge reproduziert wird. Dies gilt auch für die rückwärtige Reproduktion (rückwärts zählen), um ein Verständnis der Beziehungen zwischen den einzelnen Zahlen in der Zahlenfolge zu entwickeln.

Zahlvorstellung (Zahlaspekte)

Die *Zahlvorstellung* besteht nicht aus einem Zahlaspekt, sondern setzt sich aus vielfältigen Facetten, die miteinander in Beziehung stehen, zusammen (vgl. Hasemann 2003). Kinder machen ihre ersten Erfahrungen mit Zahlen durch Ordnen und Messen. Damit sie mathematische Operationen vollständig durchdringen können, ist es wichtig, dass sie ihre Grundvorstellungen von Zahlen und vom Rechnen um andere Zahlaspekte erweitern. Zu den Zahlaspekten gehören z.B. der Zählzahlaspekt (eins, zwei, drei, ...), der Ordnungszahlaspekt (durch Zählen entsteht eine Ordnung), dem Kardinalzahlaspekt (Mächtigkeit einer Menge), dem Operatoraspekt (Veränderungen oder Beziehungen zwischen den Zahlen), usw.
Es ist wichtig, dass Kinder alle Zahlaspekte und ihre Beziehungen zueinander verstehen und nutzen können.

Zahlzerlegung

Die Fähigkeit der *Zahlzerlegung*, also das Zerlegen einer Zahl in andere Zahlen, ist eine grundlegende Kompetenz für die schnelle und flexible Rechenfähigkeit bei Additions- und Subtraktionsaufgaben (siehe auch *Teile-Ganzes-Konzept*).

Begriffe aus dem Bereich des Rechtschreiberwerbs

Buchstabe (Graphem)

Der *Buchstabe* oder auch das *Graphem* besteht aus einem Symbol (z.B. a, b, c, d, e, f) und dient der Bedeutungsunterscheidung. Dem Graphem wird in der Regel ein Laut zugewiesen (Graphem-Phonem-Korrespondenz). Die Buchstaben zusammen bilden das Alphabet.

Es gibt darüber hinaus *spezielle Grapheme*, die nur einen Laut vertreten, sich aber aus kombinierten Graphemen zusammensetzen (z.B. ch, ng, sch, sp, st, pf). Diese Grapheme führen häufiger zu Fehlern (vgl. Naumann 2002).

Buchstabenverbindungen

Von *Buchstabenverbindungen* wird gesprochen, wenn mehrere Buchstaben (Grapheme) aneinandergereiht werden. Hier gibt es „leichtere" Buchstabenverbindungen, wie z.B. die Verbindung eines Vokals mit einem dehnbaren Konsonant (ma, ro, la, si, no, usw.) und komplexere Buchstabenverbindungen, wie z.B. komplette Konsonantenverbindungen (str, br, spr, schn, usw.).

Laut / Phonem

Als *Laut* wird ein Geräusch verstanden, das durch die Stimme hervorgerufen wird. In der Sprachwissenschaft sind die Sprachlaute (Phoneme) als die kleinste phonetische Einheit der gesprochenen Sprache definiert.